体操の近代日本史

木下秀明 著

不昧堂出版

卒業する日本最初の体操教員

　明治14（1881）年6月14日、上野公園で7月2日に離日する教師リーランド別離の「饗宴」が開かれた。この時の記念写真であろう。体操伝習所第1回給費生21名の卒業は7月14日であった。前列中央がリーランドと所長の折田彦市、リーランド離日後の軽体操を主導した坪井玄道はその右。22名がアマスト大学のスクールカラーである小豆色に近い濃紺と思われる体操服姿であるから、第2回給費生も参加していたはずで、他の教師の和服姿に混じって、生徒らしい和服姿も見える。1931年に、大阪女子商業学校高橋守義氏所蔵の写真を『アサヒスポーツ』9巻2号が掲載した。

目　　次

凡例（12）

序章

1. 『体操の近代日本史』執筆の理由 …………………………………… 13
2. 人間の特性が生んだ身体運動 ………………………………………… 15
3. 「体操」という言葉 …………………………………………………… 16
4. 広義の体操と狭義の体操 ……………………………………………… 18
5. からだの表記 …………………………………………………………… 19
6. 集団体操 ………………………………………………………………… 20
7. 「近代」の意味 ………………………………………………………… 20
8. 体操史 …………………………………………………………………… 21
9. 構　　想 ………………………………………………………………… 22
10. 図　　版 ………………………………………………………………… 23

１章　体操前史

1. 日本人は狩猟民族ではない …………………………………………… 24
2. 江戸時代に体操はなかった …………………………………………… 25
3. 江戸時代の西洋の体操 ………………………………………………… 25

２章　体操との出会い

1. 軍事に欠かせない体操 ………………………………………………… 27
2. 見たことのない体操 …………………………………………………… 28
3. 『百科全書』の体操 …………………………………………………… 28
4. 『体操書』の器械 ……………………………………………………… 29
　　（１）訳された器械

（2）カタカナの器械
　5．札幌の時計台「演武場」……………………………………32

3章　富国強兵殖産興業と体操

　1．西洋の技芸と体操 …………………………………………33
　2．「人民」と体操 ………………………………………………34
　3．軍隊教育と体操 ……………………………………………35
　4．義務教育と体操 ……………………………………………35
　5．エリート養成と体操 ………………………………………36
　6．教養主義と体操 ……………………………………………37

4章　軍隊における体操と剣術の導入と展開

　1．陸軍戸山学校 ………………………………………………38
　2．戦術と操練（教練）…………………………………………39
　3．徒手体操 ……………………………………………………39
　4．器械体操 ……………………………………………………40
　5．水泳と漕艇 …………………………………………………43
　6．剣術と銃剣術 ………………………………………………44
　7．体操競進会 …………………………………………………46

5章　学校における体操の導入と展開

　1．学制下の体操 ………………………………………………48
　2．リーランドの招聘 …………………………………………50
　3．体操伝習所 …………………………………………………52
　4．軽 体 操 ……………………………………………………53
　5．活力検査 ……………………………………………………55
　6．軽体操の制度化 ……………………………………………56
　7．武術調査 ……………………………………………………57

6章　体操と戸外遊戯（運動）

1．オランダ人が訳した遊戯 ……………………………………… 58
2．西洋遊戯の紹介書 ……………………………………………… 59
3．体操伝習所の遊戯 ……………………………………………… 60
4．『戸外遊戯法一名戸外運動法』 ……………………………… 61
5．『改正戸外遊戯法一名戸外運動法』 ………………………… 62

7章　兵式体操と「体育」の変貌

1．富強主義の国民教育 …………………………………………… 64
2．体操伝習所の歩兵操練 ………………………………………… 64
3．徴兵令改正 ……………………………………………………… 65
4．森有禮の教育改革 ……………………………………………… 66
5．兵式体操の教員養成 …………………………………………… 67
6．学校令の体操科 ………………………………………………… 68
（1）中学校の兵式体操
（2）師範学校の兵式体操
7．「体育」の変貌 ………………………………………………… 71

8章　運動集会の系譜と体操

1．海軍兵学寮の競闘遊戯会 ……………………………………… 72
2．開成学校の体操と遊戯 ………………………………………… 74
3．ストレンジと運動会 …………………………………………… 75
4．帝国大学の運動会 ……………………………………………… 76
5．体操伝習所の体操演習会 ……………………………………… 77
6．東京体育会の演習会 …………………………………………… 77
7．各地の体操演習会 ……………………………………………… 78
8．東京の体育奨励会 ……………………………………………… 79
9．民間の運動会 …………………………………………………… 80
10．学校の運動会 ………………………………………………… 83

9章　体操科と学校衛生

1．ヘルバルト主義教育学と体操 …………………………………… 86
2．小学校教則大綱と体操 …………………………………………… 87
3．学校衛生と体操 …………………………………………………… 88
4．体育及衛生に関する訓令と体操 ………………………………… 89

10章　体操の民活：日本体育会

1．乱立する体操学校 ………………………………………………… 90
2．創立者日高藤吉郎 ………………………………………………… 92
3．体　育　場 ………………………………………………………… 92
4．体操練習所 ………………………………………………………… 93
5．国庫補助 …………………………………………………………… 94
6．体操学校と模範体操場 …………………………………………… 94
7．運動場開放と体操 ………………………………………………… 97
8．勧業博覧会と体操 ………………………………………………… 97
9．オリンピック大会と日本体育会 ………………………………… 99
10．医療体操 ………………………………………………………… 100

11章　体操の見直し

1．体操教範の見直し ………………………………………………… 101
2．学校体操批判 ……………………………………………………… 103
3．嘉納治五郎と鉄唖鈴体力養成法 ………………………………… 104
4．遊戯の考案 ………………………………………………………… 105
5．スウェーデン体操の擡頭 ………………………………………… 107
6．体操遊戯取調 ……………………………………………………… 108
7．講堂兼用体育館の始まり ………………………………………… 110

12章　撃剣体操と剣道

1．課外の撃剣柔術 …………………………………………………… 112

2．大日本武徳会 ……………………………………………… 113
3．武術体操の考案 …………………………………………… 113
4．日露戦勝と精神主義 ……………………………………… 115
5．練胆操術と撃剣柔術採用の建議 ………………………… 116
6．対人の「術」から精神の「道」へ ……………………… 118

13章　競技化する器械体操

1．飛距離を競う器械体操 …………………………………… 120
2．器械体操の衰退 …………………………………………… 121
3．慶応の器械体操部 ………………………………………… 123
4．器械体操連合競技会 ……………………………………… 125

14章　学校体操教授要目の誕生

1．教授要目と体操科 ………………………………………… 128
2．体操遊戯取調報告の問題点 ……………………………… 129
3．体操遊戯取調報告後の高師附属中学校 ………………… 129
4．学校体操統一作業 ………………………………………… 130
5．体操教授要目の体操 ……………………………………… 131
6．体操教授要目の徹底 ……………………………………… 133
7．軍隊体操のスウェーデン体操化 ………………………… 134

15章　腹式呼吸と体操

1．肺結核と体操 ……………………………………………… 135
2．静的呼吸法の出現 ………………………………………… 136
3．陸軍の腹式呼吸 …………………………………………… 139
4．国民体操（松元）の腹式呼吸 …………………………… 141
5．運動体育展覧会の呼吸体操 ……………………………… 143
6．体錬科の腹式呼吸 ………………………………………… 144

16章　スポーツの興隆とマスゲーム

1．スポーツの興隆と体操 …………………………………………………145
　（1）大日本体育協会の改組
　（2）内務省「明治神宮競技大会」
　（3）文部省「全国体育デー」
　（4）文部省「体育研究所」
　（5）学校体操教授要目の改正
　（6）『体操教範』の体操
2．第6回極東大会の体操 …………………………………………………149
3．「マスゲーム」の提唱 …………………………………………………151
4．明治神宮大会のマスゲーム ……………………………………………154
5．広がるマスゲーム ………………………………………………………160

17章　二つの民衆体操

1．永井道明の家庭体操 ……………………………………………………163
2．桜井恒次郎の紳士体操 …………………………………………………164
3．ラジオと国民保健体操 …………………………………………………165
　（1）ラジオ体操の始まり
　（2）ラジオ体操の会
　（3）ラジオ体操第二
　（4）ラジオ体操第三
4．デンマーク体操とブックの来日 ………………………………………172
5．デンマーク体操のその後 ………………………………………………176

18章　全日本体操連盟の二面性

1．大日本体育協会の改組 …………………………………………………178
2．全日本体操連盟の設立 …………………………………………………179
3．第9回極東選手権競技大会の体操 ……………………………………180
4．東京の体操祭 ……………………………………………………………182

5．地方の体操祭 …………………………………………………184
　6．体操講習会 ……………………………………………………185
　7．保健体操の乱造 ………………………………………………186
　8．ウォームアップ体操の広がり ………………………………190
　9．競技検査「バッヂテスト」 …………………………………193

19章　ロスに始まる体操競技

　1．器械体操競技の胎動 …………………………………………194
　2．ロス以前の全国大会 …………………………………………197
　3．ロスオリンピック参加 ………………………………………198
　4．ベルリンオリンピック大会へ向けて ………………………203
　5．東京オリンピック対策 ………………………………………205
　6．国内競技会の展開 ……………………………………………207
　　（1）全日本選手権
　　（2）中等学校大会
　　（3）大学高専対抗
　　（4）全日本女子大会
　　（5）特殊種目
　7．体操連盟と体操競技連盟 ……………………………………218
　8．明治神宮大会と体操競技 ……………………………………221
　9．重量挙競技と体操連盟 ………………………………………222

20章　総力戦前夜の体操

　1．体位、体力問題の擡頭 ………………………………………224
　2．座高の採用 ……………………………………………………225
　3．皇道主義の体操 ………………………………………………228
　4．大楠公600年祭記念体操大会 ………………………………232
　5．学校体操教授要目の再改正と体操 …………………………234

21章　総力戦下の体操

1. 国民精神総動員と体育スポーツ ……………………………… 237
2. 戸山学校体操競技と国防競技 ………………………………… 239
3. 厚生省の体操 ……………………………………………………242
4. 明治神宮国民体育大会 …………………………………………245
5. 体力章検定と国民体力法 ……………………………………… 246
6. 自校体操 ………………………………………………………… 249
7. 入学試験と体力検査 …………………………………………… 250
8. 国民学校体錬科と体操 ………………………………………… 251
9. 全日本体操連盟の活動 ………………………………………… 253
10. 全日本体操連盟の「強歩」……………………………………… 254
11. 大日本体育会と大日本学徒体育振興会 ……………………… 256
12. 征空体錬（航空体育）……………………………………………257

22章　戦後 GHQ 時代の体操

1. 軍国主義的体操の払拭 …………………………………………260
2. ラジオ体操の存続と中止 ………………………………………261
3. 国民体育大会のマスゲーム …………………………………… 262
4. 日本体操協会設立と体操競技の復活 …………………………263
5. 国際復帰 ………………………………………………………… 265

23章「もはや戦後ではない」時代の体操

1. ラジオ体操の再出発 ……………………………………………267
2. 日本体操祭と国民体育デー ……………………………………269
3. 集団行動のはじまり …………………………………………… 270
4. 体操の国際進出 ………………………………………………… 271
5. 特殊種目の行方 ………………………………………………… 273
6. 新しい体操の出現 ………………………………………………275
7. ヨガ "行" から健康法へ ………………………………………277

8．カタカナの身体づくり ……………………………………277

24章 「体操日本」の時代

1．東京オリンピック開催決定の頃 …………………………279
2．団体初優勝のローマオリンピック ………………………280
3．東京オリンピックを目指して ……………………………280
4．頂点に立った体操日本：東京オリンピック ……………282

25章　新しい体操競技

1．新体操のいろいろ …………………………………………286
2．「新体操」競技前史 ………………………………………287
3．Modern Gymnastics の競技「新体操」…………………289
4．オリンピック大会と新体操 ………………………………291
5．トランポリンの独立 ………………………………………292
6．アクロ体操の出現 …………………………………………295
7．エアロビクスの競技化 ……………………………………296

終章 「国民体育デー」から「スポーツの日」へ ……………297

参考文献（300）
あとがき（302）

凡　例

章または節の見出しに付した注番号は、その章または節の参考文献の番号である。

参考文献のない章または節は、未発表なのでやや詳しく叙述した。

参考文献は、末尾に一連番号を付して著者別発行年順に列記した。

引用文はできるだけ現行漢字に改め、「體操」は「体操」、「聯盟」は「連盟」とした。

引用文のカタカナはひらがなに改め、送りがなは原文のママとした。

引用文の読みにくい漢字には、平仮名で「ふりがな」を加えた。

引用文中の「フリガナ」は省略したが、難解な語のみ原文のママとした。

年号は西暦とし、各章初出時に日本暦を（　　）して示した。

本文中の図書・雑誌名は『　　』で示した。

書名などの一桝空きや副題などは、コロン（：）で示した。

語彙解説等は、当該語の次に（　　）して記載した。

数ページにわたる冊子形式の図解は、編集し直して一図にまとめた。

引用等の典拠は、以下の要領で当該記述の末尾に（　　）して簡略に記載した。

　　図書：原則として書名と発行年

　　雑誌：発行年が本文記述と同年の場合、誌名と巻号

　　　　　発行年が本文記述と異なる場合、誌名と巻号に発行年

　　新聞：発行年が本文記述と同年の場合、紙名と掲載月.日

　　　　　発行年が本文記述と異なる場合、紙名と掲載年.月.日

　　　　　朝野、郵便報知など著名新聞の場合、「新聞」を省略

25章は、参考文献（特にHP）に準拠し、検証せずに叙述した箇所が多い。

序　章

1．『体操の近代日本史』執筆の理由

　1951（昭和26）年、理科Ⅱ類から新設の体育学科へ進学してみると、図書も器材も皆無同然だった。行き当たりバッタリに体育の本を読んでみると、書かれている「体育」の定義に違和感を感じた。「体育」と呼ばれている現実の一部しか「体育」と認めていない。

　科学も歴史も、事実を蔑(ないがしろ)にすれば空論──砂上の楼閣である。定義された、あるいは定義した「体育」だけで「体育」を考えてよいのか。

　これが、卒業論文で主に『文部省年報』を渉猟し、大学院で「体育」の概念史に取り組んで、学位請求論文を「明治期における『体育』の概念形成に関する史的研究」と題した原点である。出版時には、不昧堂宮脇泰軒氏（元東京高等師範学校国漢教授、柔道高段者）のお奨めもあり、私の研究の第一歩という意味を込めて『日本体育史研究序説』（1971、不昧堂）を冠した。

　この概念史研究の過程で分担執筆した『体育史概説：西洋・日本』（1966、杏林書院）では、既存の学校制度中心の体育史とは異質の近代日本体育史を意図した。「前川さんが褒めていたよ」と水野先生もご機嫌であった。

　1968年の大学紛争直前、この近代日本体育史を新書にとの依頼があった。二番煎じを嫌って、その半分を『スポーツの近代日本史』（1970、杏林書院）にまとめることにした。大学紛争では、最初の授業再開に失敗して干された。授業も雑用もないから、1年余の執筆は快調そのものであった。史料は、1964年10月の日本体育学会主催「オリンピック東京大会記念：日本スポーツ史展」の準備の際に、神田順治先生と二人で担当した近代について収集したもので間に合わせた。「紹介は俺がするから、好きなようにヤレ！」の神田さんのお言葉通り、勝手に集めた史料である。少々

乱暴だったが、多くの知見を整理するのによい機会であった。後に、当時前川先生宅に下宿されていた先生から「よく読めと何度も言われた」と承った。

「体育」は、往々競技的運動しか意味しない「スポーツ」と同義で使われる。西洋の"sport"と日本の"スポーツ"の生い立ちに起因する本質的相違点である。近代日本では、まず体育から始まった。そして、体育の手段の一つとされたスポートの中の複数の競技的戸外運動種目だけが別の世界を形成して「スポーツ」と呼ばれる。関係は深いが、体育とスポーツは別物である。スポーツの世界があるのに、その歴史であるスポーツ史は競技種目を並べただけである。少なくとも、日本の中でのスポーツの世界を見渡した限りでは、スポーツ史は見当たらない。これが、体育の歴史の主流であり続けてきた体操を棚上げして「スポーツ」だけの近代日本史に絞り込んだ理由である。

1935年頃の読売新聞の「スポーツ百科欄」に「通常日本で体育といふ場合、欧州では、常にジムナスチック・アンド・スポーツと呼ばれてゐる」とあるという（体操5-9、"よみだす"検索できず）。

スポーツ史だけでは体育史として片手落ち——こう指摘されたようなものである。

追いつけ追い越せの近代日本にとって、スポーツは追いつけ追い越せを具現した特記すべき分野であった。これを取り上げたのが、『スポーツの近代日本史』である。

ジムナスチック——体操は、追いつけ追い越せの近代日本に欠かせない日本人を、からだに止まらず、こころについても作りあげるよう期待され続けて来た。これを取り上げて解明する——これが、本書『体操の近代日本史』の役割である。

近代日本の体育史に関する各論的な実証の大部分は、短編を『体育学研究』を主体とする学会誌、長編を主に日本大学文理学部人文科学研究所『研究紀要』に掲載した。執筆中に察知されて未熟のまま市販誌に掲載した短編もある。未発表や手つかずの部分もあるが、体育の主軸である体操を総括しないのは残念である。

現在「体操」と呼ばれている運動は、「体操」と呼ばれてきた運動の一部に過ぎない。健康ブームの現代は「体操」と呼ばない体操が多い時代でもある。

『スポーツの近代日本史』と違って、紐解く人は少なくてよい。敢えて『体操の近代日本史』を上梓する。

これで、わたしの体育史研究三部作が出揃う。

2．人間の特性が生んだ身体運動

　体育が取り上げる運動は、大別すると体操とスポーツである。
　近代に足を踏み入れた日本は、模倣した西洋の"gymnastics"を「体操」と名付けた。この「体操」には、導入の当初から長期にわたって陸上運動や格闘技はもちろん、水泳も含まれて来た。西洋の"gymnastics"の本質は、訓練的身体運動であって、今日的「体操」に限られるものではなかったからである。
　端的に言えば、訓練的身体運動である体操の関心は、結果にある。一方、スポーツは趣味娯楽的身体運動であって、結果は関心事である過程の余剰価値に過ぎない。
　まったく異質の身体運動である体操とスポーツとが、なぜ、ともに体育法として肩を並べたのであろうか。
　ヒトは哺乳動物の一種である。したがって、からだを動かすのは先天的である。ヒトは、歩・走・跳・投・登攀・格闘など、動くことによって生き抜いてきた。ここまでは他の哺乳動物と同じである。
　しかし、直立二足歩行によって大脳の発達は可能となり、四足歩行から解放された上肢が手となった。ヒトは、この形態の特徴から homo sapiens（考える人）と命名され、生態の特徴から homo faber（作る人）であると同時に homo ludens（遊ぶ人）とも把握される。
　この三特性を有する人間が文化と社会とを築いて来た。
　その過程で、考える人は、生きるためのからだにも思いをめぐらし、そのための衛生や身体運動を思案した。後者が健康法を意味する狭義の「体操」となる。
　作る人は、困苦に耐えながら、生きるのに役に立つ道具を作り、道具を使いこなす技術を身につけた。その中で、狩猟で役に立つ道具・技術は、使途を拡張して対人攻防の武器・武術となった。その発達は特に顕著であった。戦争の影響力が絶大だったからである。器械運動、陸上運動、格闘技の類は、先天的でもあるが、ほとんど

が軍事から生まれた訓練的身体運動であって、広義の「体操」となる。

　新しい道具・技術の前に、古いそれらは消えていく。しかし、実用性を失っても、遊ぶ人の対象に転じて生き残ったものもある。

　作る人は、結果を求めて困苦に耐え続ける。

　しかし、結果を求める必要がない時、動くのが先天的であるヒトは遊ぶ人となり、必ずしも結果を求めなくてよい"sport(s)"と同義の趣味娯楽を出現させる。

　日本でも、20世紀開幕時の『内外遊戯全書』は、この"sport(s)"の意味で戸外運動だけでなく採集や福引をも網羅していた。しかし、日本では、趣味娯楽の一部である体育的身体運動だけを「スポーツ」と捉えている。

　考える人は、ある種の趣味娯楽が持っている健康上の価値を認識して、それを健康法に採り入れてきた。また、経済的・社会的価値に気付くと、趣味娯楽の粧いのまま、レジャー産業、スポーツ産業などを形作ってきた。

　逆に、遊ぶ人は、訓練的身体運動や健康法をも趣味娯楽に転化させて来た。

　文化には、物質的文化（文明）と精神的文化（文化）があるとされる。しかし、身体的文化があることも確かであろう。

　身体的文化には、手による生業（なりわい）を主体とした職人芸や芸術もあるが、全身的運動である「労働」もあれば「運動」もある。この「運動」は「体育」と同義でもあって、訓練的「体操」と趣味娯楽的「（競技）スポーツ」からなる。もっとも、現在では、両者とも訓練的でもあれば趣味的でもあるし、「ダンス」は体操的でもあればスポーツ的でもある。

3．「体操」という言葉

　「体操」は、明治維新期にギリシャ語のギムナスティケーに由来するgymnastics（英）、Gymnastik（独）、gymnastique（仏）の語意に当てた新造語である。最初は、からだの術だから「体術」と呼んだ。しかし、すでに、からだを武器とする「柔術」が「体術」とも呼ばれていたから、からだの意図的操作を意味する「体操」が定着

したと考える。「歩兵操練」と「歩操」は、同じ意味で使われた。「歩兵操練」の熟語化が「歩操」であるのと同様、「体操」が「身体操練」の熟語であることは間違いない。

　gymnasiumは、大学進学のための中等学校（中高一貫校）をも意味するが、通常「体育館」と訳す。しかし、ジムは本来屋外であった。現在の体操競技に発展する器械運動だけでなく、陸上運動や格闘技練習の場でもあった。19世紀中葉になると、寒冷や雨天対策から走路もある屋内体操場が必要とされた。これが体育館の始まりであろう。第三高等学校（京都大学教養部の前身）には「体操館」の時代があった。「体育館」と呼ばれるのは、体操器械の他に球技施設などが加わってからであろう。

図1．アマスト大学最初のジム（1830年頃）回想描写図（アマスト大学アーカイブス蔵）

図2．エール大学最初のジム（1859）－中央の器械類を周回走路が囲んでいる。間もなく、走路はランニングバルコニーの時代となる（エール大学アーカイブス蔵）

　運動教科名は、現在では「体育」である。しかし、かつては「体操」であった。その中には、戸外遊戯（スポーツ）もあった。

　したがって、今日のような狭い意味の体操にだけ目を向けたのでは、体操の歴史は語れない。体操の歴史に目を向けることは、体育の歴史に光を当てることでもある。

　現在「ドイツ体育」と訳されるツルネン（Turnen）は、かつて「ドイツ体操」と訳された。ツルネンは、器械運動主体の運動である。したがって、スポーツ的運動が主体の今日の「体育」とは縁遠い。「ドイツ体操」と訳されていた「ツルネン」を、改めて「ドイツ体育」と訳し直さねばならない必要はあったのだろうか。

　西欧ではジムでフェンシングをやるが、日本では剣道（かつての撃剣、剣術）など

は「武道場」でやる。今日的意味での「武道」は体操と一線を画しているが、かつての日本では武道も体操の一部であった。

ラジオ体操のような徒手体操の英語にフリー・エキササイズがある。したがって、水中運動であるアクアティック・エキササイズも体操と考えておかしくない。

要するに、「体操」は、今日の「体育」（運動による教育）と同じ意味の「身体操練」の訳語であって、狭い意味では個人あるいは集団での徒手や手具運動に限られるが、広い意味では器械運動のみならず、陸上運動はもちろん水上運動まで含めてもおかしくない。

しかし、常識的には徒手や手具運動と器械運動だけを「体操」と呼んでいる。

4．広義の体操と狭義の体操

「体操」はgymnasticsの訳語で、その語源は古代ギリシャの「ギムナスティケー」である。「ギムノス」（はだか、からだ）と「テクネ」（技術）の合成語であるから、古代ギリシャ人は運動技術の修得に関心があったことになる。運動技術は、スキルだけでなく体力を要する。その運動中には、円盤投げのように不可思議なものもあるが、多くは軍事的実用価値のある陸上運動や格闘技であった。本来の体操は、広範な技術的運動を包含する広義の概念だったのである。

19世紀初頭のナポレオン戦争期に、ドイツのヤーン（F. L. Jahn, 1778-1852）は、広義の体操と呼べる軍事的実用性に通ずる器械運動を主とする運動を、あえて「ツルネン」と命名した。中世の馬上槍仕合はTurnierであるから、Turnenは「武育」と訳すべきではなかろうか。

ナポレオン戦争後、ツルネンの団体は反政府的であるという理由で弾圧された。家畜舎と飼料庫を兼ねた酪農家の納屋のような屋内でも可能な器械運動だけに集約されたのが、今日の体操競技の出発点である。

同じナポレオン戦争期に、戸外運動の季節が短いスウェーデンでは、リング（P. H. Ling, 1776-1839）が狭い屋内で可能な徒手を主体とする一連の運動からな

る身体つくりの様式を考案した。運動技術の修得を目指した運動ではない。これはスウェーデン（式）体操と呼ばれた。健康目的の狭義の体操の概念の出発点である。

こうして、以後の「体操」は、この広義と狭義の体操を包括する語でありながら、多くの場合、そのいずれかだけを念頭に語られることになる。

5．からだの表記

人間は、デカルト（R. Descartes, 1596－1650）の物心二元論で認識される以前から「心（こころ）」と「身（からだ）」で語られてきた。一元論的に語る場合でも「心身」の語は欠かせない。

体操の目的や効用に言及する時、「からだ」「身体」「体力」「体格」「健康」「保健」が多く使われる。

本書では、以下のように使い分けたかったが、哲学と違って、時代で語意が変動しやすい歴史では無理があった。

からだ：「心身」の「身」すなわち人間の唯物的側面のすべてを意味する場合の表記

「からだ」を分析的に認識すると、以下の概念が生まれる。

身　体：人間を形（かたち）ある物質として、視覚や触覚で認識できる「からだ」の一側面

体　力：心も関与するが、「身体」に起因する機能（働き、能力）として認識できる人間の一側面

体　格：訓練あるいは学習で獲得できる「体力」の前提となる「身体」の格付け

健　康：生計維持の営みを含む日常的生活や行動に支障がないと観念的に認識できる「からだ」の一側面

保　健：本来は健康保持の営みを意味するが、今日ではやや積極的な健康増進をも意味する

6．集団体操

　徒手や手具を用いた狭義の体操は、本来保健衛生の範疇(はんちゅう)であるから、からだだけの問題である。何時でも、何処でも、一人で体操すればよい。

　しかし、なぜか集団を作って実施してきた。集団で体操する利点は、体操を知らない者でも、体操のできる者に倣って一緒に体操すれば、体操できることである。

　この集団での体操の模倣の一形態に、為政者が関心を示してきた集団体操がある。集団体操には、個人に対して、教師（リーダー）と生徒（仲間）の関係のもとで統制ある組織集団の一員としての行動訓練を期待できるからである。

　狭義の体操は、「からだ」だけでなく「こころ」に関与する運動でもあった。

7．「近代」の意味

　19世紀までの歴史認識は、古代・中代・近代の三分法で十分であった。しかし、20世紀になると、近代は一つの時代として把握しきれなくなり、近代のほか、最近世、現代、後近代などが使われる。

　『スポーツの近代日本史』（1970）では、近代を明治以来の「追い付け、追い越せ」の夢が実現される迄ととらえて、1964年東京オリンピック大会を節目とした。体操競技の場合は、しばらく続く「体操ニッポン」の時代が頂点に到達した時点であるから、何と命名するかは別として、1964年を近代と次の時代の節目と位置づけてよいであろう。

　しかし、身体操練の意味での体操については、1945年ポツダム宣言受諾による大日本帝国の降伏を節目と考える。

　富強主義の時代の「追い付け、追い越せ」の夢から覚めると、体操が「体操」として目指すべきものは残っていなかった。その原因は、富強主義の時代の体操が上からの啓蒙指導で歩んできたことに見出せよう。体操は、文字によって観念の文化とし

ては表現されてきたものの、身体文化としては根付いていなかった。根付いていたのは 1928 年に始まるラジオ体操位ではなかろうか。

今日の健康産業の一角には、健康ないし体力づくり運動が地歩を占める。しかし、これを「体操」ととらえる人は少ない。

要するに、日本の体操の近代の節目は、出発の時点では一つであったが、終わりの時点では二つに別れていたのである。

1945 年は、後につながらない近代の体操の終焉という意味での節目であり、1964 年は、後につながる近代の体操の節目であると考える。しかし、この論議は棚上げとする。

ともかく、本書『体操の近代日本史』では、近代日本で「体操」と受け止められてきた運動の歴史を展望する。

8．体 操 史

日本の近代学校の運動教科の名称は、「体操科」に始まり、戦時中の「体錬科」を挟んで、戦後「体育科」となって今日に至る。運動教科としては、体操科の時代が最も長い。

しかし、「体操史」を書名とする図書は、カール オイレル（Carl Euler, 1809 − 1885）の 1891 年刊 "Geschichte des Turnunterrichts" を、1910 年に坪井玄道と可児徳が抄訳した『体操発達史』の一冊だけしかない。

もちろん、「史」は付いてないが、1966 年刊の石橋武彦、佐藤友久共著『日本の体操』は、体操史に関する大冊である。もっとも、その「理論篇」は、今村嘉雄の 1951 年刊『日本体育史』と 1953 年刊『西洋体育史』の域にとどまる編集物に過ぎず、「実技篇」は、掲載数は 118 と膨大ではあるが、典拠不明で肝心な「運動と方法」の図解を省略するなど、研究の跡が見えない。

また、1972 年刊の日本体操協会監修、小野泰男編著『体操日本栄光の物語』は、角書に「金メダルの王者の百年史」とあるように、日本が参加した国際大会だけに

限られ、国内については、わずかに前史的な記述があるだけである。

ともかく、日本の体操に関する史書は、この石橋らの一冊しかないのである。

もちろん、戦後に書かれた運動教科の通史が「体育史」を名乗るのは理解できる。

しかし、戦前に書かれた運動教科の通史も、「体操史」でなく、すべて「体育史」を名乗っている。何故であろうか。

その理由は二つ考えられる。

第1は、蔑視されていた運動教科の名称である「体操」よりも、知育徳育と並記される「体育」ならば、体面が保てたからである。

第2は、体操科の歴史を軸としながら、競技スポーツの歴史をも取り上げているからである。

本書が、体育史でもスポーツ史でもなく、体操史である所以は、次の2点である。

第1に、今日はスポーツの時代であると同時に「たかが体操、されど体操」──体操を蔑視する時代ではなくなった。各論的に日本の体操の歴史を取り上げる研究者はいる。けれども、通史に至るには前途遼遠である。他分野に比べれば、歴史に学ぶ空気は極めて低調ではあるが、その需要に備えて、半世紀を超えて蓄積してきた一世紀半の体操に関する知見を整理しておく義務があろう。

第2に、本書は、戦後の運動教科である「体育」を戦前の運動教科である「体操」に匹敵するものとして取り上げるだけでなく、競技である体操も「体操」であるが故に取り上げる。両者を視野に入れなければ、「体操史」にはならない。

9．構　　想

本書は、体操が日本の近代という時代の趨勢と如何に関わってきたかという観点で、かつ、光を当てるべき問題ごとに整理する観点で、章立てを構想した。

第1に、明治前半（19世紀後半）に多くの分野で見られた欧米の近代的制度・文物の導入の一環としての体操について1～10章を設け、無から始まった体操の導入が如何に展開したかを各論した。

第2に、明治後半（20世紀初頭）に見られた日本主義的回帰が、体操の場合は如何なるものであったかを11〜15章で取り上げた。

　第3に、大正末から昭和前半（20世紀前半）にかけての、第一次世界大戦後の気の抜けない国際情勢の中で、一等国としての面子から背伸びし続けた日本にとっての体操を問うた。16〜21章である。

　第4に、一から出直した戦後からの体操を、22〜25章に分けて概観した。

　念頭に置いたのは以上の4期である。

　しかし、この時代区分については論議もあろうから、章立ての上に期を設けることは避けた。

10. 図　　版

　運動は言語と文字だけでは表現し切れない。図絵に始まり写真が加わった静止画に止まらず、今日では動画が運動を視聴覚的に再現する。しかし、書籍で史料として活用できるのは前二者に限られる。

　ある時期まで、細部は無理だが、体操は動きの概要を言語で示せるように工夫されていた。これが、図解と文字による印刷物を見ながらの体操学習を可能とし、体操の普及に役立ってきた。

　その典型が、19世紀初頭に生まれたスウェーデン体操である。当時の活版印刷では、活字組に比べて図版製作は高価だった。このため、最小限の図解を補完する文字解説が不可欠で、多くの体操用語が考えられた。

　しかし、日本の場合は、木版刷だったから、文章翻訳の苦労に比すれば、図解の転載は容易であった。

　スポーツと違って、体操は動きに踏み込んだ歴史を描くことができる。本書が図版を多用した所以である。

1章　体操前史

1．日本人は狩猟民族ではない

　西洋人は、自然の存在である動物に挑戦する狩猟民族の部類であるから、闘争的身体と集団的作業を必要とする。強壮で活動的なからだづくりへの願望は先天的とも呼べる獲得形質なのであろう。

　19世紀の西欧で古代ギリシャ以来の体操が近代体操に発展していく根底には、狩猟民族の風土があると考える。

　これに対し、日本人は天命に従い自然を崇拝する農耕民族の部類であろう。土地は逃げないから、体力の劣った老人でも根気よく時間をかければ、農業は成立する。それ故、体力やからだづくりへの願望は希薄だったと考える。

　日本には、古代ギリシャ彫刻のヘラクレス、ヘルメス、ヴィーナスのような身体への憧れはなかった。

　相撲の場合、横綱と大関以下では、土俵入りの化粧まわしの締め方が違う。横綱は腹が見えるように締めるが、大関以下は腹を隠すように化粧まわしを高く締める。人間で一番肝心な場所を文字にしたのが「月（にくずき）」に「土」であろう。この場所を腹部と捉えて「肚（はら）」と読んだ。「肚ができている」「肚がでかい」「恰幅がいい」を具象化したのが、横綱の土俵入りではなかろうか。

　しかし、腹部が大きいのは、概して運動不足に起因する。

　からだづくりの風土が日本では育たなかったのは、日本人が農耕民族だったからで、1964年の東京オリンピック頃になって、ようやく"からだづくり"に目を向け始めたのである。

2．江戸時代に体操はなかった

　江戸時代には按摩導引があった。体調を整えるための指圧や腹部のマッサージ、姿勢への留意はあるが、いずれも静かな営みであって、西洋の骨格筋の運動からなる活動的な体操とは対照的である。

　呼吸法も腹式だけで、意識的に行う胸式深呼吸に必要な胸郭筋の発達は考えていない。

　貝原益軒（1630－1714）の『養生訓』は、壮年というよりも、老人を念頭に置いた内容で、発育期のからだづくりとは無縁である。

　彼の『武訓』は、文武二道が建て前の武士の場合も武芸を二の次としている。

　町人だけでなく農民の場合も、損をしないためには読み書き算盤を欠かせず、寺子屋が普及した。寺子屋は座学の手習だけで、運動には無関心であった。

　庶民が仕事を休んでまでも「遊ぶ」ことは、物見遊山や祭礼などに限られていた。「遊んでいる」は失業を意味した。

　どうみても、江戸時代は、からだづくりの体操が育つような時代ではなかった。

3．江戸時代の西洋の体操

　19世紀後半は、明治維新を境に西洋から体操が入ってきた。それらの体操は、ヨーロッパで18世紀末から19世紀はじめの近代に出現した体操と、アメリカで19世紀中葉にダイオルイス（Dio Lewis, 1823－1886）が発表した軽体操である。

　日本人が見た体操は、まだ出来立ての部類であった。

　著名なのは、"Gymnastik für die Jugend"（1793：青少年のための体操）で知られるドイツのグーツムーツ（GutsMuths, 1759－1839）が構成した運動体系で、市民教育の観点から自然を念頭に発育段階を考慮している。

　しかし、日本に影響した最初の体操は、ドイツのヤーン（F.L. Jahn, 1778－1852）

が「ツルネン」と命名した体操の系譜である。軍事的運動能力養成の効率化という観点で器械による運動を重視した身体訓練である。

西欧でツルネンと拮抗していた体操が、リング（P. H. Ling, 1776－1839）考案の生理解剖学的スウェーデン（式）体操である。この体操が日本に影響するのは20世紀初頭のことである。

ルイスの軽体操は、筋肉主義の重（手具）体操に対する批判から生まれた軽手具使用の保健的運動で、日本では「普通体操」と命名されて明治期学校体操の柱の一つとなる。

2章　体操との出会い[13)14)]

1．軍事に欠かせない体操

　明治維新を目前に、江戸幕府は、洋式軍隊の必要を認めてフランスに軍事顧問団の派遣を求めた。フランスが幕府を支援したのは、薩摩と提携していたイギリスへの対抗からである。1867年1月（慶応2年12月）に到着した顧問団の首長シャノアン参謀大尉は、わずか4ヶ月後の同年5月（慶応3年4月）、早くも建白書を提出した。その指摘中には、日本人は、身体が硬くて動作緩慢で集団性に欠けるから、「練体法」が大切とある。田辺良輔がフランスの体操教範を翻訳して『新兵体術（教練）』を刊行したのは、「明治元年晩冬」（1869年1月？）である。幕府の対応の早さが目立つ。

　この冊子は、徒手体操を主体に、縦書きの右側のふりがなに「てすり」、左側のふりがなに「ランカン」とある「欄杆」（平行棒）などの器械もあるが、「第五教：大飛高飛及び種々の体術」とあるように、跳躍を重視した手引書である。その中には、「棹飛び」（棒幅跳び）や手足を使って木馬を跳び越す運動、すなわち英語の"vault"の技術が含まれる。

図3．「馬上飛び乗りの法」と飛び越し（新兵体術教練、1869）

津軽藩弘前伝習所の情景を比喩した『仏式伝習口説節』では、つり輪などでの死ぬ思いが語られている（日本陸軍史、1935）。

2．見たことのない体操

潮福平の「明治体操移入風景：続めづらし譚抄」は、文久2（1861／1862）年の「横浜ばなし」に「大き成木の上より、細き綱をさげ、其綱の上へしっかりとつかまり、其綱を力一つぱい引つぱりて、又力一ぱいに向へつく也、五六間づつも飛上りはね上るなり」とあると紹介した（体操6-10）。福沢諭吉は、これを「綱渡りの法」と表現した。『西洋事情』（1866）で紹介したイギリスの学校遊戯に、ブランコなどと並んで出てくる。

東京にあった札幌移転前の開拓使仮学校には、ブランコが写っている。

歌川国輝は、錦絵「幼童絵解運動養生論説示図」（1873）に軽業そのままの綱渡りを描いた。体操を全く知らない絵師が、この「綱渡り」の文字から想像したのであろう。福沢が紹介したかったのは、ターザン映画の元祖みたいな、吊り下げたロープにぶら下がって遠くへ振り飛びする運動であった。明治初年当時の一般的な日本人は、体操の「タ」の字も知らなかったのである。

『扶氏長生法』（辻恕介、1867）は「ギムナスチーキ」を「踊躍動作」と表現している。

3．『百科全書』の体操

文部省は、1873（明治6）年から、"Information for the people"（William Chambers, Robert Chambers）の全訳を開始し、100を越える分冊の形で『百科全書』を刊行した。訳者は、一人を除いて全て日本人である。この一人が『体操及戸外遊戯』（1879）と『戸内遊戯方』（1879）の2冊だけを翻訳したオランダ人の漢加斯底爾である。日本人では、どんなに英語が堪能で旺盛な知識欲があったとしても、

多様な運動や娯楽の実際を見聞しないで理解できたはずはない。この２冊を的確に翻訳できるのは、日本語に堪能なフアンカステールしかいなかったのであろう。

彼は、日本でも見られる運搬を「重量搬担の術」と訳し、「体操」には「ジムナースチック」のふりがなを付した。また、日本人が知らない運動には、発音をかな書きし、これに注記を加えた。体操手具の棍棒には、「インジアン、クラブ」の下に、２行取りの小文字で「『クラブ』は長く細き羽子板の如き物にて亜米利加土人の戦争等に用ゐる器なり」と加えている。

また、「体操の修練」中には、「『リーピング』法及『ヴヲルチング』法」「逍遙及歩走術」が含まれる。現在、競技スポーツの筆頭とされる陸上競技の走跳の類は、戸外遊戯ではなく、訓練的な体操の一部であった。

体操は見本のような絵と文章で説明できた。しかし、遊戯の説明は大変であった。

４．『体操書』の器械[29]

文部省は、1874-5年に全６冊の『体操書』を刊行した。原本は、フランス陸軍をモデルとした1872年刊のフランス学校体操指導書で、「小隊練法」などの教練と「起初体術」「実用体術」「器械体術」からなる。

1873年の徴兵令告諭に「血税」の文字があった。赤ぶどう酒を見て、外国人に呑ませるため、人民の生き血を取ると騒がれた中で、文部省は早くも軍事色濃厚な大冊の『体操書』の翻訳刊行に踏み切ったのである。

訳者石橋好一の練兵部分に関する翻訳は完璧であった。軍事訓練は幕末に始まっているから、用語に苦労しなかったのである。

しかし、石橋は、見たことのない運動の手引きであるフランス本を前に、「凡例」で「訳の下し難きものあらば姑く原語を存して下に注釈を加ふ」と記さざるを得なかった。手具と器械の名称は可能な限り日本語化したが、『百科全書』同様、カタカナを避けられなかったのである。

（1）訳された器械

「体を掛くる棒」は、木製の「水平棒」を説明した見出しである。「掛けたる棒」ともある。支柱に取り付けた1mの腕木の先に径35mmの丸棒を高さ2m35で渡し、支柱の間に取り付けた高さ75cmの踏板から飛びつく。下は砂場である。これは、間もなく鉄製に変わって「鉄棒」と呼ばれる。他に、鉄製で棒状の器械はなかったから、見て字の如しであった。

「平らに架けたる梯」は雲梯である。間もなく「水平階梯」と命名され、『学校体操要義』（永井道明、1913）で「雲梯」が定着する。

「並び手摺」は平行棒である。高さ1m、間隔46cmで幅50mm縦65mmの楕円状の棒が並ぶ。少し高めだが、二本の手摺を連想した表現である。なお、本書にはないが、ただの「手摺」は高さの調節ができて段違いでも使用された。

「飛び釣木」には「掛りて飛ぶべき綱の長き釣木」の注記がある。飛躍用の懸垂式ブランコで、サーカス映画によく登場する。

「環」はつり輪（リング）である。やはり飛躍用の器械であった。体操競技のつり輪は静止技を重視する。しかし、最後の着地で躍動技を要求するのは、この名残であろう。

「棚」は、1916（大正5）年の『体操教範草案』で削除されるまで、陸軍だけでなく学校でも使用された器械である。手すりのないバルコニーを高さ2m40の壁面に取り付けたと連想すればよい。当時の日本にバルコニーはなかったから、大きな「棚」と表現したのであろう。日本では、壁面の代わりに支柱を立てて両側に差し出し、高さを2mと低くしたが、名称には「棚」を踏襲した。

（2）カタカナの器械

「ミル」（mil）には「一端太く一端細き木の棒」と注記した。形は異なるが、『百科全書』の「クラブ」に相当する手具である。「棍棒」と訳したのでは、短い丸太ん棒と誤解されるから、カタカナとしたのであろう。「棍棒」が手具の名称として通用するのは、5年後の軽体操以降のことである。

「ファンダー」の原語は、ウインチなど回転軸のあるものを意味する"vindas"（絞盤）である。しかし、轆轤（ろくろ）とは全く違うから、日本語化を諦めたのであろう。この懸垂式回転ブランコを「回転鐙（クアイテンアブミ）」と命名したのは、1888年『体操教範：高尚器械之部』である。把手が洋式馬術の鐙の形に酷似しているからであろう。1904年『美満津商店総目録』には「回転塔」とある。1900年代には公園に設置され、体操器械というよりも遊具と受け止められた。1913（大正2）年「学校体操教授要目」でも課外用と記載された。1928（昭和3）でも、まだ「回施塔」が見られる（理想の体育設備と用具設計並に其の解説）。 これを電動化したのが回転ブランコの「ジャイアントスライド」である。

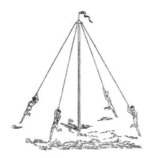

図4．ファンダー（体操書：巻之五、1875）

図5．回転鐙、後方は梁木（士官学校絵はがき、1910頃）

図6．回転鐙運動：Maypole Exercise（日本之体育、1903）

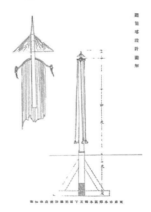

図7．回旋塔設計図解：支柱高7.2m・埋設3m、傘高0.6m（体操器械設計図解、1903）

「ポルチック」（portique）は、4mの高さに幅12cmの木材を渡したΠ型の高所通過用の器械である。訳せば「門」であるが、日本の門とは印象が違う。これがカタカナ名に「俗に鳥居或は櫓とも云ふ」と注記した理由であろう。1873年開校の開成学校の「矢倉〔ママ〕」は、鳥瞰図では高所を人が渡っている（東京帝国大学五十年史、1932）。間もなく、陸軍では「梁木（りょうぼく）」と命名した。本書では、高さ50cmの台に幅14cmの木材を渡して「小なる梁（はり）」、高さ1m50に幅20cmを「大なる梁」と記した。平均台は、安全に配慮した高所通過の初心者用器械として生まれたのではなかろうか。

　「パッサーヂ運動」の注記は「二個の大なる柱の間を其上部の横木より掛けたる綱に因りて飛び越ゆる運動なり」である。図解には、高さ9mで横木を渡した間隔3mの2本の柱と、階段状の高さ1m65の台がある。綱は書いてないが、この台から横木に吊り下げた綱に掴まって柱の間を飛び抜ける運動であろう。「パッサーヂ」（passage）は「通過」である。訳しようがなかったのであろう。なお、この台を大型化すると、陸軍の「飛台」（後12段階の「跳下台」）となる。

　「プランシュ、ア、レーニュール」（planche a rainure）は、直訳すれば「溝のための板」で、「一枚毎に些（すこ）しの間隙を置きて柱に打付けたる数枚の板」の注記がある。高さ4mの壁に8cm幅の板を4cm間隔で横に並べて打ちつけてあるから、指先とつま先を使って登攀を練習する器械である。

5．札幌の時計台「演武場」[20]

　札幌名物時計台は、1878年に農学校の「演武場」として建設された。「演武」の文字から剣道の類に短絡させた人もいる。しかし、剣道場ではない。兵器庫を兼ねた屋内軍事教練場で、図面には"military armory"とある。

　農学校は、「少年よ大志を抱け」のクラークが教頭として指導した。

　彼は、マサチューセッツ州立農学校の現職の校長のまま来日し、農事教育だけでなく、マサチューセッツそのままの予備士官教育を実施した。「演武場」は、冬の長いニューイングランドのアーモリーの日本版であった。

3章　富国強兵殖産興業と体操[11]

1．西洋の技芸と体操

　黒船来航で目覚めた日本は、攘夷と開国に揺れる中で「和魂洋才」「東洋の（無形の）精神と西洋の（有形の）技芸」の理念で「富国強兵殖産興業」による近代国家を目指した。

　この西洋の「技芸」は、諸制度・産業から絵画・音楽にまで及び、身体にも関わる問題であった。

　当時、短躯痩身5尺（151.5cm）の日本人には、西洋人が6尺（181.8cm）の偉躯長身に見えた。西洋人は、日本人が二人がかりの荷物を一人で運ぶとも言われた。

　当然、体格も体力も劣る日本人は、西洋人の道具をそのまま扱うのに難渋した筈である。身体は技芸に深く関わる問題であった。

図8．北清事変派兵の「列国兵士身長比較図：正面」－英国兵5尺6寸3分（171cm）、日本兵5尺3寸2分（161cm）（体育原理、1904）

もちろん、西洋人の身体は移入できない。日本人の体格・体力の改善が問題になる。

　「序」を福沢諭吉が書いた1884年刊 高橋義雄著『日本人種改良論』冒頭の「本論立論の意匠」は、明快な章立てを図示する。すなわち、1章で「人種改良の事」を提起し、その領域を2章「遺伝及び習養の事」と区分する。ところが、2章では、「遺伝」は後回しにして後天的な「習養」を最初に取り上げてから、次に先天的な「遺伝」を取り上げる。そして、「習養」については、後天的な「体育の事」を3章で、同じく後天的な「生計の品位の事」を4章で論じ、最後に先天的な「遺伝」について5章で「雑婚の事」を取り上げる。

　しかし、雑婚による抜本的な人種改良では、日本人が日本人でなくなりかねない。しかも、実現までに時間がかかり過ぎる非現実的かつ大胆過ぎる話である。

　人種改良への関心は、必然的に西洋の生活習慣をなぞる後天的な手法に限られる。しかし、食と衛生には金がかかる。必然的に金のかからない体力づくり、体格づくりとして、体操とくに徒手運動に注目する事になる。

　もちろん、体力づくりならば武芸でもできる。そのため、体操は独り相撲と揶揄された。

　それでも、欧化主義の時代である。西洋の技芸である体操が絶対視される事となる。

2．「人民」と体操

　動力機械が貧弱な時代である。富国強兵殖産興業を支えたのは「人民（国民）」の労力・肉体労働であった。

　しかし、後年の女工哀史で知られるように、低賃金長時間の重労働で、疲労回復・休養の時間すらなかった。若年労働は当たり前で、体力を強化するような時間的余裕はあり得なかった。読み書き算盤（そろばん）以外に時間を費やす学校が忌避されたのは当然であろう。

　工場労働者の体操に目が向けられるようになるのは、20世紀になってからである。

3．軍隊教育と体操

　「富国強兵」の「強兵」は軍事力強化を意味し、組織、兵器、戦術はもちろん服制まで、すべて洋式軍隊の創設を目指した。船舶による輸入品を意味する「舶来」でなかったのは、人員だけである。

　西洋人向きに規格された兵器を扱うには、西洋人並みの体格が必要である。しかし、そんな体格の日本人はごく少数であった。1875（明治8）年1月制定の鎮台徴兵基準は、歩兵（自衛隊の普通科）の身長を5尺1寸（154.5cm）と定めたものの、同年11月には5尺に引き下げた。しかし、これでも合格者数が足りず、4尺9寸（148.5cm）以上の採用を認めた。

　この体格的に劣る兵士の体力を西洋人並みに近づけるのは容易なことではない。このため、軍隊教育では体操を重視した。

　しかし、体格を西洋人並みに改善することはできない。後年の精神力重視の一因には、兵器のみならず、劣る体格したがって体力不足が考えられる。

4．義務教育と体操

　政府は、国民の教育水準の向上を目指して義務教育の整備普及に務めた。高等教育への進学も視野に入れたが、労働に従事し、かつ兵士となる国民の育成が「教育富強之基」であった。

　1898年に日本体育会総裁となった閑院宮載仁親王（1865－1945）は「体育富強之基」と揮毫した。体育したがって体操は国民教育に不可欠であった。

　事実、学校での体操は、1872年学制発布時に「体術」として登場し、1878年体操伝習所設立によって体操教員養成がはじまり、1886年小学校令で正課「体操」の実現をみる。

　しかし、教育現場の小学校は、急速な教育政策の展開に対応しきれなかった。そこ

で、政府は、小学校簡易科を認めて、読書算以外の教科は教えなくてもよい事にせざるを得なかった。すべての小学校に体操科が確立されるのは1900年の事である。

5．エリート養成と体操

　富国強兵殖産興業を旗印とした政府は、あらゆる分野で西洋式の近代化を図った。多くの分野が必要とする指導者養成機関として大学や専門の学校を設立し、身分に関わらず、有能な若者を試験選抜して教育した。専門学識を有することの証明が「卒業証書」で、卒業生はエリートとして立身出世の道を歩むことになる。この希少価値から「学歴」主義が形成される。

　「試験」で能力を認められれば、身分にかかわらず、エリートコースを歩める。当然、進学と卒業を当面の目標とする勉学に力が入る。勉学には、知力だけでなく、勉学に必要な体力として健康が欠かせない。ところが、体力不足から発病して挫折する者が多かった。青白きインテリの始まりである。

　このための警句として定着したのが「健全な精神は健全な身体に宿る」である。「弱き肉体(カラダ)に壮健(チョウケン)なる精神(タマシイ)なし」もあった（西洋男女遊戯法、1887）。

　これを平易に説けば、「身体強壮ならされは折角学業成就してイザ世に出て国家民人の為に尽すことあらんとするも贏弱(えいじゃく)多病ならんには其志を遂くること能はさらん是れ唯り其身の不幸のみならず国家に於ても尠なからさる損失」という事になる（風俗画報62、1893）。

　多数の挫折者の発生は、エリート不足、したがって近代化の遅れに直結する。その対策として、「生徒養生の法」（東京開成学校、1873）など、保健衛生への配慮がみられた。しかし、知識と経費を要する施策は後回しにされ、簡易廉価な『榭中体操法図』（南校、1872）のような保健体操に頼ることとなる。

6．教養主義と体操

　教育への関心から、欧米教育学の翻訳紹介は活発であった。その中には、政府が求めた国家主義の教育学とは異なる教養主義の教育学も含まれていた。

　その一つが、知育徳育体育の鼎立を説いた三育主義である。この身体のための教育（physical education）すなわち「身体教育」が、二文字に短縮されて熟語「体育」となり、その方法として栄養と休養を含む広義の衛生と体操とが指摘された。

　しかし、「体育」として展開したのは体操だけであった。金のかかる衛生は後回しにされ、やがて「体育」から忘れ去られる事となる。そして、学校管理と予防医学の観点から、新たに「学校衛生」として独立する。

　この知徳体の三育は、今日でも教育講演の冒頭でよく使用される。しかし、当初は説明を要する概念であった。アメリカから招聘した文部省学監（顧問）モルレー（D. Murray, 1830-1905）の1873年12月31日付申報は、次のように述べる。

　　教育は人材を陶冶する基本にして勉（つとめ）て人をして其身体を運動して健全を得せしめ且能く人の智と道とを開発す夫（それ）智識有て能く事物を興し道理有て能く善悪を弁じ体力有て能く之を施行す故に此三者完全なれば即ち是教育を受けたる人と云ふべし（文部省第一年報）

4章　軍隊における体操と剣術の導入と展開[19]

1．陸軍戸山学校

　明治政府の陸軍は、装備も教育も異なる各藩兵を寄せ集めた士族の「壮兵」で始まった。しかし、1873（明治6）年から徴兵による近代国民軍を志向する。創設期の指導は、1872年来日のフランス軍事顧問団に託された。

　その一員エシュマン歩兵大尉は、1873年7月、武士から転じた士官と下士官を再教育する「陸軍師範学校」の設立を建言した。これが翌8月の陸軍兵学寮戸山出張所開設となる。陸軍戸山学校と改称するのは翌1874年2月である。

　教官はエシュマン、助教は下士官グロースである。この二人が、毎年定期的に全国歩兵隊から召集する士官と下士官を対象に、戦術（士官のみ）、操練（後の教練）、体操、射撃を指導した。

　帰隊後の彼等と士官学校出身者によって、翻訳手引書である『歩兵操典』『体操教範』『射撃教範』に基づく教育訓練が各地の軍隊へ普及して行く。

　1878年に文部省体操伝習所教員として招聘されたリーランドは、その充実振りについて「就中陸軍体操所の方法に至りては余の最も感服する所」と評した（教育雑誌94）。

　なお、戸山学校は、当初全科目履修であったが、1885年から戦術科、剣術を含む体操科、射撃科の3専科制に変更され、別にラッパ手と軍楽隊を教育した。

　1912年、戸山学校は、戦術と射撃を新設の歩兵学校に移して体操剣術専門の指導者研修機関となった。

　1885年の体操専科設立以来1945（昭和20）年の陸軍解体に至るまでに戸山学校の課程を修了した軍人は、士官3500名以上、下士官9100名以上に達する。

2．戦術と操練（教練）

　軍隊は、統制指揮のもとでの部隊による秩序ある集団行動を最重要視する。戦術は、集団の管理運用に関する指揮官のための知識教授が主体である。操練は、戦術に対応できる集団行動の習熟につながる訓練を主体とする。その手引書『歩兵操典』の最初は、1869年版フランス歩兵操典の翻訳書であった。

　歩幅と歩度（1分間の歩数）の統一は密集集団行動の前提となる。当初のそれは、翻訳の歩幅60cmで毎分130歩の時速（50分）3.9kmであったが、1890年の70cm120歩、時速4.2kmを経て、1898年に75cm114歩、時速4.275kmに落ち着く。この歩き方が1945年まで続く。「センチメートル」を用いたのは、フランス式の翻訳に始まったからである。

　「駈歩（かけあし）」も、毎分75cm180歩が1898年に80cm170歩となった。

　西欧軍隊を念頭に置いたこのペースが、徴兵検査甲種合格の日本人の体格を勘案した集団行動の結論であった。

3．徒手体操

　1874年春頃、エシュマン口述、長坂少佐翻訳で、最初の『体操教範』が陸軍文庫から出版された。1860年刊フランス体操教範に基づく。日本語で表現できない用具はすべて原語をカナ書きとした。内容は、身体づくり用の初歩的な徒手と手具の体操と綱引きだけである。徴兵された「生兵（せいへい）」（新兵）は、関節が硬くて動作緩慢なマイペースの農民を主体としていたからである。原典が重視する戦闘行動や兵器操作に必要な体力・技術・気力養成を目的とした器械運動類はなかった。

　器械運動類の必要を認めなかったわけではない。戸山学校では1873年に器械類を設置している。器械運動は、経験や見聞なしに翻訳できるものではない。器械運動の指導は、歩兵教育のすべてを担当したエシュマン等には荷が重すぎたのであろう。

4．器械体操

　1874年の最初の『体操教範』刊行から間もない5月に、サンシール士官学校に勤務していた体操専門の下士官ジュクロ（Ducros. Francois Josephe 1833－？）が戸山学校に着任した。本格的な体操指導が彼の任務だった事は、翌1875年4月完成の「雨覆体操場」（柱だけで壁のない屋根付き土間）の建設が、彼の着任2ヶ月後に始まったことで明らかである。

図9．ジュクロー：仏陸軍文書館ホール展示の人物写真2点中の1点、解説では、長い口髭は後へ回して結べた。

　『新聞雑誌』307号（1874. 9. 18）は、「ジュックロー」の体操振りを「高飛又は遠飛ブランコ等の術最も勝れ、又三間余の高やぐらの上を逆しまに立て諸種の動作を為す等、人目を眩する程にて、今般来朝の伊太利曲馬師輩の及ぶ所に非ず。同氏口髭最も多く、疾走動作の節は、左右の耳に髭の渦を引かけ…」と伝える（新聞集成明治編年史）。

　3間余（6m）の高やぐらとは、図10上段左端の石垣と中段左端の八角階段の最上階以外に考えられないが、現在だと3階の床の高さに相当する。この高さで逆立ちして見せたのである。この高所での逆立ちは、昭和になっても橋の欄干などでの体操家の度胸試しとして流行した。

　また、当時陸軍教導団（下士官養成機関）にいた日本体育会創立者日高藤吉郎も、ジュクロの指導の厳しさを回顧している。

　ジュクロは、1877年4月に契約満期で帰国する。彼の戸山学校における3年間の示範と指導なしには、器械体操を重視する軍隊体操の実現はあり得なかったのである。

図10. 新板器械体操之図（国利、1887頃）
－陸軍戸山学校器械体操場の錦絵

上左から石垣、手摺、木馬、跳台、跳縄。中左から八角階段（grand octagone）、大鞦韆、跳台、梁木（附属器械は楷梯、鞦韆、索梯、吊索、吊棒、吊鐶、鞦韆）。下左から高手摺、鉄棒、回転鐙、棚、施溝板。名称は『体操教範：高尚器械之部』（1888）を参照

図11. 戸山学校体操場

右上：運動場－右隅は障碍場、跳台、後方に跳箱、単横木、木馬、鉄棒（～陸軍戸山学校下士学生卒業写真、1916）石垣左下：雨覆体操場内部－手前から平均台、石垣（～6m）と雨覆体操場（間口8間）。

1884年、本格的な『体操教範』が3分冊（柔軟之部、器械之部、附図器械之部）で発行された。挿図は軍服姿の外人であるから、フランス教範を忠実に翻訳したと考えられる。ジュクロ離日後7年を経ての刊行は遅すぎるが、日本の文化にない器械運動を日本人が読んで分かるように翻訳するため、手間取ったのであろう。

　後年、永井道明は、「陸軍の方々が実行と研究」の結果、1885年に体操教範を「我軍隊に適応する様に改良」したと回顧する（体操1-1、1931）。

　これは、1885年8月に戸山学校長が陸軍卿に申請した体操教範の改訂増補を指すのであろう。申請の理由は、ジュクロの体操が高尚煩雑過ぎて一般兵には不向きだった事である。

　しかし、1888年4月には「高尚器械之部」が『体操教範』の4分冊目として出版された。内容は、高尚というよりもサーカスもどきの運動であった。

　翌1889年5月の「体操教範改正報告」は、柔軟と器械の部だけを一般軍隊で指導する事とし、高尚の部を戸山学校だけの教科書とした。

　こうして、軍隊体操は一応の完成をみる。

　その目的は、関節が硬くて動作緩慢な、揃って運動する習慣のない農民主体の徴兵を、体力を要する戦場運動可能な兵士に仕上げる事であった。

　その内容は、徒手運動と器械運動からなり、器械には、当初「水平桿」と呼ばれた鉄棒、棚、木馬（跳馬）、手摺（平行棒）、跳台（跳下台、俗称「12階段」）、高所通過用の梁木、楷梯（はしご）、吊索（ロープ）、吊棒、懸垂式の鞦韆（ブランコ）、吊環（リング）、跳躍のバーに相当する跳縄、防御用の各種障碍を工事した直走路である「障碍場」、および、重量物牽引の訓練である綱引が示された。

　当然、軍隊所在地には、これら体操器械が設置される。1884年に近衛が新設した体操場は「全く戸山学校の同場と同様のよし」と報ぜられた（郵便報知2.4）。

　その教育は、時期によって異なるが、年間を3ないし4期に分け、各期の進度を明示して中隊長を責任者に実施し、各期末には大隊長、年度末には連隊長が集団としての実地試験である「検閲」を行った。

図12．歩兵第15連隊障碍場（絵はがき、1920頃）

5．水泳と漕艇

　1888年、『体操教範』には「高尚器械之部」と前後して「游泳術附漕艇術之部」が加えられた。

　游泳術は、犬かき・横泳ぎ・仰向け泳ぎと飛び込みからなる。挿図はすべて褌姿であるから、翻訳ではない。

　1877年の西南戦争に従軍した日高藤吉郎は、敗走する薩軍が球磨川で多数の溺死者を出したのを見て、河川における水泳の必要を認識したと回顧する。1885年頃には、陸軍への神伝流泳法採用の請願もみられた。

　漕艇術は、オール使用のカッターと櫓を使用する和船の両方である。海軍の用語を使用した。

　陸軍は、河川の多い日本の事情から渡河を想定して水泳と船漕ぎに注目し、附録ではあるが、体操に游泳術と漕艇術を加えたのである。

6．剣術と銃剣術[32]

　陸軍の装備は西欧並みの銃砲主体に転換したから、白兵戦（射撃なしの接近戦）では、維新戦争のような抜刀ではなく、短剣を先端に付けた銃を操作する西洋式の銃剣術を必要とした。この異文化の技法に反発する士族出身の軍人と留学帰りの軍人との間で、真剣勝負によって操法の採否を決しようとする場面もあったという。

　1877年の西南戦争田原坂で有名な抜刀隊は、士族を急募した警視庁巡査隊であった。徴兵の政府軍は大量の銃弾を消費した。銃剣突撃をした形跡はない。

　当時の『歩兵操典』には、極めて簡単な形（かた）だけの銃剣術が図解もなしに数行しか記載されていない。白兵戦で通用するような銃剣術ではなかった。

　サーベルも1875年に採用されたばかりで、片手での操法を解説した文書は見当たらない。当然、西南戦争では実用に耐えなかったであろう。

　西南戦争後の1880年、陸軍は、内規で柄の長さを「7寸以内」（21cm）とした日本刀仕込みのサーベルを認めた。形式はサーベルだが、実質は両手剣術の日本刀という事になる。唯物的な「和魂洋才」であろうか。

　しかし、陸軍は、銃剣術とともにサーベルの操法の本格的導入に踏み切る。1884年9月に「砲兵」下士官（讀賣10.3では軍曹）で来日して、翌1885年「下副官」（特務曹長、後の准尉）に昇進したキエル（Kiehl）による3年間の指導である。彼は、1887年7月「剣術教授済に依り期限前」に離日する（「参考資料：戸山学校沿革史：明治六年起至同三十年」自衛隊体育学校蔵、中村赳『新説日本陸軍史』1973）。しかし、携帯兵器が「砲兵刀」だけのキエルが、銃剣術の指導に招聘されたとは信じがたい。珍しい苗字なので、仏陸軍文書館の年金申請書類を調査すると、1885年に歩兵のCharles Louis Kiehlが特務曹長（准尉）に昇進している。口述の「ホヘイ」を「ホウヘイ」と聞き違えた筆記者の誤記が一人歩きしたのではなかろうか。1881年に20歳で入隊しているから、成績優秀で昇進が早く、特に選抜されての来日だったと考えられる。

　1889年、銃剣術は『歩兵操典』から削除された。そして、新たに『剣術教範』4

分冊（総則、正剣術、軍刀術、銃剣術）が刊行された。原本そのままの挿図と説明文からなる。

　最も詳細なのは「突き」のみの正剣術である。その用具は、鯨の髭の先にタンポを付けた剣・簡単な面・胴蒲団（ふとん）・手袋である。非実用的なフェンシングに過ぎない。将校の決闘用の嗜みであろうか。

　軍刀術は、サーベルの代わりに竹の篦（へら）を用いた斬撃と突きとを、正剣術と同じ防具を着用して練習する。

　銃剣術は、防具なしの「突き」のみである。先端にタンポの付いたスプリング付きの棒を銃口に挿入した本物の銃、または先端に鉄棒を付けた木銃を使用して、相手の直前で止める「寸止め」で稽古する。

　挿図は、正剣術・軍刀術・銃剣術とも、外人が極端に後ろ足を残した姿勢で描かれている。その理由は、対人の斬突の形・組太刀・稽古試合では、踏み板の枠内に後ろ足を残す規則だったからであろう。

　「巧み」な白兵使用・身体強健・志気豪壮・感覚鋭敏が目的とある。しかし、打突の撃剣になじんだ日本人には、もの足りなかったに違いない。

　1889年に戸山学校から最後の仏人教師がいなくなる。

　1891年には、著名な剣術家の榊原健吉が神田淡路町で「和洋撃剣会」を企画した（讀賣 6.13）。実現したか否かは不明であるが、剣術関係者のフェンシングに対する不信の表れであろう。

　1893年、戸山学校は「剣術教範改正案」を提出した。骨子は、正剣術を廃止する事、軍刀術にサーベルの長さの竹刀と撃剣の防具を採用する事、銃剣術にタンポを先端に付けた木銃と左胸部を頑丈にした撃剣防具を採用する事であった。翌1894年改正『剣術教範』は、技術的には依然翻訳であるが、挿図には日本人の実演を写生した。その目的からは、「巧み」な白兵使用が消えて「勇壮果敢」「気勢」と攻勢的表現だけとなり、それに伴う弊害防止に「規律を遵守し礼儀を乱すが如き事あるべからず」を加えた。

　日清戦争を目前に、フランス式からの脱皮、日本化が始まったのである。

図13. 1894年改正前後の銃剣術

左：改正前－銃床による打撃の形　　　右：改正後－防具と打突だけの日本式
（近衛歩兵第一旅団兵営之図部分）　　　（歩兵第三連隊兵営之図部分）

7．体操競進会

　在校のまま動員された士官学校1期生の25％が戦死する程の苦戦を、圧倒的な銃砲の威力で勝利した西南戦争から僅か数ヶ月後の1877年12月16日、陸軍戸山学校は「共同射的会」を開催した。戸山学校以外からも多数参加した。軍人の射撃腕比べである。1等は1880年に村田銃を開発する村田経芳少佐であった。村田は、欧州巡遊中の1875年に彼の地の射撃大会で優勝した射撃の名手である。

　その賞品授与場には「西洋飾りを設け各国のフラフを掲げ」た。万国旗である。軍楽隊が奏楽し「料理店は頗る雑踏」とある（朝野12.18）。明らかに射撃重視の意図で企画した競技会であった。

　これに対し、白兵の競技会開催の記録は皆無である。

　「共同射的会」に較べると、体操奨励を意図した競技会の開始は遅い。

　最初の体操競技会は、1883年6月17日開催の戸山学校体操場における「体操競進会」すなわち「体操術の競技」である（郵便報知6.4）。下士官や士官学校等の生徒有志が演技し、1等から30等までの賞品を出した。

ちなみに、その前日、大学予備門は初めての「競遊会」を開催した。
　1884年2月3日の「第二体操競進会」は、同様に戸山学校で午前8時から開催された。宮内庁から賞品料50円の他、宮家から約30円が寄せられ、侍従が出席した（郵便報知2.4、東京日日2.4）。これは、軍隊の器械体操に天皇の思し召しがあったことを意味する。
　1885年1月13日の朝野新聞は、18日に戸山学校が在京の軍隊から「銃槍及体操に熟練せる者を選び競闘会といふを施行」すると報じた。宮内省からの賞品料を報じた15日の見出しには「体操共進会」とある。
　『体操教範』が器械体操を示すのは1884年である。この頃になると、フランス体操教範の日本語化作業の進捗と並行して、軍隊の器械体操は腕試しができる程度にまで発達普及していたのである。

5章　学校における体操の導入と展開

1．学制下の体操

　1872（明治5）年、明治政府は学制を発布して実学重視の国民皆学を目指す近代学校を発足させ、文部省は米人スコット（M. M. Scott, 1843－1922）を師範学校教師に招聘して教員養成を開始した。その小学教科に示された「体術」は、翌1873年から「体操」と書き換えられ、『榭中体操法図』（南校、1872）と『東京師範学校板体操図』（師範学校、1873）を教材に示した。

　これらは、掛図大一枚物の保健体操の類の図解である。この種の体操図解や遊戯の図は、各教科の教材図を集めた木版刷和綴じ冊子の一部にも集録された。体操図解には、腰掛式と懸垂式のブランコや幅跳び・棒幅跳びなどを加えたものもある。

　当時は、読み書き算盤（そろばん）以外を教える学校は不要と非難された時代である。体操をまったく知らない教師が体操実施に熱心だったはずはないし、積極的だったとしても、図解としては完全と言えない体操図解であったから、これを頼りどころに満足な体操指導ができたとは思えない。

　1874年、文部省は『体操書』全6冊を刊行して体操教材に加えた。軍隊体操に基づく1872年版フランス学校体操指導書の全訳である。3年にわたって合計2950部が発行されたから、関心を抱いた人は少なくなかったと思われる。しかし、体操未経験者が読解できる内容ではなかった。

　ともかく、文部省が、保健体操だけでなく、軍事的体操の採用をも意図していたことは明かである。

　洋学導入の開成学校の時間割には、毎日定時の体操がある。南校の後身だから、当然『榭中体操法図』を使用した。また、運動場には手摺（平行棒）や矢倉（梁木）がある。開成学校には、駿府（静岡）へ移封された徳川の沼津兵学校体操教師

が移籍していた。だからこそ、開成学校は、保健体操も軍事的体操も指導できたのであろう。

　唱歌などの実技も同様であるが、体操は、全く体操を知らない教師が体操の絵図や書籍だけを頼りに指導できるものではない。学制下の図解や書籍による体操導入は、正に絵に描いた餅の類であった。

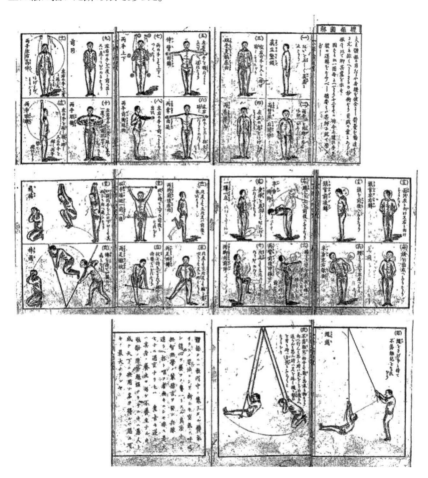

図14.『文部省御蔵板小学入門教授略解』(1875) の「体操図解」

2．リーランドの招聘[21]

　文部省は、体操導入には体操専門の外人教師を招聘する必要があると考え直し、1861年に米国で最初の体操必修を実現したアマスト大学に注目して、1878年に同校推薦のリーランド（G. A. Leland, 1850-1924）を招聘した。アマスト大学が体操を必修としたのは、優秀学生の夭折を契機とする学生の保健対策からであった。

　リーランドは、新島襄らの留学先で知られるアマスト大学卒業後、ハーバード大学医学部を卒業して医師になったばかりであった。体操の経歴は、アマスト大学在学中に必修体操の指揮役（gym captain）だったことだけである。来日は、欧州留学の資金稼ぎに過ぎなかった。いわば、大学生対象の保健体操しか指導した事のないアルバイトである。

　1878年9月に来日したリーランドは、日本の気候をまったく考慮しないで、彼が指導することになる体操伝習所施設にアマスト大学バレット体育館よりも大きな10間（18m）四方の「体操教室」の建設を要求した。彼の関心は、アマスト大学が模索していた木造小屋組で間柱なしの間口60フィート（18m）の大体育館にあった。この体操教室への彼のこだわりが、後述する軽体操普及開始の段階で各地に無用の屋内体操場建設の負担を強いる。このため、1885年11月の兵式体操を目指した「体育法の改良」は、軽体操を屋外で実施するよう指示することになる。

図15．リーランド（アマスト大学アーカイブス蔵）

　1878年10月、文部省は、教室での座学中心の教員養成で始まった師範学校とは別に、体操伝習所の建設を神田一ツ橋で開始した。竣工は1879年3月、授業開始は翌4月であった。

図16. 体操伝習所体操教室－外観は平屋に見えるが、高さは二階相当（アマスト大学アーカイブス蔵）

図17. 高等師範学校大塚移転後の体操教室
（体育と競技 12-11）

永井道明によれば、体操教室は、1893年に一ツ橋時代の附属中学の講堂となり、1910年頃大塚に移転、1931年当時は生徒控室（体操1-1）

図18. 体操伝習所体操教室－左から手摺（平行棒）、登攀棒、手摺、斜梯、跳縄（高跳）用支柱と縄、踏切板（アマスト大学アーカイブス蔵）

図19. 大阪中学校体操場（1881）－壁に器械（手具）架け、左から斜梯、木馬、吊索

　竣工までの間、リーランドは、東京女子師範学校（現御茶ノ水女子大学）で「新設体操術」（軽体操）を指導し、活力検査を実施した。軽体操の効果を科学的に示すためである。

　体操伝習所でのリーランドの指導は、アマスト大学の方式そのままであった。体育論も講じたが、軽体操の指導を主体に器械体操も若干指導した。体操伝習所長への意見書では「陸軍体操所」（戸山学校）の体操を高く評価している。

リーランドは、1881年第1回生の伝習終了をもって日本を離れ、イタリア留学へ向かう。耳鼻科医となって、短期間ではあるが、大学教授も務めた。

　リーランドが伝習した軽体操は、高等教育機関の学生を対象とした保健体操であって、文部省が国民教育の立場で期待した年少者向きの体操ではなかった。

　このため、1886年学校令の「体操科」は、「普通体操」すなわち導入済みの軽体操と、「兵式体操」すなわち軍隊の操練および体操との二本立てとなる。

　同時に、体操伝習所は廃止されて、軽体操教員養成機関は消滅する。

　なお、大阪中学校（後の第三高等中学校、現京都大学の前身）でも、同規模の体操教室を建設した。

3．体操伝習所[7]

　体操伝習所は「体育に関する諸学科を教授し以て本邦適当の体育法を選定し且体育学教員を養成する」機関であった。

　応募条件は、18－20歳、「凡5尺」（約150㎝）以上、種痘済みまたは天然痘罹患者で肺病等不治の病がなく、普通程度の和漢学英学算術の学力を有する「体育学教員」志望者であった。運動に関する条件はない。

　合格者25名には月6円の給費があり、卒業後文部省が指示する学校での勤務3年間を義務づけた。給費生は1882年卒の2回生までの合計36名にとどまる。

　文部省は、地方小学校教員への体操普及の指導に当たらせるため、各府県師範学校ないし学事課への体操伝習所卒1名の配置を計画していたに過ぎない。

　しかし、体操伝習所卒1名では不充分と考えた府県では、複数の体操伝習所卒を配置するため、県費で現職の教員を伝習員として体操伝習所へ派遣した。その最初が第1期府県派遣伝習員13名で、第2次給費生13名と同時に卒業した。以後1884年卒3期までの合計52名は、全員府県派遣であった。

　しかし、文部省や府県が必要とした体操伝習所による軽体操教員養成はここ迄で、1884年に自費志願伝習員制度に転換した。同時に「別課伝習員」も新設した。そ

の大部分は校務の余暇に来所する小学校教員で、中途退所者が多かった。

体操伝習所は1886年に「設立の目的を達し得た」として廃止される。

4．軽 体 操

　軽体操（light gymnastics / exercises）は、ダイオ・ルイス（Dio Lewis, 1823－1886）が1860年にボストンで発表した。知的階層を対象とする徒手と軽手具使用の保健体操である。ニュージムナスティクスとも呼ばれた。その理由は、アメリカでは、1820年代以来、筋肉隆々の身体形成を意図した鉄唖鈴などの手具体操や体力を要する器械体操など、ドイツ体操系の重体操（heavy gymnastics）が行われていたからである。

　アマスト大学出身のリーランドは、体操伝習所で体育論を講じ軽体操を指導した。通訳は、リーランド離日後の体操伝習所で中心となる坪井玄道であった。

　軽体操は、実施順序固定の一連の操法を数回ずつ繰り返す徒手運動あるいは軽手具運動である。これをテンポの速い人員確認の「番号」並みの呼唱に合わせて連続実施する。休止がないから、教師は運動の順序を十分暗記していなければならなかった。

　手具はすべて木製で軽量とされた。手具の種類は、唖鈴（dumb-bell）、棍棒（Indian-club）、球桿（bar-bell）、木環（ring）、豆嚢（beans）と多彩であった。手具の名称は、形状を勘案した直訳である。

　運動構成は、上肢の運動が主体で下肢の運動が少ない。この傾向は、主要交通手段が歩行か騎馬の時代の知的階層を対象とした保健体操に共通する。

　1882年、体操伝習所は『新撰体操書』と『新制体操法』を出版した。

　『新撰体操書』は、坪井等の編集で、リーランドの講義と指導とを纏めたものである。緒論では、知育偏重体育軽視を批判し、身体各系統に対する体操の効果を指摘して、軽体操の必要性を説いた。主体は軽体操の解説で、リーランドが指導した徒手2種類、唖鈴5種類、棍棒2種類、球竿などは各1種類、合計22種類を集録した。末尾では、一枚の縮尺図を付して手具製作法を解説している。

各運動の操法解説は、運動の軌跡を点線で示した図解1点と呼称ごとの説明文とを併用した。前と横に動かす上肢の運動の図解は、人物を斜め前から描いて一図に収めた。活版印刷で使用する図版制作費は高価だったから、呼唱ごとの運動図解を何枚も並べられる時代ではなかった。図解の人物の大部分は、アマスト大学と同じ体操伝習所の体操服姿の男子であるが、一部は、日本髪と袂の大きい和服姿の女子で描かれた。年少者で描いた図解は皆無である。

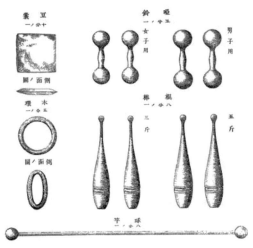

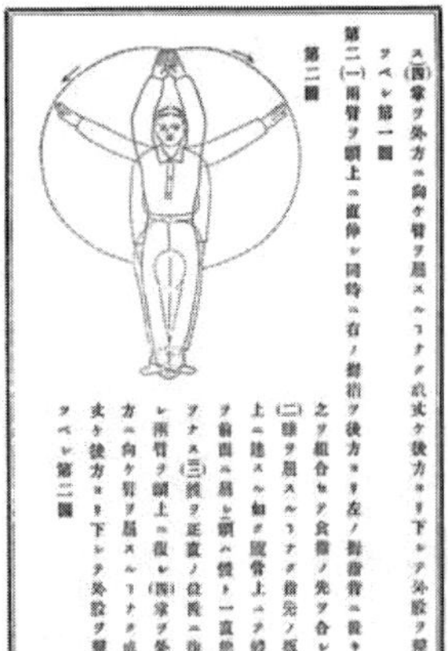

図20. 手具製作法図解（新撰体操書、1882）

図21. 徒手演習の図解と説明文（新撰体操書）

図22. 唖鈴演習の図解と説明文：右図は斜め前から一図で表現（新撰体操書）

『新制体操法』は、坪井等が受講の経験から各運動を1種類に編輯し直した解説書で、図解は全然使わなかった。唖鈴だけは男女別の編輯であった。『新撰体操書』の220ページに対し、半分以下の95ページであるから、軽体操の受講経験者を対象に編輯したのであろう。

　なお、体操伝習所「後来須要の件」は、この2冊では「体育論に論究する事甚(はなはだ)し」を理由に「適当の体育論を選定」刊行する必要を挙げた（文部省第10年報）。

　その稿本に相当する『李蘭土氏体育論』(りーらんど)は、道徳性・知性・体性の関係から説き起こし、アマスト大学の体操に言及した緒言に続いて、遺伝、風土、風習が身体形成に関与することを詳述した後、体操に論を進めて諸説を紹介し、身体各部に対する体操の効果を医科学的に説明、体操歴史で終わる。

　出身者による体育論は、数点が勤務地で発行された。書籍は重量があるから、地方での小規模出版が一般的な時代であった。体育論が体操伝習所から出版されたことはない。

5．活力検査[5]

　体操伝習所では、アマスト大学同様、軽体操の効果を実証するため、入所時と卒業時に活力検査を実施して活力統計表を作成した。最初の給費生の検査は1879年10月と1881年7月である。検査項目は、身長、指極(しきょく)（左右水平一直線に拡げた両手中指の先端間の距離）、上臂周（上腕の中間）、下臂周（前腕の中間）、胸周（最大吸気、最大排気、普通の三姿勢での胸囲）、肺量（肺活量、「活量」と同義）、体重、握力、力量（懸垂屈臂の回数）、年齢である。要するに、体格と体力の測定であって、重視していたのは胸郭と上肢である。測定単位は器具製作図によって異なる。

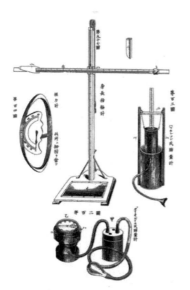

図23．活力検査用器械－中央：身長・指極計、
左：握力計、右・下：肺量計（小学普通体操法：下巻、1884）

リーランドは、体操伝習所建築中に、女子師範学校と師範学校で軽体操を指導して活力統計を作成した。1879年9月に伝習所主幹（所長）伊沢修二がまとめた「新設体操法の成績報告」は、この統計に基づいて「体重の減少」以外のすべての項目で「増加」したと指摘するほか、検査項目にない「食量の増加」や出欠に基づく「体操と疾病との関係」まで取り上げている。

活力検査は、体操伝習所開設以前から行われたのである。

軽体操の科学的論拠とされた活力検査は、1888年に大学ほか文部省直轄学校での実施を訓令され、1897年最初の身体検査規程制定まで実施された。その統計の一部は、米国で発表された（体育の科学58-3、2008）。

ちなみに、陸軍では1884年に「体力検査法」の「改正案」を「編製中」であった（郵便報知2.5）。『陸軍省第一回統計年報』は、1887年の士官学校「幼年生徒検査体力」を掲載した。体重・身長・指極・肺気容量・胸囲・（胸囲の）呼吸縮張の差・握力からなる。

6．軽体操の制度化

1881年5月、文部省は小学校教則綱領を通達した。体操は、「毎日凡20分」で、1–2年「適宜の遊戯」、3–5年「漸次」「徒手運動」、6–8年「器械運動」とある。この「器械」は軽体操の手具を意味する。リーランドが日本を去り、体操伝習所が

最初の卒業生を送り出す直前であった。

つづいて7月に中学校教則大綱、8月に師範学校教則大綱で「体操は適宜之を課すべし」と指示された。

また、9月の体操伝習所規則では、大学予備門など文部省所轄学校生徒の体操指導を明記した。

文部省は、体操伝習所での軽体操の選定と教員養成に加え、制度面から軽体操の確立と普及とを図ったのである。

図24. 学校生徒体操図（楊洲周延、1886）
手前から球竿、徒手、棍棒体操。女官は錦絵独特の艶な絵空ごと

7．武術調査

1883年、文部省は体操伝習所に剣術柔術調査を指示した。

独り相撲のような軽体操よりも、対人の武術の方が運動として効果的であるという主張を無視できなかったのであろう。

体操伝習所は、剣術家と柔術家を各4流ずつ集めて、東京大学医学部の三宅、ベルツ、スクリッパに実見させた。翌1884年の結論は、軽体操実施困難な学校の場合、安全と衛生に留意すれば剣術柔術を実施してよいであった。

この考え方が武術に対する明治期末までの文部省の基本姿勢となる。

6章　体操と戸外遊戯（運動）[6]

1．オランダ人が訳した遊戯

　1876（明治9）年から翌年にかけて、文部省は『童女筌』をA5判2冊（596ページ、589ページ）に分けて刊行した。わが国最初の翻訳遊戯書で、女子向きの百科事典の類である。文部省の開化的女子教育政策の一環であろう。原典は『ゲァルズ、アウン、ブック』（Girl's own Book、1873、ロンドン）で、オランダ人ファン・カステールが全訳した。多数の簡単な遊戯の他、けん玉は「盃及球」と含蓄のある邦訳をしたものの、日本人と全く無縁な「クロッケー」、「カリスゼニックス」などは、発音をかな書きするしかなかった。

　文部省『百科全書』中の1879年刊『体操及戸外遊戯』と『戸内遊戯方』の2冊の翻訳を担当したのもファン・カステールであった。

図25．左：回転鐙、中央：梁木とブランコ、手前：フェンシング（体操及戸外遊戯、1879）

『体操及戸外遊戯』は、「体操の修練」と「戸外の嬉戯」からなる。

「体操の修練」は、「『リーピング』法及『ヴォルチング』法」「逍遙及歩走術」を含みながら、34ページと短い。文字と図解とで大体説明できたからであろう。

これに対し、「戸外の嬉戯」は200ページ以上を費やした。戸外遊戯を紙上だけで理解させるのは著しく困難だったからであろう。

漢字表記の戸外遊戯は、游泳、弓術、蹴鞠（フットボール）だけで、残り7種目の名称は発音をかな書きした。

『スケッチング』には「（氷上を溜行する法）」の注記がある。転倒や失敗を連想させる「滑る」「辷る」ではなく、片脚で堪えたまま進行することを「溜行」と表現した。苦心の名訳である。

「『カルリング』法」は、カーリングの用具・技術・ルールの説明に30字12行27ページ、「『クリケット』法」には56ページを費やした。

『戸内遊戯方』の「タンシング（踊舞）」は「書物上より知覚するものに非ざれば師を得て之を学ふへし故に今ここに強て之を説明するを欲せす」とお手上げであった。

体操は、大雑把な振り付けの筋書き通りに何とか運動できる。したがって、文字と図解での表現が可能であった。

しかし、遊戯は、筋書きはあるものの、技巧的かつ選択的な場面が連続する。言語と図解だけで理解させられるものではなかった。

この違いが、身体運動の文明開化を体操から始めさせた所以であろう。

2．西洋遊戯の紹介書

1881年7月、体操伝習所第1回給費生21名が卒業した。

その直前の5月に小学校教則綱領が示された。1-2年の「体操」は「適宜の遊戯」で、軽体操は3年からの「徒手運動」と6年からの「器械運動」である。年少者に軽体操は不適当であった。

しかし、体操伝習所開設時の学科目には、「幼児体操術」があるだけで、遊戯は

ない。『新撰体操書』にみられる遊戯の類は「豆嚢投げ(とうのう)」だけである。リーランド在職中の伝習所が「適宜の遊戯」に該当するような遊戯を検討した形跡はない。

また、体操の代わりになるような遊戯運動の紹介も乏しかった。関信三の1879年刊『幼稚園法二十遊戯』は、恩物教育だけの紹介である。文部省百科全書中の『体操及戸外遊戯』は成人向きであった。

年少者向きの遊戯運動は、『童女筌』の一部と、その抄訳である吉川政興編の1880年刊『新奇女子遊戯法』だけであった。

このような状況下で、小学校教則綱領の体操の趣旨に則って「適宜の遊戯」を提示した最初は、体操伝習所第1回給費生の遊佐盈(えい)作である。遊佐は1884年に『新撰小学体育全書』を発表した。上巻が「戸外遊戯」、中・下巻は「体操術」である。本書には『童女筌』中の活発な遊戯と『新撰体操書』中の「豆嚢投げ」とが含まれる。加えて大学予備門教師 F.W.Strange の1883年刊『Outdoor Games』からの翻訳も含まれる。遊佐の「適宜の遊戯」は、京都赴任後の独力での集成であった。

3．体操伝習所の遊戯

体操伝習所が教員養成開始と同時に注目した遊戯は、青年向きのスポーツの類であった。すなわち、1879年度体操伝習所報告は「転球場」「操櫂器」の必要を挙げた。転球場は、アマスト大学体育館階下にボーリング施設があったから、ボーリングであろう。操櫂器は、陸上に固定したボート用オールの練習器械である。1881年9月には、修学の余暇に「操櫓の技」を教えるようになり、1882年3月「バッテーラ」（大型のボート）を新造した。1882年度中に地方から依頼された「器械」は、ベースボール8組、蹴鞠（フットボール）3個、循環球（クロッケー）2組、活力検査用と思われる巻尺3箇である（文部省第7-9年報）。

当時の保健体操に共通する傾向ではあるが、軽体操の操法の多くは上肢の運動であって、下肢の運動が少ない。とくに走運動と跳躍運動がない。交通手段が歩行と騎馬の時代ではあるが、軽体操を補完する下肢の運動は必要だったはずである。戸

外遊戯がそれだったのであろう。

4．『戸外遊戯法一名戸外運動法』

　リーランド離日後の体操伝習所を主導した坪井玄道は、第1回卒で伝習所へ残した田中盛業と「本邦の習俗に適する」欧米の戸外遊戯法を抄訳して『戸外遊戯法一名戸外運動法』を編集、1885年4月に出版した。体操伝習所教員4名が協力しているから、伝習所の総力を挙げた出版物である。

　本書は、坪井と田中の1884年6月刊『小学普通体操法』と対をなす。これに中等学校対象の1887年7月刊『普通体操法』を加えて、本書を1888年7月刊『改正戸外遊戯法一名戸外運動法』に置き換えれば、リーランド離日後の坪井らによる日本の体操と遊戯からなる体育法の選定作業は完了したことになる。

　本書は、緒言で「身体練成の法は合式体操のみを以て足るものに非ず又併せて戸外運動」が必要と主張する。高嶺秀夫が揮毫した題字は「遊戯者天然運動也」である。合理的な体操だけでは体育法として完全ではない。自然の運動遊戯には合理的体操を補う機能がある。したがって、両者を併用するという考え方である。

　この遊戯について、体操伝習所主幹西村貞の序は、英国のクリケットと米国のベースボールを例に、「自然に産出」された「『ナショナル、ゲーム』即国戯」による「共同和諧の精神」「感奮激発の志情」を評価する。ところが、日本の遊戯は「共同和諧の精神」に乏しく、「国戯」と呼べる遊戯はない。この精神を学校遊戯で養成して「国歌」のように「国戯」を自然に育てたいと言う。

　からだと精神に資する運動遊戯の文明開化によって、合理的体操と自然的遊戯運動による体育の完全を期したのである。

　緒言の「身体の強健を増進する而已ならず亦大に心神を爽快にし優暢快活の気風を養成し児童体育上実に欠く可からざるの一科」は、運動による心身の教育という「体育」の概念に立脚する。

　もちろん、翻訳には苦労した。「適当の術語」が見つからない場合は「原語」をカ

タカナ書きした。「球」「死球」「打球者」以外の野球用語は「ベースボール」をはじめ全てカタカナであった。

種目は21、年少者向きの遊戯だけでなく、ローンテニスなど上級学校の課外でなければ実施できないスポーツも含まれる。とくに野球とボートレースの説明は紙面の4割を越える詳細さであった。

しかし、本書は無からの編輯であったため、刊行後わずか3年で大改正せざるを得なかった。

ちなみに、相撲を「国技」と称するようになる契機は、明治末の1909年新築の「相撲常設館」を、開館間際になって「国技館」と命名したことである。

5.『改正戸外遊戯法一名戸外運動法』[12)]

1888年7月『改正戸外遊戯法一名戸外運動法』が出版された。

体裁は、和服のふところに入る木版刷りB6判横長和綴の1885年版から、A6判洋装活版刷りと小型に一新された。体操場(運動場)へ臨む教員の服装は、森有禮の兵式重視の学校改革によって、軍服を模して採用された学生服同様の詰襟服であった。そのポケットに入る大きさに改版したのである。

1885年版と比較すると、掲載種目は「改正」以上に一新されたことが分かる。

『戸外遊戯法一名戸外運動法』初版と改版の種目数比較表

種類		遊戯	競走戯	行進法	徒競走	球技	綱引	旗奪	ボートレース	合計
初版		6	4	1	0	8	1	0	1	21
改版		12	6	0	1	5	1	1	0	26
改版	削除	1		1		3			1	6
版	追加	7	2		1			1		11

備考) 競走戯:二人三脚、旗取り競走など　　行進法:マスゲームの類
　　　徒競走:200、300、400ヤード　　　　　旗奪:棒倒しの前身

削除が顕著なのは球技である。その中には、初版で詳記された「健康と愉快とを享有する戸外遊戯」で「競争心を鼓舞」する「打球の一種」であるベースボールが含まれる。「戸外運動中最も秀逸」と推奨された「操櫓術」（ボートレース）も削除された。ボートは、特別の学校以外ではできなかったからであろう。行進法の削除は、1886年学校令で軍隊式隊列運動が採用されたからであろう。

追加された大半は、年少者向きのカタカナ書きの遊戯である。まだ「適宜の遊戯」種目は摸索段階であった。徒競走の追加は、楕円形走路に言及しているから、運動会の影響であろう。

戦争ごっこの類の「旗奪」は、翻訳でない唯一の日本在来種目である。すでに明治維新頃の土佐で見られていたようで、1880年代の闘争的な壮士の政治的示威運動が学校遊戯に及んだのであろう。倒された者は戦死扱いのルールである。そして、この「旗奪」が、1900年頃の海軍兵学校で、帆船時代のマストの船標（じるし）を連想させる課外の「旗取」となり、鉄拳の使用を認めて、名称を「倒木」から「棒倒し」と変えたようである。鹿児島には、鉄拳を振るうだけでなく、丸太棒も用いた「大将守り」という遊びがあったという。薩摩出身者が多かった海軍だから、この遊びの影響も考えられよう（海軍砲術学校史、1975）。

改正版の末尾に、運動会管理運営上の「判者以下役員職務」と「演技者心得」が加わった。経験に基づく記述も見られるが、土台は翻訳である。流行を追って暴走し始めた運動会に、一定の規範が必要と考えられたのであろう。

7章 兵式体操と「体育」の変貌[18]

1. 富強主義の国民教育

　明治政府は、男子ならば成人すると兵役義務を課される年少者を対象に、義務教育の場として小学校を設けた。小学校は、個人にとって実学の場であると同時に、軍隊教育の前提となる国民教育の場でもあった。

　このため、体操図解で始まった個人本位の保健体操が、体操伝習所を核に軽体操の確立に向かう一方、元老院や東京学士会院（日本学士院の前身）では、国が国民に求める軍事的体操をめぐる論議を展開した。この論議と前後して、文部省も歩兵操練（後の教練）を学校生徒に課すための実験を始める。軽体操では、歩兵操練の代用にならなかったのである。

2. 体操伝習所の歩兵操練

　体操伝習所における軽体操の導入と教員養成開始から1年後の1880（明治13）年3月、文部省は陸軍省に東京師範学校と体操伝習所で実施する「銃隊操練法」の指導を依頼した。

　しかし、陸軍からの指導者派遣は遅れた。体操伝習所が歩兵操練を教科に加えたのは、8ヶ月後の同年11月である。

　体操伝習所と違って体操服のない東京師範学校は、和服では操練ができないという理由で除外された。

　陸軍省から派遣された教官は、後年の高田スキーで知られる長岡外史少尉である。

　歩兵操練の内容は、徒手体操と密集教練（隊列運動）だけであった。しかも、半

年後の1881年5月からは、体操伝習所の教員が歩兵操練を担当することになった。軍人でなくても指導できる程度の軍事教練に過ぎなかったのである。

　体操伝習所の成績報告は、歩兵操練に、体育だけでなく、順良の習慣形成と軍事的価値とを認めている。

　東京師範学校の歩兵操練実施は1883年度からで、体操伝習所教員が指導した。翌1884年度の歩兵操練に対する時間配当では、週1時間の軽体操に対し、週2時間と歩兵操練を重視していた。

　文部省は、体操伝習所による体操法選定の対象に、個人のための軽体操だけでなく、国が求める歩兵操練をも加え、軽体操よりもむしろ歩兵操練を重視したのではなかろうか。

3．徴兵令改正

　1883年12月改正の徴兵令は、中等学校の「歩兵操練科」を「卒業」した者の場合、徴兵時に志願入隊すれば、3年制現役を1年間だけで終了して予備役士官となれる「一年志願兵」制度を定めた。

　しかも、この中等学校歩兵操練科の内容等は、陸軍省でなく、文部省が定めることになった。そこで、翌1884年2月28日、文部省は体操伝習所に歩兵操練科の「程度施行の方法」の研究を命じた。

　同時に、文部省は、小学校での歩兵操練「施行の適否」の調査も命じた。改正徴兵令が、現役入隊中の教育訓練で優秀な成績を修めた兵を対象に、3年の現役期間を短縮して除隊させる「帰休」制度を採用したから、将来の帰休に役立つような小学校教育を必要としたのである。

　同年11月、体操伝習所は、中等学校歩兵操練科を柔軟演習（徒手体操）と執銃成列中隊運動（隊列運動）まで、小学校は「柔軟演習の一斑」だけと報告した。中等学校は一年志願兵の趣旨に添っている。しかし、小学校については発育を考慮して準備体操程度にとどめ、教練的な運動は少しも課さなかったのである。

中等学校は、こぞって歩兵操練科を設けた。一年志願兵制度が中等学校卒業者の優遇措置だったからである。また、中等学校と認定された私立学校名は官報に告示されたから、歩兵操練科の設置は、私立学校の経営を左右する問題でもあった。

1884年2月13日の郵便報知は、「起業の日は未定」としながら、大学予備門が「歩兵操練科の為め体操を正科中に加」えると報じた。私塾や独学で入校した生徒を一年志願兵制度の該当者とする必要からであろう。

4．森有禮の教育改革

1885年12月に内閣制度最初の伊藤内閣文部大臣に就任した森有禮は、1886年に小学校令と師範学校令を制定して国民教育の学校制度を確立した。駐英公使だった森は、1882年に憲法調査で渡欧中の伊藤博文と会談し、教育方針についての信任を得て、1884年5月に文部省御用掛に転じていた。

1885年8月に森が東京師範学校監督となる直前の5月、文部省は、東京師範学校体操科に「仮に兵式体操を加」えること、および体操伝習所に東京師範学校と協議して「兵式体操要領に準拠し実施の方法及教授法等」を作成することを命じた。「兵式体操」の初出である。

この要領には、軽体操を「普通体操」と改称し、生兵学中の隊列運動を普通体操に含めるとある。学校令の普通体操と兵式体操による体操科構想を示した最初である。

以後、東京師範学校は、士官学校を模した寄宿舎の兵式化など、教室外の教育改革を進めた。各府県師範学校も、これに倣う。

1885年11月、文部省は「兵式体操は啻に体力を発達するのみならず又能く秩序を守り沈毅事に耐ふるの慣習を養ふ等体育中最も必要」と位置づけ、陸軍省に「本邦教育の気風を一洗」するため、徳育と集団の一員としての習慣形成を「第一義」、体育を「第二義」とする兵式体操教員の候補者として、師範学校生徒の「模範」となる現役下士官の選抜を依頼した。当初、文部省は、現役歩兵士官を兵式体操教

員に当てる考えであった。しかし、陸軍は、警察の後ろ楯の鎮台から大陸における野戦用師団へ転換する最中であった。このため、陸軍の承諾を得られず、現役歩兵下士官で実現せざるを得なかった。

翌12月、埼玉県尋常師範学校における森の演説は、兵式体操を「従順」「友情」「威儀」を備えた「善良の人物」養成の「道具責めの方法」であると位置づけ、「決して」軍事目的ではないと念を押した。1886年4月の師範学校令の「順良信愛威重の気質」の初出である。

1886年10月になると、第一高等中学校は、師範教育が採用した什伍(じゅうご)制を模して「生徒部伍編成規則」を定めた。森の人物養成は中学校にも及んだのである。

5．兵式体操の教員養成

1885年9月、文部省は、陸軍少尉松石安治を体操伝習所勤務とし、11月には、体操伝習所に現役歩兵下士官を府県立師範学校の軽体操兼兵式体操教員として教育する「修業員」制度を設けた。ところが、翌1886年4月、体操伝習所は廃止されて、修業員の教育は新設の高等師範学校体操専修科へ引き継がれる。

修業員の採用条件は、常備現役を離れて1年以内の35歳以下の歩兵下士官で、品行端正・精神気力・体格正整・身体強健、身長5尺2寸（157㎝）以上、卒業後文部省指定の府県立師範学校における最低3年間の体操教員勤務である。ちなみに、1879年の体操伝習所給費生の身長は「凡(およそ)5尺以上」であった。

定員は25名、選考は陸軍省に一任され、給費で26名が1886年2月に入所した。教育期間は4ヶ月、全員が卒業した。

修業員が卒業すると、松石と第一高等中学校の倉山大尉が各鎮台へ出張して、次の専修員を選考した。今回の応募対象には、常備現役を離れて1年以内の上等兵を加えた。その年齢は事実上24歳以下である。期間は10ヶ月に延長され、1887年7月に22名（下士官出身12名、上等兵出身10名）が卒業した。

卒業は2回合計48名であるから、各府県師範学校に1名が配置されたことになる。

しかし、専修員募集は、この2回限りであった。以後の体操教員補充は、文部省による試験検定（通称「文検」）だけとなる。

　教科は、軍隊同様「術科」と「学科」に分かれる。

　術科は、毎週12時間の「兵式体操」と毎週15時間の「軽体操」からなる。「兵式体操」は、「生兵より中隊に至る諸演習」と「体操（柔軟演習・器械体操・活用銃槍術）」からなり、射的・行軍・野外演習も実施した。なお、卒業式などで実施した障碍物競走は器械体操の一部である。「軽体操」には、軽体操と異なる兵式の「整頓法」と「隊列運動」が加えられた。また、「附、戸外遊戯」とある。

　学科には、毎週6時間の「兵学の大意、測図」、毎週9時間の人体解剖生理・学校衛生・体操術原理の他、時間「適宜」の「教員の責務」が加えられた。

　兵式体操よりも軽体操の時間数が多いのは、体操科教員として兵式体操と軽体操の両方を教えることになるからである。

　下士官と上等兵出身者である修業員に士官必須の兵学と測図を課したのは、当初の計画で現役士官を想定していたことと、一年志願兵出願の前提となる中等学校歩兵操練科に必要だったからである。

6．学校令の体操科

　1886年の各学校令のもとで、「体操」は、毎日定時の副科ではなく、他教科同様時間割に組み込まれる正課となった。漸進的な学習を必要とする兵式体操が加わったからである。

　師範学校と中学校の「体操」は、軽体操を改称した「普通体操」と男子だけに課された「兵式体操」の二本立てとなり、小学校の「体操」は、年少者の遊戯に始まって年長者の軽体操と「隊列運動」へと進んだ。小学校の隊列運動が「兵式体操」と改称するのは、1888年1月である。

　同じ中等学校でも、尋常師範学校の兵式体操は、尋常中学校の兵式体操よりもはるかに高度であった。両者を同一視するわけにはいかない。

（1）中学校の兵式体操

　上級学校進学志望を前提とする尋常中学校の兵式体操は、4,5学年だけである。3学年までは高等小学校並みの隊列運動だけであった。

　高等中学校の体操は、普通体操がなく、兵式体操だけであった。しかも、高等中学校の兵式体操は「工学理学志望者には課せず」であった。理系が兵役を事実上免除されたのは、兵力の一部とするよりも、技術力を期待されたからであろう。

　尋常中学校の兵式体操の内容は、担当教員がいる学校と、いない学校の2種類に分けて示された。

　兵式体操担当教員がいる学校でも、『歩兵操典』は「生兵第一部第二章」まで、体操は4年が徒手柔軟体操、5年が執銃柔軟体操だけで、戦場運動につながる器械体操は皆無であった。

　これでは、新兵の入隊後数ヶ月の教育程度に過ぎない。尋常中学校の兵式体操は、一年志願兵の特典を与えるための形式に過ぎなかったのである。

　そのため、警察の後ろ盾の鎮台から野戦用師団制への改編と連動して1889年に一年志願兵制が強化されると、この基準は廃止される。しかし、次に基準が明示されるのは1901-2年で、はじめて器械体操が加えられる。

（2）師範学校の兵式体操

　全教科担当の小学校教員養成機関である尋常師範学校の兵式体操は、各府県1名配置の高等師範学校体操専修科卒業生が担当した。

　「教場外最重の事業」と位置づけられた兵式体操は、兵式による教室外での「順良信愛威重の気質」を標榜する師範教育の核として重視された。必然的に小学校教員に必要な隊列運動の域を遙かに超える。

　教育内容は、生兵学・中隊学・行軍演習にとどまらず、列兵には不要な兵学大意と測図にまで高められ、教科書には、体操専修科で兵式体操を指導した松石安治がまとめた小学校用『普通体操隊列運動』（1886）だけでなく、陸軍の『体操教範』『歩兵操典』『射的教範』『野外演習軌典』が指定された。

1888年に示された設備準則には、操練用の銃器・装具の詳細と木馬等7種類の体操器械のすべてが記載された。兵式体操を行う広い体操場と障碍場は、もちろん存在した。

　その代表格は、「模範学校なる埼玉県尋常師範学校」が1887年1月に開設した歩兵連隊並みの「兵式体操用障碍物」である。

　その走路は、全長約64間（115m）、幅7間半（13.5m）、スタートラインから11間（20m）の位置に土堤（高さ2尺《60cm》、幅4尺）、その8間先に壕（深さ5尺、幅9尺）、9間先に丸木3本を渡した壕（深さ9尺、幅2丈《6m》）、8間先に壕（深さ5尺、幅9尺）、9間先に石垣（高さ6尺、上幅1.5尺）、4尺先に穴（深さ1尺、幅1尺）、8間先に密集して4・3・4に配列した11個の円形の穴（深さ4尺、直径9尺）、3間半先に尖頭の柵（高さ5尺）、1間先に前面が切石組の石垣の壕（深さ9尺、幅3間）があり、その先にある敵の陣地に見立てた急斜面の丘（高さ7尺）の上がゴールである。開業式における通過最高記録は30秒であった（教育時論64）。

　兵式体操は全学年とも毎週3時間であった。軍服を模した兵式体操用制服と制帽を着用した。これが詰襟の学生服と制帽の始まりである。時間はすべてラッパで知らされた。当然喇叭(らっぱ)手がいた。

　日帰りの行軍演習は軍隊式「遠足」を定着させた。宿泊をともなう長途行軍演習は、実地研修や見学の「修学旅行」を発展させた。

　師範学校卒業者は、1889年制定の在営期間6週間だけの6週間現役制により、現役はもちろん戦時召集の予備役も終了の扱いを受けて、国民教育に専念できたのである。

　師範学校の兵式体操は、中学校卒の一年志願兵制の前提条件である中学校の兵式体操よりも、はるかに高水準であった。これが、師範学校卒の6週間現役制を可能としたのである。

　この6週間現役制が廃止されるのは、日中戦争が本格化した1939（昭和14）年である。

7．「体育」の変貌[11) 14)]

　森が師範教育で兵式体操を重視したのは、人物養成の教育である徳育の観点であった。しかし、文部省が兵式体操を位置づけたのは、徳育でなく「体育」であった。

　1885年11月12日に文部省が体操伝習所へ達した「兵式体操及び軽体操教員養成の要領」に関する趣旨説明には「兵式体操は啻(ただ)に体力を発達するのみならず又能(よ)く秩序を守り沈毅事に耐ふるの慣習を養ふ等体育中最も必要」とある。

　この「体育」は、教養人の身体のための教育という三育主義の観点ではない。国家が、集団の一員である国民に求める「体育」であって、今日につながる二番目の「体育」の概念、すなわち運動による心身のための教育の出現を意味する。

　また、坪井玄道は『戸外遊戯法一名戸外運動法』緒言で、戸外遊戯を「身体の強健を増進する而已(のみ)ならず亦大に心神を爽快にし優暢快活の気風を養成し児童体育上実に欠く可からざるの一科」と位置づけた。

　これも、運動による心身のための教育という二番目の「体育」の概念である。

　描かれた人間像は、兵式体操と戸外遊戯の違いを反映している。しかし、運動による心神と身体の教育を「体育」と捉えている点では、本質的に同一である。

　身体（のための）教育の熟語である一番目の「体育」の概念は、身体への教育的関心から生まれた。

　一番目の「体育」の手段である運動への教育的関心の高まりから、運動による心身のための教育という概念が派生した。これが熟語になれば「運育」であろう。しかし、「運育」ではなく「体育」が使われた。

　「体育」の二つの概念は、こうして生まれたのである。

8章　運動集会の系譜と体操[8)13)]

『運動会と日本近代』（吉見俊哉ら、1999）や、木村吉次の手堅い一連の研究など、運動集会の歴史に関する発表物は数多い。

運動集会には、体操の系譜と体操を含まない系譜がある。現代につながる「運動会」の系譜には、大学を別とすれば、必ず体操が含まれる。なぜか。

この疑問から体操に焦点を当てて、運動集会の全体像を系統的に整理する。

1．海軍兵学寮の競闘遊戯会

1873（明治6）年7月、東京築地の海軍兵学寮（海軍兵学校の前身）にイギリス人教官が着任した。翌1874年3月21日、彼等が「行司」となって「競闘遊戯」の集会が開かれた。本邦最初の陸上運動集会である。3月1日付プログラム「競闘遊戯表」には"Athletic Sport"とある。

種目名の邦訳は苦心惨憺であった。18種目すべてに、かなり無理した訓読みの平仮名を付した4文字漢字名と「景物」（賞品）の他、それぞれの競技の概要が示された。

競走は150、300、600ヤードであるから、トラックは一周150ヤードだったと考えられる。競歩、幅跳び、高跳び、棒高跳び、三段跳び、毬投げと真面目な競技が多いが、年少者を背負ったハンディキャップレース、職員レース、二人三脚、卵拾い競走など余興的種目もあった。放した豚の尻尾を掴まえる鬼遊びの類の豚追いもあった。

しかし、種目中に体操はなかった。

最も重視した種目は、15-13歳の300ヤードと16歳以上の600ヤード競走であった。

「景物表」によれば、その1着の賞品は、提革嚢（手提げ革かばん）・懐冊（ノー

トブック)・行旅氈（毛布）の豪華3点セットである。9種類の賞品セットがあったが、最も多く出された賞品は、懐冊・書翰箋・書翰套（封筒）・套刃刀（鞘つき小刀）・屈柄杖（ステッキ）の5点セットである。参加意欲をそそるのに十分過ぎる賞品であった（スポーツ八十年、1958）。

　次に開催されたのは、1876年4月7日午後である。会の名称は分からない。「競場」は前回と同じ海軍兵学寮前の操練場であった。ちなみに、この広場で1877年に群集環視の中で行われた係留索つき軽気球の飛揚実験は、錦絵となった。

　この時行われたのは「体操遊戯十七番の業競」である。「わざくらべ」か「せりわざ」と読むのだろうか。1874年になかった体操が、15歳以上・15歳以下・12歳以下に分けて実施され、「生徒が自由自在に体操し中々熟練」と評された。この年次の海軍兵学寮予科では、鞦韆（懸垂式ブランコ）、「転舞」「擺手」(手を振る)からなる「体術」が課されている（朝野新聞4.8）。当然、12歳以下でも徒手の集団体操の演技はできた。また、体操器械が操練場に設置されていたとしても、隅のはずである。年長者の体操演技も器械体操とは考えにくい。

　したがって、2回目は学校公開の類で、1回目の競技だけの競闘遊戯会とは異質であった。

　遊戯種目は、「豕追」（ぶたおい）もあるが、すべて意味の分かる熟語で示された。「平駈」は徒競走、「三脚駈」は二人三脚、「三飛駈」は三段跳び、「槌投」は文字通りのハンマー投げである。

　翌1877年9月29日にも、ここで「力業の運動」（ちからわざ）が行われ、巡査が出張するほどの賑わいであった（朝野新聞9.27）。

　ちなみに、1878年が最初の札幌農学校「遊戯会」（1882年次の原名は"Athletic meeting"）の届出文書には「力芸」とある（恵迪寮史、1933）。

　1883年6月10日から浜町で5日間にわたって開催された「大競技会といふ興行」は、「鎗剣柔術」であった（郵便報知6.8）。

　当時、見物が集まるスポーツの催しは、力士の相撲だけしかなかった。運動遊戯は、競技（わざくらべ）とも、力技（ちからわざ）とも映ったのである。

　「せりみず」（競水）は、流れに逆らって泳ぐことで、競泳ではなかった。

2. 開成学校の体操と遊戯

　1873年、開成学校予科は、60分単位の時間割の間に毎日9時半から10時まで30分間の体操を設けた。しかし、開成学校本科に体操の課業はなかった。「少年と均しく鞭撻を用ひて体操に従事せしむべきに非ず」が理由である。開成学校鳥瞰図は、校舎背後の屋外体操場に設置された高所通過用の梁木（文中では「矢倉」ママ）の上に、数人の人影を描いている。課外の器械体操を表現したのであろう。平面図には手摺（平行棒）もある（東京帝国大学五十年史）。

　1876年、開成学校予科の後身である東京大学予備門でも、体操伝習所教員が軽体操を指導した。1886年予備門が第一高等中学校（1894年「第一高等学校」と改称）に改組されると、軽体操は行われなくなる。代わって兵式体操が他教科同様正課に位置づけられる。

　課業としての体操は、中等教育までの問題であった。

　開成学校本科に始まる大学専門教育に、課業としての体操の歴史はない。

　あるのは、課外の戸外遊戯・運動という大学スポーツの歴史である。

　開成学校は、1875年から夏休みを2ヶ月に延長して「行旅の便」をはかり、1878年東京大学に改組されると、夏休みに「肢体を適調して健康を保全」するため、隅田川に「水泳操舟」の場を設けた。1883年には「剣術教導」2名がいた（文部省第7、8、11年報）。

　嘉納治五郎は開成学校で野球をやったという。野球好きの外人教師がチームの頭数を生徒に求めたからであろう。

　工部大学校（東大工学部の前身）の外人教師は、チームゲームのフットボールやホッケーには学生を巻き込みながら、少人数のテニスは外人だけで楽しんでいた。

　スポーツは、外人教師の私的趣味に過ぎなかったのである。

3．ストレンジと運動会

　外人教師の趣味にとどまっていた戸外遊戯（スポーツ）を学生の課外教育として組織化したのは、大学予備門英語教師ストレンジ（F. W. Strange, 1853－1888）である。

　ストレンジは、1883年6月11日付で"Outdoor Games"を出版した。英文である。教育には mental exercise と physical exercise の二面があり、後者の健康を主題とする身体的修練には gymnastics と outdoor games がある。ところが、日本の学生は、戸外遊戯を知らないから、運動場を活用できない。これが本書発行の理由である。

　5日後の6月16日、彼は、この本を賞品に、大学構内（旧加賀藩邸）御殿下の広場で「競遊会」を主導した。2日後の郵便報知は、左側に「あすれちつくすぽーと」の振りがなを付けて「競伎会」と報じた。手だけではなく、全身を使う技であるから、人偏の「伎」を当てたのであろう。大学最初の運動会である。

　しかし、この「競伎会」の文字は他に例を見ない。2年後の1885年6月6日開催のそれは「競技運動会」とある。

　彼が主導したのは陸上運動だけではなかった。翌1884年10月17日「走舸組」競漕の審判を勤めている。カッターに発音の「舸」を当てたのであろう。丁度1年前に大学が制定した「走舸貸付条規」は、「組合」規則と名簿提出の手続きで1年間のボート占有権を認めた。最初のボートレースは、1年間の練習成果を発表する場だったのである。

　この陸上と水上の運動会開催は、1886年7月の大学校友組織「運動会」設立によって恒久的となる。

4．帝国大学の運動会

　東京大学は、今でも校友組織の名称に「運動会」を使っている。

　その嚆矢は、1886年3月の帝国大学令で権威ある帝国大学と改称した4ヶ月後の7月である。設立の趣旨は「身心を鍛錬し又相互の親睦を謀る」ことであった。1886-87年の英文大学年報は、"Recreation"の項で「運動会」を"University Athletic and Rowing Club"と訳し、平素の運動施設用具のサービスと年1回の陸上とボートの大会（large gathering）開催を担当すると紹介した。隅田川でのボートレースは人出の多い春の花見時を選び、御殿下の陸上競技には秋晴れが期待された。

　当時、隅田川のボートレースは水上の運動会と受け止められた。これに対し、御殿下の走跳投競技は「陸上運動会」あるいは「競技運動会」と呼ばれた。このため、陸上運動は他にもいろいろあるにもかかわらず、走跳投だけが「陸上競技」と呼ばれることとなる。

　なお、「陸上」や「運動」を略した「競技会」は稀にしか使われなかった。東京彫工会「競技会」や「彫刻競技会」等があるからであろう（朝野 1887.11.4、1893.9.12）。

　ストレンジから始まった東大運動会は、娯楽的種目も含まれるが、陸上競技種目だけで構成された。集団体操や器械体操が行われたことはない。

　東大運動会の種目構成は、最高学府と目される東大を意識する他の高等教育機関の模倣するところとなり、大学高専の運動会の系譜を形作ることとなる。そして、高等教育機関を目指す中学校の種目構成にも影響を与えた。

　東大の模倣は校友会の名称にも見られる。高等商業学校（一橋大学の前身）は、いち早く組織した「運動会」が競漕大会を開催した（朝野 1887.11.2）。高等師範学校も遅れて1896年に「運動会」を組織した。

5．体操伝習所の体操演習会

　体操伝習所は、1881年9月から文部省直轄の大学予備門や師範学校などで軽体操を指導した。そして、翌年7月までに2回、これらの学校を「連合」して軽体操の「演習」を実施した。演習とは、学習成果を繰り広げて見せる"お復習い"である。この行事を毎学期1回の各学校連合「体操大演習」と定めたのが、1884年2月の文部省直轄学校の軽体操に関する体操伝習所規則乙号である。「教育篤志の者」の参観が許され、合計600余が見学した。

　体操伝習所が担当した各直轄学校軽体操の生徒出席率は、師範系9割に対し、その他は6割程度と芳しくなかった。その対策として連合体操大演習会を企画し、一場に会して各学校ごとの演技を披露させ、各学校の競争心を煽ったのであろう。この趣旨での啓蒙は、体操教員を目指す体操伝習所の給費生や伝習員には不要であった。

6．東京体育会の演習会

　1883年10月3日の郵便報知は、体操伝習所主幹西村貞等の発起による「東京遊戯会」の設立を報じ、6日にやや詳細な計画を掲載した。年会費60銭の会員制である。その「発会式」は11月17日土曜、ストレンジの競遊会開催から半年後のことである。この団体は、教育界などで流行した啓蒙普及団体の類である。しかし、講演会開催や機関誌発行は行わず、毎月第1土曜日午後の「演習」と年2回の「大演習会」を事業とした。以後「遊戯会」の名は見られない。見られるのは、数年にわたる「東京体育会」の大演習会開催である。この大演習会は、体育のための軽体操普及を第一義とする体操伝習所の対社会的事業であった。名称が「遊戯会」では、具合が悪かったのであろう。

　大演習会の最初は、1884年4月20日の「春季大演習会」である。体操伝習所

で午後1時から6時半まで開催した。参会者は「無慮三百有余名の多きに至り頗る盛会」とある。演技は、徒手・唖鈴・棍棒の軽体操だけでなく、隻脚競走（サックレース）・旗拾競走・初期オリンピック大会陸上競技種目となる綱引のほか、フートボール／蹴鞠・ベースボールなど、翌1885年に坪井らが上梓する『戸外遊戯法』と共通する遊戯を行った。球技は短時間の紹介程度であろう。外来種目のほかに、日本人が見慣れた弓術、野試合まで行った。体操と遊戯を啓蒙する「演習会」という名の事実上の運動会であった（大日本教育会雑誌7）。

東京体育会は、同年11月に「第三回秋季大演習会」を「一層の盛況」裡に開催した。「観覧券」での入場者は200に達した。競走類には、手拭や紙の類の賞品を出した。球技に賞品はない。翌1885年11月の秋季大演習会では、体操につづいて、各10名ずつの体操伝習員がフートボールを演じた。

兵式体操がはじまると、1886年11月の秋季大演習会には、銃剣術、棒跳（棒高／幅跳）・高跳を含む器械体操、障碍物競走が加わった。

東京体育会の最後と思われる大演習会は、1888年4月22日に開催された。前年7月に体操伝習所の後身の高等師範学校体操専修科も終了してしまったから、「無慮三百余」の出場者を揃えるには、第一高等中学校、高等師範学校、東京府立尋常中学校（日比谷高校の前身）と東京府下公立小学校に頼らざるを得なかった。会場は、神田一ツ橋外の体操伝習所跡地の、正方形に近い1400坪（40×35間）位の「体操場」に設営した。300ヤード（270m）の周回路の中に、約16×13間（29×17m）の「演習」区域を設けた。「徒競走」は、中等学校と小学校に分けて走路一周で行われた。記録は、長跳（走幅跳）が1丈6尺（4m80）、高跳が5尺2寸（1m58）である。体操は棍棒体操と小学生徒の徒手体操だけであった。

「体操演習会」と呼ぶには、遊戯が多くなり過ぎていた。

7．各地の体操演習会

軽体操普及のため、各地で複数の学校を集めた演習会が開催された。

京都府は、「小学生徒の体操を奨励する」目的で、1883年中に10回の「体操演習会」を開催した。府立中学校を会場とし、合計47校以上から817名が出場、優秀な生徒264名に賞品が与えられた（官報1884.2.25、4.30）。1校平均14名弱である。生徒の出来映えが学校の評価につながるから、軽体操の上手な者を選んで出場させたのであろう。軽体操の奨励普及に役立ったことは確かである。

　1883年秋、徳島県は38日間にわたって「小学校生徒奨励試験」を実施した。その中に体操はない（官報1884.3.13）。大阪府「小学生徒連合試験」、石川県「生徒奨励会」も同様である。

　「奨励法」を定めた徳島県は、1885年5月から「体操大演習」を開始した。毎月1回3里（12km）以内の「便宜の地」にある河原や原野に10校前後の学校から1,000人近い生徒を集めた。

　その1886年3月28日の「体操演習会」には、徳島市街から師範と中学を含む20校1,646名が参加して、午前中に徒手と器械（手具）の軽体操を実施した。「将来は歩兵操練」を加えるとある。午後は1校1名だけの出場で遊戯を実施した。「悪口雑言するを許さず」とあるから、学校間の優劣が一目瞭然の競走であろう。演習会の主眼は体操奨励である。しかし、遊戯の附加が欠かせなかったのである（文部省13年報、大日本教育会雑誌26、28、官報1885.6.17、6.30、1886.4.7）。

8．東京の体育奨励会

　1885年8月『教育報知』誌の「小学校生徒の遊戯」は、東京市内と周辺の公立小学校が集まって「軽運動に交ふるに種々の遊戯」を行うと報じた。東京府が体操伝習所で10月4日に開催する「東京府公立小学校生徒体育奨励会」である。その意図は「直接には東京府下小学校の体育法を改良し間接には全国の教育世界に体育奨励の必要を知らしむる」ことであった。各小学校から満12歳以上の男子3名を召集した。事実上の学校代表である。80校が参加した。「遊戯施行順序」によると、競走・旗拾・徒手演習・唖鈴演習の他、番外で毬投・綱引・鬼遊・フットボール

が行われた。これでは、体操と遊戯の会であるから、体操演習会とは呼び難い。「体育奨励会」と称した所以であろう。しかし、表彰では、1等賞が唖鈴体操6校11名、2等賞が徒手体操11校17名、3等賞が「競走及旗拾」11校17名と、体操優先の姿勢を崩していない（教育報知7、11、教育時論17、官報10.6、朝野9.30）。

つづいて、翌11月15日、同所で「東京府師範学校及中学校生徒体操奨励」の「体操術演習」が開催された。種目は、直線競走・袋競走（サックレース）・徒手体操・唖鈴体操・兵式体操である。種目名以外に遊戯に関する文言はない。受賞者は、1等4人、2等39人、3等13人である。競技ではあり得ない分布であるから、小学校体育奨励会同様、体操が主眼であった事は明かである（官報11.20）。

「体育会」と称した運動集会は、10月以降の1885年中だけでも、岩手師範、栃木県師範中学、東京府北豊島郡、東京四谷区と続く。

しかし、前後して出現した「運動会」によって、「体育（奨励）会」の看板は、やがて見られなくなる。

9．民間の運動会

「運動会」という集会は、自由民権運動の集会に始まって、学校へ伝播した。そこで、民間の運動集会に目を向ける。

1880年5月17日、靖国神社における西南戦争警視庁戦死者臨時祭典では、「角力撃剣」だけでなく「競走綱引等の遊戯」が行われた。築地の海軍操練場で1874年以来繰り返されてきた外人の競走類の人気から、競争的運動遊戯が持つ"鳥寄せ"ならぬ"人寄せ"の集客機能にあやかったのであろう。

1880年4月の集会条例によって反政府的演説会が困難になると、人寄せ機能を持つ運動集会は、「懇親」を名目に反政府勢力の示威と憂さ晴らしの場となる。人目につくように主張を大書した旗や幟を押し立てて街頭を練り歩き、人びとで賑わう広場に至って闘争的な運動遊戯を繰り広げるのも程々に、早めの酒宴に移って放歌高吟と悲憤慷慨の演説に終わる。運動集会であって政治集会ではないという理屈の

産物であろう。

　1882年4月13日の朝野新聞は、「ある人」の企画で、16日（日曜）に筋違眼鏡橋（後の万世橋）から指揮船以下「随意の旗」を立てた舟を連ねて墨堤（隅田川）へ向かい、上陸して「高知にて行はれたる旗奪ひの戯れなど」を行うと、詳細な参加者募集記事を掲載した。会費は20銭で弁当持参、すでに数十人の乗馬参集者がいるが、「乗馬を好む人は勝手に之れを許」すと、馬での参加を歓迎した。旗奪、角力、綱引の後に「乗馬をなす」という。競馬であろう。終われば酒宴である。反政府的人士の勢力誇示が、水上デモと運動集会抱き合わせの形で行われた最初であろう。

　地方でも同様の運動集会が始まる。

　同年11月下旬、旧海南自由党が高知市外の海辺で開催した「漁魚大懇親会」は、幔幕をめぐらした400坪（1320㎡）位の広場の入口に「自由」云々の額を掲げた緑門を設け、東西に分かれた数百の壮士が馬上の指揮者の「小旗打振り進めや進め」の下知に従って「双方より押寄せ入り乱れて」旗奪を競った。終わると酒宴を開いて演説である（朝野）。

　翌1883年4月22日、長野県髙家村梓川河原における「青年大操練」は、「十四歳を頭」に500人が「急進党」「漸進党」「中立党」を名乗り、大旗を持ち出して号砲、太鼓、ラッパの鳴り物入りで、100間（180m）程の「大綱」を引いた。5月6日の「上武両州の壮士」による神流川勅使河原における「野遊懇親会」は、球奪、旗奪、炮烙撃剣（野試合）の他、「馬上の打合」を演じた（郵便報知、朝野）。

　この運動集会に「運動会」の名称を当てた最初の記事は、自由党機関誌「自由新聞」では1883年6月5日であるが、朝野新聞の場合は、1883年8月8日の秋田県酒田における「自由運動会と号し旗奪ひ等を試みらるるといふ」便りである。

　また、8月18日の記事には、自由党員が栃木県上都賀郡吹上浜で「竹槍並に喇叭等を携へ自由運動会を催す由」が見える。これは、8月17日に800余名が「陣太鼓又は竹鎗等を携へ大小200余流の旗幟を押し立て」て集まり、警察と一悶着を起こした「栃木県追祭運動会」である。「小童運動会」と題した9月28日郵便報知には、9月16日に地元の16歳を頭とする少年達が源平に分かれて「自由運動会」を開催しに集まると、警官が来て解散させたが、警官との間で場所を変えての鬼ごっ

こが終日続いたとある。

「近頃各地方にて自由運動会などと号し」とあるのは、9月27日の朝野新聞である。

「自由運動会」は、"自由民権運動の会"を意味し、自由党の反政府的示威運動として、一揆まがいの闘争的運動遊戯を展開したのである。

反政府的な政治運動の広がりは速い。「運動会」の名称が全国へ広まるのに時間はかからなかった。

この「運動会」は、自由民権運動の世界にとどまらなかった。

1884年11月9日、新橋鉄道局の有志20名が「東京保健場第二回」の「遊戯競会」を開催して「投槌飛踰など種々の技を相競」った。米国から野球を持ち帰った平岡熙と英人ウオードが幹事の陸上競技会である（東京日日）。郵便報知は、これに「運動会」の見出しを当てた。

学校の運動集会に「運動会」を当てた新聞記事の最初は、同月30日の農商務省山林学校（東大林学科の前身）の「運動会」であろう。

1885年1月23日、文部省は各学校に対して学生集会の取締りを指示した。東京府も各学校へ「運動会と号し或は旗奪と唱へ皆其名を体操に籍り」た学生集団の飲酒・横行・投石を取締まるよう通達した。

取締りの契機となった事件は、前年12月の甲申事変（京城事件）に激昂した10校以上の私立学校生が真冬の1月18日に上野公園で開催した「書生大運動会」からの帰路で起こった。これを「志士運動会の結果」と題した1月24日の郵便報知社説は「其意単に馳駆奔走角力競闘するに在らず」「デモンストレーションの性質を帯ひたる会合の創始」と論評した。

旗奪に代表される闘争的競技からなる民間の「運動会」は、自由民権運動の演説会を抑圧した集会条例の下で、壮士や学生の反政府的示威の手段として慣行化したのである。

民間の運動会で、非闘争的な体操が演技された事は一度もない。

10. 学校の運動会

　1884年11月.30日、東京府下王子西ヶ原の農商務省山林学校は、近くの「巣鴨の郊原」で「身体を強壮ならしむる為め運動会と号し」「旗奪又綱引等の遊技」を行った（郵便報知12.1）。種目は自由民権運動会そのものであるが、人の集まる場所ではないから、政治運動ではない。学校の運動集会が「運動会」を名乗った最初であろう。

　次に「運動会」が現れるのは1年後、1885年10月4日の「東京府公立小学校生徒体育奨励会」の見出しに「運動会」を当てた『教育報知』13号と『教育時論』18号である。編集者は、この「体育奨励会」という正式名称を見出しにしたのでは注目されないと判断し、人気の出て来た「運動会」を採用したのであろう。

　1886年2月の2週間にわたる「東京師範学校生徒長途遠足」報告には「各地方に於て体育会或は運動会或は行軍など唱へ」の文言が見える（大日本教育会雑誌28）。学校の運動集会は各地で盛んになり、「運動会」あるいは「体育会」と呼ばれていたのである。

　ところが、紹介記事の見出しも集会名も、「運動会」が急速に一般化して、「体育会」は消滅へと向かう。1887年6月『常総体育会雑誌』1号は「運動会の流行」と題して「体育の本源たる錬体即ち体操の如きは度外視」されたと指摘する。

　「連合」の文字の有無に拘わらず、公立小学校の運動会は例外なく近隣の学校が連合して開催した。現地集合は例外的で、生徒の集合場所は各学校であった。集合すると、校旗を先頭に行軍形式で河原や野原などの臨時の運動会場へ移動する。事実上の遠足である。会場では、各学校ごとに席を設けて、予定の体操や競走の類の遊戯を実施した。成績優等者には、学用品や衣類など実用的な賞品を授与した。終了後は各学校へ戻って解散となる。

　一場に会した各学校にとって、運動会は、平素の体操指導の成果が衆人環視のもとで比較されてしまう公開試験の場であった。

　府県立の師範学校と中学校も連合して運動会を開催した。その多くは、小学校と

の連合運動会であった。小学校だけの運動会と異なるのは、短時間のフットボールやベースボールを小学生に対する模範も兼ねて演じたことである。

　東京府は、1888年4月14日に日比谷練兵場へ生徒5,000を集めて「体育の成績を観る」趣旨で「体操遊戯の二種」からなる大々的な「東京府公立学校生徒体操会」を開催した。兵式の行進で入場して、午前は兵式体操（銃剣術・柔軟体操・小隊運動）と普通体操（徒手・唖鈴・球竿）を実施し、午後は「森文部大臣の所望」で加えた生徒選抜の徒競走を最初に、予定通り、徒競走、二人三脚などの競走を実施した（官報4.14、4.17）。28日出版の錦絵には「東京公立諸学校生徒日比谷大運動会之図」とある。世人は、「体操会」ではなく「運動会」と受け止めたのである。

　なお、錦絵には、体操と競走だけでなく、ベースボールもフットボールも描かれた。絵師の賑やかな絵空事である。

図26. 東京公立諸学校生徒日比谷大運動会之図（幾英、1888）

左側の徒手体操の前方で数人が持つ棍棒はバット、足もとの毬は野球のボール、中央前方で身構えているのは守備であろう。中央の蹴鞠はフットボール。右側は二人三脚。

　運動会では、緑門を設け万国旗などを飾り付けた。満艦飾や夜の会合の吊り提灯を連想したのであろう。また、競争での識別には、赤白を用いて「源平」と呼んだ。1888年7月刊『改正戸外遊戯法一名戸外運動法』（坪井玄道、田中盛業）は、

末尾に 1885 年『戸外遊戯法一名戸外運動法』にはない「判者以下役員職務」と「演技者心得」の項を加えた。「判者以下役員職務」の項は、「相談会」による「運動会々場会日時間及運動順序方法」の決定、各係の具体的職務内容、時に必要となる受付係の設置について詳述し、「運動に習熟せざる役員は、運動を視て自身の職務を怠ること多し」の注意で終わる。「演技者心得」の項では、「互いに礼譲を以て接すべし」「計略を用ゆるは、遊戯の許す所なれとも、不正卑屈の所為を為すべからず」「発動者の号令を待たず、発足したるものは、一ヤード後方に下ぐるを法とす」など、勝敗を伴う競技の秩序維持に腐心している。数年来の運動会の経験に基づく記述であろう。

　20 世紀に入ると、学校連合運動会は姿を消して、学校ごとの単校運動会へと移行し始める。1899 年に小学校設備準則が体操場設置基準を定めたことに起因する。例えば、各学年 3 学級 150 名の 6 学年合計 900 名の尋常小学校の場合は、計算上 1000 坪以上となるから、屋外体操場（運動場）は 40 間（72m）×25 間（45m）以上が考えられる。狭隘ではあるが、校内で自校だけの運動会開催が可能となったのである。

　競争的な天然の運動である遊戯は、観念的な体育の手段として形作られた体操よりも、比較する動物である人間にとって魅力的であろう。

　学校の場合、その競争遊戯が、体育奨励の眼目である体操に始まる運動集会に加えられた。これが、体操を欠かさない運動集会の系譜を生み、名称も「体操演習会」「体育会」から遊戯も体操も包含する「運動会」に移行したのである。今日の学校運動会は、得点を競う遊戯を重視するが、体操を欠くことはない。

　なお、1890 年代の東京府立尋常中学校（現日比谷高校）は、年 1、2 回の「運動大会」の他に、「運動小会」という月例の簡易運動会を開催していた。今日見られるのは、運動大会だけである。運動小会は、いつ頃まで続いたのであろうか。

　1924（大正 13）年に始まる明治神宮「競技大会」は、1926 年第 3 回から「体育大会」と改称した。日本体育会体操学校（現日本体育大学）の場合、「体育大会」は 1930（昭和 5）年が最初である。学校「運動会」は、昭和初期に神宮大会の名称変更の影響を受けて「体育大会」とも称するようになり、現在に至るのであろう。

9章　体操科と学校衛生[14]

1．ヘルバルト主義教育学と体操

　「体育」は、"physical education"の訳語で、知徳体の鼎立を理想とする三育主義中の身体（のための）教育を意味した。その手段は運動と衛生であった。しかし、学校で具体化された体育は、体操を主とする運動であった。衛生には知識も金も必要である。1880（明治13）年には、早くも大河本聰松訳『学校衛生論』が出版されている。にも拘わらず、衛生に手が回らなかった理由である。

　1886年、学校令は体操科を正課に位置づけた。国民教育としての性格形成を重視して兵式体操を採用したからである。この兵式体操の発想は、個人の理想を語るだけの三育主義とは異質である。必然的に三育主義と異なる国民形成に資する教育論が必要となる。

　帝国大学は、1887年にドイツからハウスクネヒト（E. Hausknecht, 1853-1927）を招聘して、1889年に「特約生教育学科」を1回だけ開設した。ヘルバルト主義教育学の本格的導入である。

　ヘルバルト主義は、教育の目的を倫理学に求めて意志と徳性の教育である訓練を重視し、その方法として心理学に基づく管理と教授とを位置づけた。身体は、学校を場とする教育成立の前提であって、教育の目的・対象ではなかった。それ故、体操は、あらためて教育の手段として位置づけられる。

　彼は3年で満期帰国する。

　その後の日本人によるヘルバルト主義教育学には、三育主義の一分野である「体育」の一項が残る。定着していた三育主義の影響であろう。しかし、20世紀を迎える頃には、「体育」は姿を消して「養護」が現れる。身体は教育の対象ではないが、前提となる身体を無視しては、教育が成り立たないからである。

ヘルバルト主義への転換は、三育主義に基づく身体のための体操の存在理由の消滅を意味したのである。

しかし、学校令は、兵式体操を加えた体操科を訓練の観点で正課に位置づけた。

三育主義からヘルバルト主義への転換は、体操科の教育学的拠り所として、時宜に適っていたのである。

2．小学校教則大綱と体操

1891年の小学校教則大綱制定に関する文部大臣訓令は、冒頭部分で、徳性の涵養を主眼とする小学校における発育期の身体を「身体は百事を為すの根源」と位置づけた。教育の前提である身体は、発育期児童を対象とする学校教育の場においても「殊に茲に留意せざるへから」ざる問題であった。

これを踏まえて、体操科の目的は「身体の成長を均斉にして健康ならしめ精神を快活にして剛毅ならしめ兼ねて規律を守るの習慣を養ふを以て要旨とす」と示された。ヘルバルト主義に基づいて、精神と規律の教育の前段階に教育の前提である身体の成長と健康とを位置づけたのである。

しかし、この記述の順序は、定着していた三育主義の体育の手段である体操科に、徳育を副次的に加えた形である。

ヘルバルト主義に基づく体操科は、形式的には三育主義とも矛盾しなかったのである。

身体問題が、体操科だけにとどまらず、学校全体の問題と位置づけられていた事は、末尾の「体操の教授に依りて習成したる姿勢は常に之を保たしめんことを要す」に反映している。

しかし、身体の成長と健康とを担う教科は、体操科だけであった。手工、裁縫、図画は「眼及手を練習」するにとどまる。

かつて、1881年小学校教則綱領で「児童の胸膈を開暢して其健康を補益」する価値を認められていた唱歌も、「耳及発声器を練習」するだけに限られてしまった。

3．学校衛生と体操

　1881年の小学校教員心得は「身体教育は独り体操のみに依着すへからす」と述べて、学校の環境衛生と健康上の癖習予防を指摘した。体操伝習所による軽体操導入に目鼻がつく段階を迎えて、三育主義の体育のもう一つの手段である衛生にも言及する余裕が生まれたのであろう。

　これを「学校衛生」と呼んだのは、1880年が最初である。しかし、1884年になると、二つの立場から学校衛生に関する多くの啓蒙的言及が現れる。一つは、教育関係者による体育の手段としての学校衛生であり、他の一つは、医学関係者による体育を含む学校教育成立の前提としての学校衛生である。身体発育期の生徒が集まる学校は、公衆衛生上特別の注意を要する社会だからである、

　教育に耐えられる身体を前提に成立するヘルバルト主義教育の土台が、医学的立場の学校衛生であった。

図27．藤棚下での唖鈴体操－背後の重ね絵は体操教室壁添いの棍棒架け（風俗画報62）

　文部省は、教則大綱制定と前後して、1891年に帝国大学大学院在籍の三島通良を学校衛生事項取調に抜擢した。

　三島は、1896年に文部省学校衛生主事となり、学校衛生顧問会議幹事として、学校衛生制度の整備に当たる。

　三島は、ドイツの学校衛生学に関する知見と全国的な実地調査を踏まえて、1893年に『学校衛生学』をまとめた。

　その「第九篇：体操及ひ遊戯」は、ヘルバルト主義の観点から体操科の目的に教育の前提である身体発育と健康とを位置づけ、小学校を「智育のみを

掌る所にあらすして、反りて其体育を重んし」と述べて、三育主義との折衷を図りながら、体操をヘルバルト主義の訓練の場に位置づけ、「体操により児童身体の強壮を計り、勇壮敢為なる気象を発揚せしめさる可らす」と指摘する。

しかし、訓練の場である体操実施の前提として、空気新鮮な屋外体操場での実施の原則、炎天下での「有覆」の必要、体操前後の食事禁止と適度の飲料の必要、「身体の諸部を絞索」しない衣服を挙げる。この「有覆」が、19世紀中に創立された小学校の運動場の多くに、今なお残る藤棚の始まりである。

体操実施上の衛生学的要件を指摘した学校衛生論は、三島の他に例を見ない。

なお、本篇には「手足の作用を随意ならしめ」る「手工科」の1項が含まれる。「一般発育の幇助」機能を有するからである。しかし、図画、裁縫は取り上げない。

ヘルバルト主義が教育の前提に位置づける身体を担ったのが、学校衛生であった。

4．体育及衛生に関する訓令と体操

1894年、文部省は「小学校に於ける体育及衛生に関し訓令」した。文部省が学校衛生について具体的に指示した最初である。その内容は、実質的には三島の『学校衛生学』からの抜粋である。

しかし、その表題は「学校衛生」ではなく「体育及衛生」であった。全9項からなる。第1項から第4項までは、第1項冒頭が「体育は及ふたけ活発なる運動を課す」に始まる体操・運動に関する指示であり、第5項以下は、体操・運動以外の過度の勉学や衛生上の弊害に関する事項である。

文部省は、「学校衛生」を体操・運動だけの「体育」と、体操・運動以外の「衛生」に区分したのである。

以後、体操科を除く「学校衛生」は、体操科である「体育」と分離独立の色を濃くしていく。

10章　体操の民活：日本体育会[15]

1．乱立する体操学校

　全教科を担当する小学校教員を養成する尋常師範学校は、1886（明治19）年師範学校令で各府県1校に限定された。各校定員の多くは100名、最大でも240と少数しか入学させなかった。しかも、疾病等による中退者が多かったようで、卒業者数は定員を大幅に下回った。当然現場教員は不足する。

　その補充制度が府県単位の教員検定試験であった。1881年に遡るが、その最初の小学校教員免許状授与方心得では、体操など技芸・実業類には専科教員を認めた。この制度は、1886年に小学校教員免許規則に引き継がれる。

　中等学校教員についても、同1886年に高等師範学校での養成の他、尋常師範学校尋常中学校及高等女学校教員免許規則によって、専科制中等学校教員制度が整備される。これは、高等専門学校卒業生を対象とした無試験検定と文部省による試験検定（通称「文検」）からなる。

　1886年体操伝習所廃止、1887年高等師範学校体操専修科休止によって、学校令下の中等学校体操教員養成機関は皆無となった。したがって、体操教員となるには、中等学校体操教員志望者は文検、小学校体操専科教員志望者は各府県検定試験を受験するしかなかった。

　その受験準備の場として、東京には体操だけの学校ないし練習所を経営する者が現れた。生徒募集広告には、1886年東京府が文部省所轄体操場（旧体操伝習所）を借用して、放課後の学校教員を対象に開設した「体操術速成伝習所」の他に1886年「東京体操伝習所」、1887年「東京体操学校」（麹町区上6番町）、1888年「私立東京体操伝習館」が見られる（官報1886.8.4、8.10、9.24、教育時論45、75、109）。

1886年8月創立の東京体操伝習所（麹町区下2番町）は、1887年11月迄に卒業生300を数える程の「盛運」に向かい、「元師範学校体操教員栗原氏」と元下士官2名を「増聘」したとある（朝野 1887.11.16）。

　改称か移転かは分からないが、1890年の私立東京体操伝習所（本郷区追分）募集広告によれば、「本科三十五期及文部省受験生凡五十名募集」で「体操服は給与し教科書は貸与す」とある（大日本教育会雑誌 76，95，97）。この50名の内訳は、「小学校専科」の本科20名、文部省受験20名、「府下就職志望十名限り」で、卒業時期は、本科が6月上旬、文部省受験が8月上旬である（東京日日 1892.2.11）。本格的な体操教員養成を目指していた事になる。しかし、設立者小野孝治は、翌1893年10月12日に東京府私立学校規則に抵触して「廃止を命」ぜられた（官報）。

　翌1894年にも東京体操専修学校（浅草区千束）が設立を認可されている。

　しかし、これも含めて、いずれも短期間で消滅したと思われる。

　その中で1893年開設の日本体育会体操練習所だけが、体操教員養成機関として存続する。日本体育大学の前身である。

　ここで練習して文検に合格した一人が可児徳(いさお)である。

　1897年に体操練習所の普通体操教師の指示で文検を受験すると、この教師が「検定委員」の坪井玄道であった。実技は、軽体操、体操教範中の柔軟体操、器械（棚・鉄棒・木馬）であった。軽体操は、順序通りに暗記して「韻律的」に連続実施しなければならなかった。終わると「汗ばんで爽快を覚え」る程で、5斤（5ポンド＝2.25kg）の棍棒体操を連続3回、約11-12分、休まずに「鮮やかに振り回さなければ、（検定）試験はパスしなかった」。柔軟体操は「一つ一つの関節を力強く単調に動かす」「極めて元気ある直線的の運動」であった。

　可児は、前橋中学勤務から沖縄師範を経て、体操専修科を再度開設した高師で坪井の助教授となる（体操 4-12, 1934）。

2．創立者日高藤吉郎[9]

　日本体育大学の設置者は「学校法人日本体育会」である。その前身は、1891年に日高藤吉郎（1856=安政3－1932）が設立した任意団体「日本体育会」である。

　本会は、1901年に文部大臣から社団法人認可を受け、1940（昭和15）年財団法人へ組織変更、戦後の私立学校法公布により1951年に学校法人となる。

　日高は、教導団（陸軍下士官養成機関）出身である。1877年の西南戦争従軍の体験から、士官と体育の重要性を認識し、その啓蒙普及活動を終生の事業と決意した。そして、7年後に現役満期で除隊すると、その実現に身を投じる。

　まず、1884年「文武講習館」を設立、1886年「成城学校」（成城中学校・高等学校の前身）と改称した。1889年の私立学校一覧に「士官予備」とあるように、その卒業生の多くは陸軍士官学校へ進んだ。

　つぎに、1891年「日本体育会」を組織して、体育の啓蒙普及活動を展開する。

　その最初が、発足と同時に開設した「体育場」である。続いて1893年「体操練習所」を新設した。体操教員志望の退役下士官が教員検定受験前に研修する場を設けたのである。

3．体育場

　1891年「第一体育場」を神田区錦町に開設、歩兵第1連隊長を場長に委嘱した。「練習生」制度を設け、検定員を委嘱して「得業証」（試験合格証）を発行した。検定試験合格を保証したようなものである。得業生は10年間で約250名に達した。利用料は月20銭あるいは1日2銭、得業生は無料であった。教育内容は、柔軟体操、器械体操、銃剣術、兵式操練であった。普通体操である軽体操はないから、兵式体操だけの教員を目指したにとどまる。

　つづいて、翌年には「第二体育場」を本郷区向丘弥生町に開設した。

体操教員志望者の学習の便を図ると同時に、体操愛好家に練習の場を提供したのが、陸軍色濃厚な体育場であった。

　体育場では、日本体育会の運動会である「運動競進会」を年1－2回開催した。賞品も出した。

　第1回は、1891年で軍人と諸学校生徒に分けて競技した。

　つぎは、1892年11月13日に神田三崎町旧練兵場で「日本体育会第二回大運動会」を開催した。種目には、器械体操、銃槍試合（銃剣術）、競走等の他、「余興として障碍物競争、銃槍集合試合、君が代、軍歌、綱引等」が予定されていた（朝野11.5）。

　第3回「運動競進会」では、競走等に一般からも参加した。

　本会運動会の特色は、器械体操を主体としたことである。他の運動会では例を見ない。

4．体操練習所

　1893年3月、日本体育会は「体操練習所」を麹町区飯田町に開設した。体操教員検定試験受験志望者を対象とした教育機関である。入所は随時で、同年11月の第1回得業生は3名であった。まだ学校ではなく、塾のような存在であった。しかし、1898年の「学則」によると、術科（兵式体操、普通体操、銃槍・剣術、遊泳・漕艇、唱歌・軍歌）と学科（生理・衛生の大要、修身・教育学の大要）からなる1年制の「本科」が正則で、その一部だけを履修できる「選科」も置かれた。

　教員は、兵式体操が陸軍戸山学校関係者、普通体操が高等師範学校体操関係者であった。

　体育場とは異なり、普通体操と兵式体操にわたる体操科教員養成専門の学校を目指したのである。

　しかし、練習生の大多数は選科生で、本科卒業生は7年間で2名に過ぎなかった。それでも、1895年には多くの府県が、練習所出身者に小学校体操専科教員無試

験検定出願資格を認めた。開設後わずか2年の間に、試験検定を経て小学校体操専科教員となった練習所出身者の実績が評価された事を意味する。

また、1897年の文検体操科合格者18名は、1名を除いて、すべて練習所出身者であった。

国公立の体操教員養成機関皆無の時代に、日本体育会体操練習所は唯一の体操教員補充機関として機能したのである。

5．国庫補助

1899年、文部省は、前年の帝国議会建議に基づいて日本体育会に国庫補助5年間毎年1万円交付を決定した。高等師範学校の年間予算が15万円の時代である。

交付の条件は、「体操練習所」を設置して専任教員による年限1年以上の定員制体操教員養成課程を置くこと、および、全国10個所以上に「模範体操場」を設置することであった。

文部省は、国がなすべき体育の啓蒙普及を、国庫補助というお墨付きを与える事によって民間の日本体育会に肩代わりさせ、体操練習所を国公立に代わる私立の体操教員養成機関に位置づけるだけでなく、加えて、社会体育のモデルとなる「模範体操場」の全国的展開を、日本体育会に委ねたのである。いわば、明治の民活である。

日本体育会にとっても、国庫補助は、政府公認の体育団体という社会的信用につながり、会員と寄附の獲得による事業活発化の起爆剤となったのである。

6．体操学校と模範体操場

体操練習所の整備充実と模範体操場の新設とを兼ねたのが、1900年に麹町区飯田町牛ヶ渕（現千代田区役所とその周辺）に建設した「日本体育会体操学校」と、

その屋外体操場を兼ねた「模範体操場」である。

体操学校は「体育専門の学科術科を教授し体操教員を養成する」趣旨で発足した。各定員100名の本科1年と別科6ヶ月の課程からなる。別科は、本科に較べると、術科はほぼ同じであるが、学科が少ない。入学は4月と10月の年2回であった。

本科には中学校3年修了程度、別科には高等小学校卒業程度の入学試験を課した。しかし、無試験入学資格を大幅に認めた。本科のそれは、小学校本科正教員免許所持者、中学校3年修了証書所持者、陸軍教導団卒、現役下士官4年以上、別科のそれは、小学校本科準教員、小学校体操科準教員、高等小学校卒業者、下士官である。

翌1901年、本科は、中等学校体操教員養成を明記した高等科1年6ヶ月に改組され、当初優等卒業生にだけ与えられた中等学校体操科教員無試験検定出願資格が卒業生全員に拡大された。別科は、1年に改組されて普通科と改称したから、小学校体操専科教員養成を意図した事になる。

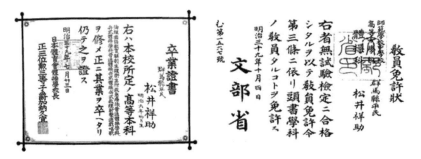

図28. 左：日本体育会体操学校高等本科卒業証書、右：中等学校体操教員免許状

証書は、履修科目名をすべて記載。廃校になる例が多くて証明書入手も不可能となる時代だったから、免許状や卒業証書は唯一の証明手段であった。1945年の空襲下で、預金通帳、位牌と免許状を持ち出す例は多かった。

また、1903年から女子部普通科1年を設けて、小学校体操専科の女性教員養成を開始した。1902年の「私立東京女子体操学校」（東京女子体育大学の前身）開設に遅れること1年、女子高等師範学校（御茶ノ水女子大学の前身）国語体操専

修科開設と同じ年である。

　模範体操場は1,000坪（3,300㎡）である。体操器械として、鉄棒、木馬（跳馬）、棚、跳縄（高跳用バーの前身）、梁木、遊動円木、回転鐙を設置するほか、体操手具には、各60組の鉄製唖鈴、木製唖鈴、棍棒、球竿、木環、豆嚢を準備した。体操学校体操場を兼ねていたからである。ローンテニス、ベースボール、フットボール・クリケットの用具も揃えた。なお、鉄唖鈴は普通体操（軽体操）にはない重体操手具である。

図29. 東京九段下牛ヶ渕（現千代田区役所付近）の模範体操場（日本之体育、1903）

　模範体操場には、会員制クラブ組織の器械体操部、狭窄射撃部、弓術部、撃剣部、女子遊戯部、水泳部、自転車部、兵事講習部、ローラスケーチング部があり、定例・臨時の講習会も開催した。1902年末現在で会員数が最も多かったのは、全体の3割弱を占めた器械体操部であった。

　また、「日曜日及び祝祭日には之を開放して何人も自由に場内備へ付けの器械を使用」できるようにした。

　模範体操場は、器械体操を主体に「一般市民の運動」すなわち社会体育に先鞭をつけたのである。

7．運動場開放と体操

　1902年末の日本体育会は、北海道から鹿児島までの12道府県に「支会」を組織し、その下部に計10「支部」を置いていた。いずれも運動場を有し、過半の14個所には合計82種類の「体操及遊戯器械」を設置していた。

　その実態は「開放運動場」などから類推できよう。

　1902年、日本体育会は東京府に補助金を申請した。「各区の公園又は火除地に相当の体操器械を設置して開放運動場を設置」する趣旨である。が、補助金は交付されなかった。

　それでも、日本体育会は、1902年中に上野公園等東京市内5公園に、独力で各3ないし4種類の体操器械を設置した。翌1903年には、新設の日比谷公園運動場に、青年用の水平階梯（雲梯）・回転鐙・遊動円木・米国式梁木・鉄棒と、幼年用の鞦韆・固定円木・双輪（円形の低平行棒）を設置して、一般の用に供した。

　規模からみると、啓蒙の域を出ない。しかし、誰でも利用できる憩いの場である公園に、体操器械という遊具による社会体育機能が加えられた最初である。

　また、1903年6月、各府県に対して公立小学校運動場開放を建議した。開放運動場の代用として、放課後と休日の小学校運動場の活用を提起したのである。

　これに対し、同年11月、文部省総務長官（局長相当）は、各地方庁宛に「学校体操場公開及校舎公会に使用認可方」を通牒した。1900年の小学校令が、非常災害時以外の学外者による学校施設利用を監督官庁の承認事項としていたからである。

　しかし、1911年でも、東京市の小学校運動場開放は、わずか2校に過ぎなかった。

8．勧業博覧会と体操

　1903年、日本体育会は、大阪天王寺で開催された第5回内国勧業博覧会に展示場と戸外運動場からなる特設体育場を設置して、各種トレーニング機器の紹介を中心に

体育スポーツの啓蒙に当たった。

この時の展示記録が会期中に発行された『日本之体育』である。

球技用具などと共に陳列したのは「拳闘術の演習のために拳にて突く球」である2種類の「拳球」、柱にゴム紐を引っかけた「エキセルサイザア」、「上肢及び下肢筋力を養ふ器械」の「チェストウエート」、「陸上にて漕艇の練習を為すべき器械」の「ローイングメシン」、「全身各部の諸筋力を精密に計る器械」の「ウニヴァーサル、ダイナモメーター」である。いずれも、米国や英国で考案された目新しい屋内用の体操器械で、試用もさせた。わが国に上陸した最初のトレーニングマシン類といえよう。

運動場に設置したのは、鞦韆（懸垂式ブランコ）、回旋鐙、米国式梁木、鉄棒、双輪（円形の平行棒）、遊動円木、シーソー、廻舞台（メリーゴーランド）、テザーボール（柱に取り付けた紐つきのボールを打って柱に巻き付けるゲーム）、テンピンボール（ボウリング）である。いずれも体験できた。体操器械にとどまらず、目新しい遊具をも紹介したのである。

これらの器械類を準備したのは、美満津商店であった（美満津商店総目録、1903）。

美満津には、すでに1890年第3回内国勧業博覧会に11種類の「体操器械」、1895年第4回に44種類の「体操器械及遊技用具」出品の実績があった（体操器械及動物標本代価表、1897）。

1907年、日本体育会は、上野公園で開催された東京勧業博覧会に二階建ての特設「体育館」を建設した。室内の体操場と游泳場の他、屋外運動場からなる本邦初の複合体育施設である。

室内体操場は、16間（30m）×8間（15m）の128坪で、梁下は22尺（6.6m）である。当時のバスケットボールも可能な米国の体操場を紹介したのである。「走行距離計つき固定自転車」など、米国式体操器械数十種も設置した。その大半は天井に巻き上げられた。

室内游泳場は、当初レンガ作りの計画であったが、15m×7m・水深1.5mの木製温水プール（26.7度）で、初心者練習用にワイヤーロープを渡して紐付き滑車を乗せた。更衣室はシャワー付きである。

図30. 東京勧業博覧会第三会場体育館之図
上右：水泳場、下右：室内運動場、左：衣更所とシャワー（風俗画報365）

屋外運動場は、コンクリート舗装のテニスコート兼ローラースケート用で、大型体操器械も設置された。

日本体育会は、勧業博覧会を利用して、海外の新しい体操器械の紹介を中心としながら、各種スポーツ紹介にとどまらず、社会体育施設の紹介にまで啓蒙の手を拡げたのである。

しかし、これが日本体育会の財政悪化の引き金となり、事業は学校経営だけに縮小せざるを得なくなる。

図31. 日本体育会体育館室内運動場（日本体育会要覧、1912）

図32. 日本体育会体育館室内游泳場（体育161）

9．オリンピック大会と日本体育会

1905年11月24日付の「万国体育常設委員：日本体育会監事」山根正次（現日本医科大学の創立者）へ宛てた書翰が、1906年開催オリンピック10周年記念特別オリンピック大会（アテネ）会長から届いた。

内容は、記念特別大会への「日本国の武術及体操家」の出場を期待したもので、そのための「委員会」を設立して委員名を連絡するよう要請している。

　国際競技界は、日露戦争に勝利して欧米の注目を集めた日本を無視できなくなったのである。

　添付の「筋書」の筆頭は「郊外遊」(陸上競技)であるが、2番目は「体操」であった。

　体操競技は、「並行棒」「鉄棒」「吊環」「馬飛」(跳馬)「幅飛高飛」の5種目と「団体遊戯」2種目からなる。

　「郊外遊」に「超越」として立幅跳、走幅跳、三段跳、高跳、竿飛（棒高跳）があるから、体操の「幅飛高飛」は陸上競技の跳躍類ではない。「幅飛高飛」は大鞦韆（懸垂式のブランコ）であろうか。

　「団体遊戯」は、「少なくも八人の体操者より成立ち其技術は自由」とあるから、「団体徒手」である。

　もちろん、日本体育会は、経営的にも競技的にも参加どころではなかった。

10. 医療体操

　1907年、日本体育会は体操学校内に「医療体操部」を開設した。川瀬元九郎が主任である。

　川瀬は、ボストン医科大学在学中にスウェーデン体操を学び、帰国後は築地病院に勤務しながら、体操学校を拠り所に、スウェーデン教育体操の啓蒙普及に当たっていた。

　広告には「胃腸病、神経衰弱、貧血腺病其他慢性内科病者に対して医療体操法を応用して之れが治療につとめ胸廓の奇形脊柱弯屈等の患者に向っては同法を以て之を矯正せしむ」とある。

　川瀬は、スウェーデン式教育体操だけでなく、医療体操をも導入したことになる。

　また、医療体操部では、筋力計などで精密な身体検査を実施して「運動及一般衛生上の指図」も行った。

11章　体操の見直し

　明治政府は、軍隊体操については戸山学校、学校体操については体操伝習所を設立し、外人教師を招聘して短期間に欧米そのままの体操を整備した。しかし、一段落すると、不備不足に気付き始めて見直しの段階へ移った。

1．体操教範の見直し

　1885（明治 18）年 8 月、戸山学校長は、陸軍卿へ体操教範の改訂増補を申請した。理由は、ジュクロの体操が高尚煩雑で一般兵には不向きだからである。

　見直しの始まりである。

　しかし、フランス体操教範の翻訳による『体操教範』の作成は、完結まで続けられた。

　1889 年 5 月の『体操教範改正報告』によれば、体操教範改正の訓令に基づく考究討議は 5 ヶ月間にわたって行われ、1889 年 8 月『体操教範：第一部柔軟之部：第二部器械之部』と 1890 年 7 月『体操教範附録：游泳術之部：漕艇術之部』が制定された。

　この改正について、小野原誠一（後の東京文理科大学配属将校）は「明治十八、九年頃より漸次仏国式を廃し、明治二十二年に至り独逸式を採用」したとする（体育と体操の理論、1923）。これは、1885 年に陸軍大学校がドイツ陸軍参謀少佐メッケルを招聘したのを契機に、陸軍がフランス式からドイツ式に全面転換したという俗説に基づく。

　高等用兵にドイツ式を採用したのは事実である。

　しかし、中村赳によれば、歩兵操典などはフランス式のままで、漸次日本式へと移行する（新説明治陸軍史、1973）。

1889年改正の「体操は操典に従属し其教育を容易ならしむるの基礎」（総則第一）に始まる『体操教範』も、中村説の通りである。すなわち、フランス教範にはない「体操の目的」を加え、「煩を去り」「無益を棄」てる主旨で、器械体操については、「一種の技術と誤認」するような種類の運動を削減して、一般兵対象の「普通演習」と一般兵を指導する下士と上等兵を対象とした「特別演習」に区分し、柔軟体操については、「実験に依り」「挙動は総て幾分遅く」し、簡単容易な動作による新兵の腕力発育、健康保全、成育矯正、姿勢教育を主眼とした。フランス式直輸入で実施してきた体操を、主体的に見直したのである。

　日清戦争（1894－1895）後にも見直された。1903年制定の『体操教範』である。これは、器械体操を一層整理削減すると同時に、独自の工夫実験も加えて、戦場における器械体操の活用に意を用いた。防御工事を施した陣地に対する突撃訓練用の「障碍場」の設置と「応用体操」としての「野外障碍通過」方法の例示である。また、体操器械・障碍場の設計図を「附図」として掲載し、体操器械の保守法まで示した。体操器械には、従来からの固定式器械だけでなく、高跳用縄（バー相当）と鉄棒兼用の移動式支柱である「遊動横木（おうぼく）」とスウェーデン式跳箱である「遊動超越台」を加えた。

　見直しは、フランス式の単なる日本化にはとどまらなかったのである。

図33．器械体操応用の「野外障碍通過」例示―右上から：棒幅跳、棒2本の仮橋、断崖や大樹攀登のピラミッド、クライミングロープ（体操教範、1903）

なお、海軍省は、1894年に初めて柔軟体操と器械体操からなる『海軍体操教範』を編集した。前年のハワイ動乱に軍艦を派遣できる迄に拡張されていたから、統一的な手引書が必要となったのであろう。柔軟体操は陸軍と類似している徒手体操の他に、執銃体操と重手具の唖鈴体操、棍棒の「蛮根体操」を採用した。器械体操は、「併行」（平行棒）と「水平杆」だけである。陸軍と違って狭い艦上での作業が必要とする腕力養成が念頭にあったのであろう。1910年の『海軍体操教範：海軍銃剣術教範』は、徒手と執銃体操、器械は「水平杆」（鉄棒）だけとされた。銃剣術は陸戦隊用であろう。

図34. 人梯敵情偵察（絵はがき、1920頃）

2．学校体操批判[30)][31)]

1894年「体育及衛生」に関する文部省訓令6号は、普通体操（軽体操）について「死法に流れ」「生徒をして厭怠の気を生せしむ」弊を指摘し、兵式体操並みに活発に行うことを求めた。

この弊害は、以下のような原因で生じたと考えられる。

第1は、軽体操が毎日同じ運動を繰り返す単調な保健体操だった事である。生徒は、軽体操の必要性を理解するには若過ぎた。

第2は、軽体操が連続体操であるため、生徒は操法を順番通りに暗記しなければならなかった事である。身体を使う体操までが、教室での頭を使う座学同様の暗記を要求したのである。

第3は、軽体操が上半身主体の運動構成で脚部の運動が極端に少なかったため、生徒の活発な運動欲求に応えられなかった事である。

第4は、軽体操の操法・順序が固定されていたため、教師の教授上での裁量の余地が乏しかった事である。教師に裁量の余地があったのは、戸外遊戯だけである。

なお、軽体操が女子用体操として疑問視されていた事も見落とせない。

1898年、軽体操の中心人物である坪井玄道は『普通体操法』を「訂正増補」した。しかし、死法に流れる軽体操の見直しには程遠かった。

兵式体操には、森有禮が描いた理念があった。兵式体操は、上記訓令でも評価されている。したがって、兵式体操に関する見直し問題は存在しなかった事になる。自伝等には、高専時代の行軍旅行や「発火演習」(空砲使用の野外演習)における解放感を懐かしむ記事が見られる。

教員検定では、普通体操と兵式体操の一方だけの教員免許を認めていたから、下士官出身の兵式体操教員が多かったのは当然である。日本体育会体操練習所、体操学校から見ても、体操教員の多くは下士官出身だったと考えられる。下士官出身者は貧農の次三男が多い。義務教育修了さえ覚束ない例も見られた。このため、体操教員には、生徒を兵隊同様に扱うような教員としての素養に欠ける者がいた。素養に欠ける体操教師を描いた文学作品も少なくない。

3．嘉納治五郎と鉄唖鈴体力養成法[30]

1900年、造士会は『サンダウ体力養成法』を発行した。1898年の『国士』創刊号から7回にわたる連載をまとめたものである。版を重ねると、使用者が鉄唖鈴の重量を増やす時には、廉価で交換する制度を示した。軽い木唖鈴使用の軽体操が嫌われていたにもかかわらず、重い鉄唖鈴の実践者は多かったのである。

造士会会長は、高等師範学校長で柔道講道館長の嘉納治五郎である。嘉納は、鉄唖鈴体操を1896年から実践してきた。そして、本書の序文で、「国民の体育」の必要性は衆人の認めるところであるが、柔道は指導者や相手がいないとできないのに対し、鉄唖鈴体操は一人でできる体育法であると高く評価した。

嘉納が「柔能く剛を制す」を書に残すのは、1922年設立の講道館文化会以降

である。1888 年に初めて講道館柔道を講演した当時の嘉納は、力で相手を倒せない場合には相手の力を利用して倒すと説いている（大日本教育会雑誌 87）。

　嘉納は、高等師範学校長という職責にありながら、嫌われている学校体操である軽体操を無視し、国民の体力養成法として、筋肉質の逆三角の体形を理想とする鉄唖鈴体操を推奨したのである。

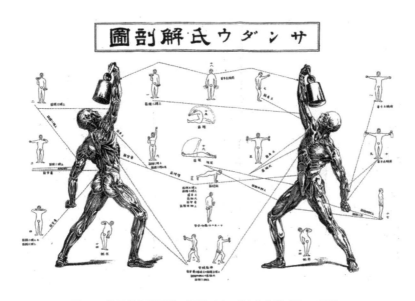

図 35．鉄唖鈴体操解説の附図（サンダウ体力養成法、1900）

4．遊戯の考案

　坪井玄道と田中盛業は、体操伝習所教員の協力を得て、1885 年に欧米遊戯書から学校に適する遊戯を編纂して『戸外遊戯法一名戸外運動法』とした。これを契機に、小学校向けの遊戯書が相次いで刊行される。坪井等も、1888 年には編纂し直して『改正戸外遊戯法一名戸外運動法』を発表した。小学校低学年のみならず、中高学年でも、体操科における遊戯への関心は急速に高まったのである。

　しかし、白浜重敬と志々目清真が、全国 49 師範学校附属小学校に照会して 24

校から得た回答を纏めた1894刊『遊戯法』からは、歌詞に動作を振り付けた唱歌遊戯と鬼遊びの類は全国的に認められるものの、準備が容易な綱引きとボール1個だけのフートボールですら、半数以下の学校でしか採用していない。府県小学校教育の核である師範附属ですら、坪井等が考えたような水準の遊戯には程遠かったのである。

このように停滞気味だった遊戯も、日清戦争（1894－1895）頃から活発になる。それは必ずしも戦争ごっこの増加だけではない。翻訳や机上の空論でない事を強調して「実験」や「新」を冠した遊戯書が、目新しい遊戯を提示した。

最初に「実験」を冠したのは、佐藤（岸辺）福雄である。佐藤は、1899年刊『実験新遊戯』の冒頭で、小学校における遊戯指導時の教師のあり方について、遊戯者の一員として参加する必要を説いて、自ら半袖Yシャツにチョッキ姿で編み上げの深靴を履いた写真を掲載した。これ迄の遊戯書の絵図の教師は、山高帽子にコート風の正装のまま、授業管理者として生徒を兵式体操の雰囲気で指揮していたのである。

しかし、遊戯書の多くは、二番煎じや新奇を衒う類の遊戯案を乱立させたに過ぎず、やがて1904年開始の「普通教育に於ける体操遊戯取調」で、整理の対象となる。

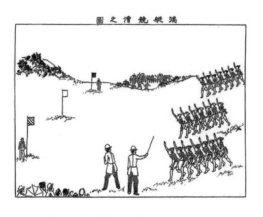

図36. 端艇競漕の図（海軍遊戯法、1896）

図37. 佐藤福雄の授業の服装（実験新遊戯、1899）

5. スウェーデン体操の擡頭

普通体操である軽体操への批判は、軽体操の修正だけでなく、別の体操へ眼を向けることにつながる。

1880年頃の体操伝習所におけるリーランドの講義筆記『李蘭土氏体育論』は、リング（P. H. Ling, 1776-1839）とスウェーデン体操について若干言及した。

また、1891年にも「瑞典(スウェーデン)の体操術全欧州に伝はらんとす」と紹介された（東京日日 8.5）。

スウェーデン体操の存在は、案外早くから知られていたことになる。

しかし、脚光を浴びるようになるのは、ボストン医科大学留学中にスウェーデン体操も学んだ川瀬元九郎が、1900年帰国後に築地病院勤務の傍ら、日本体育会体操学校で学理と実技にわたるスウェーデン体操の普及紹介に尽力してからである。

図38. 川瀬元九郎 (1871-1945)

1899年、文部省は井口あくりに米国への体操留学3年を命じた。男子でなく、特記すべき体操歴のない女子の井口を選んだのは、女子用の体操が課題だったからであろう。

井口は、ボストン体操師範学校やハーバード大学サマースクールでスウェーデン体操とダンスを学び、1903年に帰国して女子高等師範学校でスウェーデン体操の徒手部分だけを指導した。

これを契機に、軽体操に替わるスウェーデン体操の学校採用論が拡がる。

スウェーデン体操は、生理解剖学に基づく体系的な運動の分類と構成を特色とし、軽体操に欠ける懸垂・跳躍・平均などの運動を含む。また、教師が学習段階に応じて運動を組立てるから、運動順序の暗記は不要となり、変化に富んだ授業が可能となる。

軽体操批判の根底にあったのは、運動の形と順序が一定の連続体操という点であ

る。したがって、これと対照的なスウェーデン体操は完璧という事になる。当然、普通体操を軽体操からスウェーデン体操へ変更しようという主張が優勢となる。

6．体操遊戯取調[31]

　スウェーデン体操採用論の擡頭は、制度上の普通体操である軽体操に拘束される学校現場に混乱をもたらした。

　このため、文部省は、普通体操の整理統一に迫られ、日露戦争の真っ最中であるにも拘わらず、1904年10月「普通教育に於ける体操遊戯取調」委員会を設置した。

　しかし、委員会は、軽体操とスウェーデン体操の対立のみならず、スウェーデン体操主張者の間でも対立があり、整理統一は行き詰まった。

　このため、文部省は、委員会とは無関係に、永井道明の欧米出張に踏み切った。次の学校体操の作成を彼に託したのである。

　事実上存在意義を失った委員会は、1905年11月にスウェーデン体操採用を基本としながら、手直しを条件に軽体操の存続をも認めるという、体操二本立てを本文とする「報告書」を提出して御用済となる。

　1907年8月、坪井と可児は、この二本立て報告に基づく『小学校体操教科書』をまとめる。本書は、翌年3月「訂正再版発行」と同時に「尋常小学校及高等小学校体操科教員用教科書」として「文部省検定済」となり、永井がまとめる1913（大正2）年「学校体操教授要目」までの"つなぎ"の役割を担う。

　「報告書」本文に、遊戯に関する記述はない。遊戯の取調は"刺身の妻"に過ぎなかったからである。「別冊」で「現今遊戯を課するの規定なきも」教授時間の1/3以内を遊戯に充てることを提起し、「団体的にして複雑ならざる」競争遊戯・行進遊戯・動作遊戯の例を挙げたに止まる。

　ところが、「別冊」には、取調過程で取り上げた課題以外の問題のすべてを記載した。

　以下「別冊」が取り上げた主な問題を列記する。その後の歴史に影響を与えたのは、女子運動服と講堂兼用屋内体操場の2件だけである。

（1）「兵式体操」を歩兵操典に限定する制度改正を提起した。

　理由説明の文言には、体操教範を「学校体操」案に吸収したとある。しかし、この学校体操案は、女子用のスウェーデン体操だけで編成されており、体操教範どころか、スウェーデン体操中の男子用器械運動を一つも採用しなかった。取調が纏まらなかった真因であろう。

（2）講堂兼用屋内体操場を提起した（次項参照）。

（3）女生徒の「一般学校用服」として通用する運動服を提起した。

　1882年刊『新撰体操書』掲載の軽体操図解は、男子を洋服、女子を着流しの和服で描いた。脚部の運動は、片脚を一歩踏み出す運動だけだったから、裾の乱れは問題にならなかった。しかし、走運動には支障があったから、唱歌遊戯の類が女子の戸外遊戯の主体となっていた。

　スウェーデン体操には、立幅跳や股上げなど脚部の運動が含まれる。和服では無理である。そこで、井口は、裾を縛る紐を通したキュロットスカートの運動服を提示した。

　男子学生服がフランス式軍服を模した兵式体操用体操服で始まったのと同様、女子の制服は、水兵用セーラー服を模したスウェーデン体操用運動服で始まったのである。

（4）撃剣柔道について、武術体操（12章参照）を調査研究する必要を認め、「撃剣柔道」を「満十五歳以上の強壮なる生徒」に限定の上「任意正科外」で実施することを提起した。

（5）学校体育に関する諸問題を研究する「国立体育研究所」の設置を提起した。

　この研究所は、1924（大正13）年開設の文部省所管「体育研究所」とは発想の次元が全く異なり、無関係である。

（6）修業年限約2年半で、体操科の他に1科目の選修を可能とする中等学校教員養成所設置を提起した。

　入学資格を中学校卒業以上としているから、体操教員の知的水準の向上を意図した提起である。

（7）体操科教員軽視の現状を指摘し、実績ある教員の優遇を提起した。

7．講堂兼用体育館の始まり[16]

　日本の小中高の学校体育館は、入学式等では集会場となる。このため、正面に必ずステージがある。また、多くは、両側の二階部分に狭い通路らしき余地がありながら、階段は見えない。周回できるランニングバルコニーを備えた体育館は、大学でないと無さそうである。

　この様式は、体操遊戯取調報告の解説書である 1906 年刊『体育之理論及実際』が、雨雪時の授業に必要な「体操教室」を講堂兼用として提示した「屋内体操場兼講堂仮想設計図」に始まる。

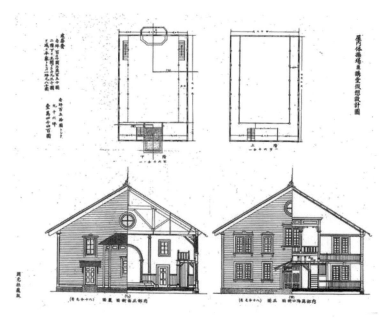

図 39．屋内体操場兼講堂仮想設計図（体育之理論及実際、1906）

　その規模は、間口 8 間（14.5m）奥行 12 間（21.7m）建坪 96 坪（317㎡）であるが、柱のないフロアーは、間口 6 間（10.9m）奥行 10 間（18.1m）60 坪（198㎡）、建坪の 6 割強に過ぎない。劇場並みに「コ」の字型に設けた二階バルコニーの支柱

があるからである。

　正面ステージは、幅3間奥行2間6坪弱と狭いが、体操用指揮台としても、儀式時に御真影を奉安した横で校長が式辞を述べる式台としても使用できる。

　60坪のフロアーは、両手間隔で1人1坪を要する50人学級の徒手体操を可能とし、成人並みに1人が占める広さを幅2尺（60cm）で前後を片手間隔の3尺（90cm）として計算すると、6学級が入場できる広さである。両側のバルコニー下まで入場すれば8学級、つまり各学年1学級の尋常高等小学校の全校集会が可能であった。二階バルコニーは、父兄等参観人用である。

　この建築費には、1坪150円として96坪14,400円の他、「平屋とすれば一坪八十円」ともある。つまり、建築費は、尋常高等小学校用の80坪ならば7,680円、尋常小学校用の60坪ならば4,800円で賄えることになる。

　体操遊戯取調報告は画餅に帰した。しかし、儀式の他に学芸会兼用を意図して、式台兼体操指揮台を間口一杯のステージに拡張するとともに、人が乗るバルコニーを廃止したのが、日本の学校体育館の定番となったのである。

12章　撃剣体操と剣道[10)27)28)]

1．課外の撃剣柔術

　1885（明治18）年に坪井等が『戸外遊戯法一名戸外運動法』を発表したのを契機に、体操科では、体操だけでなく戸外遊戯をも実施し始める。しかし、唱歌遊戯のような短時間でも可能な運動が幅を効かす小学校はともかく、時間を要する競技の類の実施は、授業時間中では不可能であった。このため、中等学校では、必然的に競技の類が放課後の課外運動を形成する事になる。1892年7月の尋常師範学校に関する文部省令8号改正の「説明」には、「日課外に於て便宜漕艇術柔術撃剣等を練習せしむるが如きも亦有益」とある。これは、課外運動にお墨付きを与えたもので、その代表格がボートと柔術撃剣であった。

　しかし、ボートは、経済的にも地理的にも実施が一部の学校に限られる。まして、青年は「士」（さむらい）志向が強かった時代である。生徒の多くは、課外運動に撃剣を選んだと考えられる。

　1894年3月、尋常中学校体操科4－5学年の時間数は、週5時間から3時間に削減された。「省令説明」によれば、その理由は「課外に随意の体操法」が行われている事であった。この「随意の体操法」が撃剣であった事は、尋常中学済々黌が多年にわたって実施してきた「随意科としての撃剣」について、1898年3月に熊本県から文部省への照会があったのを契機に、5月には課外でも「不都合」とした中等学校の「撃剣柔術」を、最終的には6月に高等普通両学務局通牒で、「心身鍛錬」のため「至当の取締」のもとで課外に実施することは「差支無（さしつかえなし）」と公認したことで明かである。

　その拠り所は、1896年7月の文部省学校衛生顧問会議が撃剣柔術の課外実施を15歳以上の強壮者だけに認めたことであろう。確立して間もない普通体操と兵式体

操による体操科を推進する上で妥当な判断であった。

1905年、体操遊戯取調報告の「撃剣柔道」に関する見解も同様である。

2．大日本武徳会

　大日本武徳会は1895年4月17日に発足した。日清戦争講和条約締結の日である。祭神桓武天皇にあやかって、旧都京都の平安神宮武徳殿（1898年築）を本拠に、在来武術と武徳の保護奨励を目指した前近代的国粋主義を本質とする、いわば和魂和才の尚武的体育団体である。

図40．大日本武徳会会員徽章ー径20mm大。弓矢を交叉した鏡に「武徳」

　しかし、その事業は、剣術以下の武芸にとどまらず、洋式軍隊馬術、「銃槍」（銃剣術）、「砲術」ではなく小銃「射撃」、それどころか、琵琶湖でのボートレース主催にまで及ぶ。和魂和才の武徳会でも、近代軍事技術という洋才を無視することはできなかったのである。

　しかし、洋才である体操を事業とすることはなかった。

3．武術体操の考案[14)]

　文部省は、体操正課では撃剣柔術の実施を認めなかった。ならば、武術を体操式にすれば体操科で実施できるという発想が生まれた。

　その最初は、1893年9月に高等師範学校校長となった講道館柔道創始者の嘉納治五郎である。

　この年7月『教育時論』296号は「柔術形体操」を報じた。嘉納は、学習院の柔弱の弊を柔術で改善しようと考えて、体操科への柔術採用を建白した。しかし、認められなかった。そこで、柔術形の集団練習を陸軍幼年学校で実験してから、中学

校長会へ体操科での採用を働きかけたという。

　嘉納は軽体操に満足していなかった。しかし、嘉納による柔道の体操化が実現するのは、1927（昭和 2）年に始まる「攻防式国民体育」においてである。

　むしろ、軽体操に対する嘉納の不満は、サンダウの鉄唖鈴体操の奨励に向けられる。すなわち、嘉納を会長とする造士会は、鉄唖鈴体操を 1898 年『国士』創刊号から 7 回にわたって連載し、これを 1900 年に『サンダウ体力養成法』として出版した。

　日清戦争後になると、剣術でも集団体操化して体操科への採用を目指す者が現れる。

　1896 年 7 月、数年後に日本体育会体操学校女子部と私立東京女子体操音楽学校で薙刀体操を指導する小沢卯之助が『武道改良教授：武術体操論』を著し、9 月に橋本新太郎が『新案撃剣体操法』を発表した。撃剣を体操科へ位置づけるため、撃剣の「体操」化を志向したのである。

　武術体操は、「体操の生理に考へ武道の本質を失はずして体操法に同化せしめ」たもので、「身体上」にとどまらず「武士道教育」をも含めた「精神上」と「実用上」の利益をもたらす。したがって、「最大の損耗を以て最少の発達を付与」するに過ぎない普通体操（軽体操）よりも、武術体操には高い価値があるという論理である。

　体操は、教師の示範あるいは指示通りに、学級全員が一斉に同じ運動をする。軍隊の銃剣術には、教官が構えに隙を見

図 41．中島賢三の木剣体操の授業
　上：教師の足払抜き打ちの構えに
　中：一斉に「飛び抜け」
　下：「飛び下りて打ち込む生徒」
　　　　（木剣体操法、1909）

せると、全員が一斉にあらかじめ教えられた突きの動作をする段階がある。

　武術体操は、この両者を念頭に考案された。教師が構えに隙を作ると、全生徒が一斉にあらかじめ教えられた打ち込みの動作をする。もっとも初歩的なのが、呼唱に合わせて一歩前進一歩後退を繰り返しながら、木刀を上段に振りかぶり振り下ろす動作の反復である。この素振り反復の集団練習は、今日の剣道に引き継がれている。

　1905 年「体操遊戯取調報告」は、武術体操について次のように記した。

　　世間往々撃剣、柔道は従来の儘にては学校正科とする能はざるも之をして団体的教
　　授に適せしめ又順序を立て方法を案じ以て体育の目的と一致せしむること為し難きにあ
　　らずと言ふものあり

武術体操は、事実上、剣術が体操科に地歩を確保するための方便であった。

　もちろん実現しなかったが、間もなく撃剣の正課採用が認められる段階で、撃剣体操の方式は撃剣の集団教授法に活用されることとなる。

4．日露戦勝と精神主義

　火力の不足を銃剣突撃で補ったとされる日露戦争の死者は、弾丸による「銃創」が殆どで、白兵戦での刺突による「刀創」は数パーセントに過ぎなかった。

　日露戦争の勝利は「我が元気の一歩彼に超越」した紙一重の差に過ぎなかった。にも拘わらず、和魂の絶対的卓越に依るものという精神主義の神話が産み出された。そして、軍隊の士気を日本精神の発露と捉え、サーベルを装備していたにも拘わらず、日本刀を日本精神の象徴に据えて、剣術を重視する風潮が拡がった。

　近代の和魂洋才は虚構の勝因によって軽んじられ、前近代の和魂和才が力を得たのである。

　陸軍は 1907 年に『剣術教範』を改正した。日露戦争の戦訓を踏まえての改正の筈であるが、1894 年の『剣術教範』に手を加えたにとどまる。しかし、1915（大正 4）年に抜本的に改正した。騎兵以外は、サーベル用の片手軍刀術を両手軍刀術に

変更したのである。しかし、軍刀は、1934（昭和9）年まで、片手で使用するサーベルのままであった。

日露戦争の勝利は、洋才から和才への転換の入口に過ぎなかったのである。

この抜本的改正の真意は、1908年改正『軍隊内務書』の意図と同一であろう。

> 本書（軍隊内務書）改正に於て最注意したるは精神教育なり…未来の戦争に於ても…何れの戦場に於ても過少の兵力と劣等の兵器とを以て無理押に戦捷の光栄を獲得せさるへからす之を吾人平素の覚悟とするに於て精神教育の必要なること一層の深大を加へたること明らかなり

（自明治三十七年至大正十五年陸軍省沿革史：下巻、1929）

5．練胆操術と撃剣柔術採用の建議

文部省は、1884年の体操伝習所における剣術柔術調査以来、「体操」正課への撃剣柔術採用を一貫して否定してきた。

しかし、日露戦争後の撃剣柔術は、衆議院における建議によって体操科採用へ向かって動き出す。

1905年2月、屍山血河の肉弾で勝ち得た旅順攻城戦の興奮が冷めやらぬ時期ではあったが、衆議院は、星野仙蔵ら提出の建議案「中等程度以上の諸学校に体育正科として剣道柔道を加ふへし」を僅差で否決した。

しかし、翌1906年3月には、星野らが書き換えて提出した建議を可決した。その要旨は、第1に「体育正科」で「剣術の形の体操即ち練胆操術、又は柔術形の体操」のどちらかを教習すること、第2に「剣術、柔術」を「随意科」に採用することであった。剣道に関しては、低学年では全員に剣術の形を学習させ、高学年では希望者に、「剣術」というよりも、竹刀と防具使用の打ち合いである「撃剣」に進むという教程を描いている。

この建議可決によって、文部省も動かざるを得なくなる。

同年7月、文部省の案内で、嘉納治五郎、三島通良、坪井玄道らが埼玉県立川越中学校へ「練胆操術」の視察に赴いた。同校の体操嘱託教師が星野であった（体育152）。

星野によれば、練胆操術は「剣法の粋を抜き、之れを舶来の体操式に充て箝めたるものにして、唯一本の木太刀により、師導者の号令を俟ち、五十人にても、百人にても、同時にあらゆる業を為し得るといふ仕組」である。これは、日清戦争後の武術体操そのものである。しかし、星野は、日露戦争で「統計上既に抗し難き」兵力であったにも拘わらず、「形而上の比較のみ以て論じ得可き」でない勝利を獲得した真因を大和魂に求め、「練胆による大和魂」育成の方途として「日本固有の武術」の錬磨に「伴ふ精神の修養」を強調する。いわば、手具である木太刀を用いた体操を、即物的に「木剣体操」と命名せず、練胆という抽象的目的を掲げて「練胆操術」と名付けたのである（運動の友2-1）。しかし、旅順戦の勝利を「三尺の秋水」に帰しているように、星野の本音は剣術の学校採用にあった（練胆操術、1906）。

練胆操術は、視覚的には日清戦争後の武術体操が体操であることを強調したのと同一でありながら、観念的には武術体操にとどまらずに「練胆操術」と称したのであろう。

1908年3月、衆議院は「体育に関する建議」を可決した。中等学校の正科として「剣術柔術練胆操術（木剣体操）」を採用するという内容であるから、文部省を督励した建議であろう。

半年後の10月には、戊申詔書が日露戦争後の国民精神作興を意図して「光輝ある国史の成跡」を喚起する。

しかし、文部省が採用に踏み切るのは、2年後の1910年5月の全国師範学校長会議に対し、体操教材に「撃剣」を加えることの可否を諮問してからである。

この諮問に「柔術」はなかった。

しかし、答申には「剣道、柔道」を兼修または選択とある。

文部省は、これを7月に各府県へ通牒し、「撃剣及柔術」の採用を、翌1911年7月中学校、1年遅れの1912年6月師範学校に認めた。採用の趣旨は「心身の鍛錬」であった。

6．対人の「術」から精神の「道」へ

　体操伝習所以来の教員養成に「撃剣及柔術」はなかった。したがって、「撃剣及柔術」を中等学校で実施するためには、その教員を速成しなければならなかった。

　その最初が、1911年10月開催の文部省「撃剣及柔術」講習会である。名称からは、一人の教員が両方受講できたようにも読める。しかし、撃剣と柔術は同時に別々に実施された。今日同様、両方指導できる教員の養成は念頭になかった。

　受講者の大部分は各府県が選抜した教員である。おそらく中等学校の剣術か柔術担当の嘱託であろう。

　この講習会に対する「文部省の注意」には、「身心の鍛錬」にとどまらず、「精神的訓練に重きを置きて技術の末に奔り勝敗を争ふを目的とするが如き弊を戒めざるべからず」が加えられた。

　「体育理論」を講じた永井道明は、この趣旨を徹底する第一着手として、これまでの名称である「撃剣」「剣術」ではなく、「剣道」と呼ぶ必要性を強調した。これまで「撃剣」「剣術」の名の下で定着していた競技主義を否定し、精神重視を喚起する方便として名称に注目したのである。形而下の記号に過ぎない「術」を「道」に書き換える事によって、視聴覚的に形而上の精神を意識させようとしたのである。

　「剣道基本及教授法」を担当した高野佐三郎も「剣道」を口にする。しかし「武術を練習する本旨」は「武道を明(あきらか)に」することであると述べて、「術」と「道」とを関係づけている。高野は、永井のように「術」を「道」と言い換えたわけではない。

　この「術」と「道」の関係についての永井の理念と高野の認識の違いが、以後の斯界に付きまとって現代に至る。

　高野の「剣道基本及教授法」は竹刀稽古の「撃剣」に触れなかった。受講者が撃剣家の集まりだからであろう。稽古場では経験したことのない集団を扱う軍隊式「連合教授法」と、「剣道基本」である「三段の形」の講習だけであった。練胆操術には触れていない。しかし、今日では慣行化している呼唱に合わせた素振りなどの学級教授法は、武術体操や練胆操術の方式である。高野も、この方式を低学年に利用し

たのである。

　1913（大正2）年「学校体操教授要目」も「撃剣及柔術を加ふることを得」とした。永井が主張する「剣道及柔道」ではかなった。

　しかし、1915年に高師が開設した特設「体育科」は、「甲組体操」「乙組柔道」「丙組剣道」に区分された。序列で柔道を優先させたのは、高師校長が嘉納だからであろう。この年、高野が発表した解説書も『剣道』である。

　大日本武徳会も、1919年に「武術専門学校」を「武道専門学校」と改称する。

　文部省も、1926年「学校体操教授要目」改正で「剣道及柔道」と書き換える。

　こうして、「武道」は、精神重視を建て前としながら、実態は技術主義から脱却できないで今日に至る。

13章　競技化する器械体操

1．飛距離を競う器械体操

　1883（明治16）年6月4日の郵便報知は、陸軍戸山学校が6月17日に「体操競進会」を開いて、1等から30等迄の賞品を出すと報じた。奇しくも東京大学最初の「競伎会」と1日違いである。1884年2月の「体操競進会」には、賞品に50円が下賜された（東京日日2.4、朝野2.5）。

　陸軍予備校として知られる成城学校が1890年10月に開催した「運動会」では、中間に競走を挿みながら、相撲、竿飛、銃鎗試合、器械体操を実施した（有文会誌2）。

　これらは、陸軍が賞品という物的価値を伴う名誉を刺激剤に、器械体操の習熟度を競わせる事によって、器械体操の普及向上を目指した施策である。

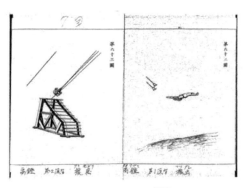

図42．左：高鐙による跳下台への振戻、
　　　右：振出（体操教範：高尚器械之部、1888）

　この器械体操の競技の一例が、高尚過ぎるため、一般軍隊から除外された1888年『体操教範：高尚器械之部』中の「高鐙(タカアブミ)」からの「振出(フリダシ)」である。これは、棒幅跳びと同様、広い壕を飛越する工夫の一つであって、懸垂式大鞦韆からの「より遠く」を目指した飛距離を競う競技へと発展する。

図43. 士官学校体操場における大鞦韆による振出、遠景右に回旋鐙（絵はがき、1910年頃）

図44. 1900年春の日本体育会運動会における大鞦韆演習 東京盲唖学校助手、江島安之助画（体育80）

2．器械体操の衰退

　一般軍隊の器械体操が軌道に乗った1890年代になると、軍隊の大々的な体操競進会は見られなくなる。また、学校では、競走を主体とする陸上運動会が恒例行事となり、ボート、野球、庭球を中心に課外の運動部活動が活発化する。

　やがて、新聞社は、これらを報じるだけでなく、特定種目を主催して自社の宣伝媒体とする。これは出版社にも及び、1910年には博文館が「全国学生大競走会」を開催する。

図45. 全国学生大競走会の大障碍物競走「綱渡りの光景」（中学世界13-13）

　この「競走会」の目玉は、上野不忍池5周の5マイル競走（8km）であったが、次に力を入れたのが、600ヤード（540m）の「大障害物競走」である。この障碍物には、器械体操の懸垂移行などが組み込まれていた。体操競技的能力が要求される陸上競技であった。

しかし、翌1911年に大日本体育協会が「国際オリンピック大会選手予選会」を開催し、1915（大正4）年に全国中等学校野球が始まると、競技会は、地域を越えて活発化し始める。

しかし、器械体操は、このような競技活動の活発化から完全に取り残され、1898年当時は「殆どベースボール、ボート等に圧倒され」「以前の半数にも及ばぬ」有様であった（運動界2-10）。優劣の分かりづらい器械体操は、大衆受けしなかったのである。

このような状況は、その10年後でも変わらなかった。「体育上より観たる器械体操」は、「都邑の区別なく盛んに各種の運動競技が行はれる様になった」にもかかわらず、器械体操は「殆ど軍隊の専用物」のように考えられ、学校では「形式的」にやっていると指摘される（運動の友2-6）。

「機械体操」によれば、鉄棒では、2本指での「懸垂上り」、「踐外し」（俗称「大和魂」）、「藤下り」、「倒立」から「回転」や「車輪」、逆手「倒立」から「大車輪」や「逆車輪」が見られた。大変な力業が多く、車輪の要領は「元の倒立の位置に復した時に、身体は必ず止めて、ゆっくりと行わねば上手とは申されません」とある（運動界2-10）。

図46. 快回機―メリーゴーランド：第5回内国勧業博覧会（大阪）美術館後方に建設（風俗画報269）

図47. 東京博覧会不忍池のウォーターシュート（風俗画報365）

1903年3月、第5回内国勧業博覧会（大阪）では、目新しい海外の体操器械を設置した日本体育会特設体育場よりも、「ウォーター、シュート即ち舟滑り」や電動の「木馬廻走運動場」（メリーゴーラウンド）が耳目を集めた。1907年の東京博覧

会でも同様で、不忍池ではウォーターシュートの有料見物席まで設けた。櫓の上から200尺（60m）の斜面を水面めがけて急降下する乗船料20銭の「ウヲーターシュート」の圧巻の前には、日本体育会の室内プールも屋内体操場も霞んでしまった。

やがて、電動式で汗をかかないで爽快なスリルを味わえる乗物主体の遊園地が登場することになる。

3．慶応の器械体操部

1890年設立の第一高等中学校校友会に体操部はなく、その後もなかった（第一高等学校六十年史、1939）。

器械体操部の嚆矢は、1896年に組織された高等師範学校「運動会」の「器械体操部」であろう。

次に、高師に「右へならえ」して、1898年に発足した東京府師範学校（青山師範）「尚武会」には、発足と同時に「器械体操部」が組織された。

器械体操部の出現と前後して、1898年10月には「西片、灘生」のペンネームで「機械体操」が雑誌『運動界』に登場した。

翌1899年には、米国ロバート、ストール著、「運動界」編集局補訳（奥付の訳者は瀬木博尚）『器械体操』が上梓された。その「序」は「機械体操の如きは尤も便利にして趣味と実益を兼備」と、スポーツに位置づけ、鉄棒、平行棒、鞍韉、木馬の運動を解説している。

しかし、俗称「藤さがり」と呼ばれる鉄棒の技術の見出しが「膝の運動」とあるように、主に関与する身体部位を示すにとどまる。

東京府師範器械体操部は、部設立の10日後から、部員63名が「演習」を始めた。火水の週2回で「教官大島氏須田氏」とあるから、スポーツ感覚の部活動というよりも、課外の選択授業の類とみるべきであろう。兵式体操用の「鉄棒、棚、平行棒、木馬、梁木及附属器具等」を練習している（創立六十年青山師範学校沿革史、運動の友1-1）。

1924年に「学生の器械運動の一個の倶楽部として発達したるものの嚆矢」と自負するのは、1902年設立の慶応義塾器械体操部である（体育と競技3-9）。しかし、東京府師範器械体操部よりも4年遅い。

　この慶応の自負は、当初からの自負であった。1907年の時点で、慶応義塾器械体操部の設立は5，6年前、東京府師範のそれは2，3年前と事実誤認している（運動の友2-6）。

　1932年、慶応義塾体育会器械体操部は『三十年史』を発行した。本書の「沿革」と一部の回顧記事は、記述から見て、1905年に第1号を発行した機関誌あるいは記録に基づく史料である。

　『三十年史』によると、慶應では1902年10月に有志が「器械体操倶楽部」を組織した。「体育会」が「器械体操部」を公認したのは、翌1903年12月である。「師範」には高師助教授の津崎亥九生を「聘」した。津崎は、1912年に高師から青山師範へ移るまで、慶応の「師範」を勤めた。津崎は、部員を技倆に応じて5級に区分し、赤黒の線を入れた帽子で識別する「級制度を設け採点法によりて進級試験」を行った。進度別指導の必要から組み替えしたことになる。また、「紅白勝負の採点法による競技方法を考案して団体的競技を可能ならしめた」という（体育と競技3-9）。1903年2月の「第一回卒業試験並に進級試験」の実施種目は4種目であった。新設の綱町運動場へ移転した1904年9月現在の体操器械には、鉄棒、横木（おうぼく）、高飛棒（棒高跳用の支柱と砂場）があった。移転後間もなく「大会」を開催した。この大会が2回目であった。その第10回は1912年であるから、創部以来毎年1回開催し続けたことになる。

　なお、回顧記事には、1904年の慶応器械体操部第1回大会に、成城中、早稲田中、郁文館中、日本体育会、青山師範が参加したとある（体育と競技3-9）。明かな間違いであるが、1924年までの間に慶応と接触のあった学校であろう。

　1907年現在の部員数は150名であった。これは、大学部、普通部、商工学校を合わせた数である。同年刊行『慶應義塾五十年史』は「其技都下に比敵するものなきの有様」と自負する。寒稽古は1910年から始めた。20日間の皆勤者は12名とあるから、1割にも満たない。

1907年4月25日午後開催の塾創立50年祭器械体操部大会は、部員を技倆で甲乙丙3組に分け、各組ごとに紅白に2分した。採点は「東部の特別部員」2名に依頼し、指定の問題と随意の運動の合計点を競った。問題は、丙組が、鉄棒は脚懸上り－俯下り、横木は振出し、棚は後転、木馬は臀部開脚、乙組が、鉄棒は肘懸上り－振跳、横木は躍進振出し、棚は尻上り－腰懸躍跳、木馬は横閉脚、甲組が、鉄棒は振上り－巴－海老－振跳、横木は蹴上り－複木倒立－転回、棚は懸垂上り－倒立側面下り、木馬は二節開脚であった。随意では、石井が巴－海老－骨抜、山田が逆手振上り－大車輪－逆車輪－宙返り、高橋が水平釣舟連続運動、牛山が片手水平を演じた（運動の友2-5）。

　1921年6月12日、綱町運動場で「器械改築記念大会」が開かれた。新築が1904年であるから、木の支柱を地面に埋め込んだ木製の体操器械が、17年間も風雨に曝されながら使用に耐えた計算になる。信じがたい。

4．器械体操連合競技会

　東京府師範が器械体操を練習していることを知った慶応義塾器械体操部は、「斯道の大家津崎亥九生先生の命に依り」、1906年11月4日に慶応義塾の運動場で東京府師範器械体操部と「連合競技会」を開いた。

　「世の斯道研究者の一覧に備ふ」ための「概況」によれば、「各々選手二十名を出し、適宜混合して、紅白二組に分」けただけでなく、この混合チームを「更らに甲、乙の二組に分」けて、甲組と乙組に別問題を課した。両校とも部員間の力量の差が著しかったのであろう。「勝敗は各自各技に就き採点し、其の合計点の多寡」で決した。学校間の優劣を競う対校試合ではなかった。時事新報が寄贈したのは、最高得点者への銀牌と次点への銅牌であった。

　当時の体操器械には、鉄棒、横木（平行棒）、梁木、遊動円木、固定円木、大鞦韆（トラッペー、懸垂式ブランコ）、高鐙（輪が鐙状のつり輪）、回転鐙、天秤（シーソー）、円手摺（双輪、円形の平行棒）等があった。しかし、競技は、学校で

多用されていた鉄棒、横木、棚、木馬（超越台）の4種目で行われた。鞍馬が導入されるのは、ロスオリンピック参加決定の1931（昭和6）年になってからである。鉄棒は、乙組が海老上り－振跳（弾道）、甲組が逆手振上り－振跳。横木は、乙組が蹴上り（三節）－振出し、甲組が跳上り（三節）－複木倒立－中抜け正面下り。棚は、乙組が尻上り－腰懸跳、甲組が懸垂上り－倒立－右側面下り。木馬は、乙組が横向きの中央を閉脚跳、甲組が縦置きで2回手をつく二節開脚跳であった。「附則」に「競技者は各々問題を演じ、随意（各自の得意とせるもの）一題を為す事。問題は、一回以上行ふを得ず。但し、随意は、二回再行する事を得」とある（運動の友 1-1）。

演技の特徴は、「其姿勢に於ける真面目」な東京府師範に対し、「雄にして麗なれど、前後の姿勢」に疑問符がつくのが慶応であった。師範の演技には、体操教範に忠実な軍人的規律があり、慶応の演技には、芸術的力強さはあるものの、規律のなさが目立ったのである。

当時の注意事項には、「障碍物の砂の中に混じて居ないか」を含む器械の事前点検、「突然に高尚なる運動を行ふは頗る有害」「寒からぬ程に薄着」「身体に密着せざるもの」「足袋を使えば最も具合がよい」がある（運動の友 1-2）。

この連合競技会は、3回目の1909年に麻布中学、1910年に成城学校が加わって「四校連合競技会」となり、1915（大正4）年に第10回を迎え、1924年現在でも行われている。

1909年5月30日、慶応綱町運動場において慶応器械体操部主催の「器械体操連合大会」が麻布中学を加えた3校で開催された。当時では「珍らしい器械体操の連合大会」であった。やはり参加者を技倆で甲乙2組、さらに紅白に分けた。乙組は、紅白両軍とも3校混合とした主将・副将を含む12名で、鉄棒は「右肘懸上り振り跳ひ」、横木は「躍進前へ振出し」、木馬は横向きで「背部の閉脚」、棚は「両肘懸り腰掛跳び」、「外に随意各一つ」であった。甲組は、紅白とも各9名で、鉄棒は「海老上り振跳び」、横木は「蹴上り振込み」、木馬は縦で「二節開脚」、棚は「尻上り倒立側面下り」、「外に随意各一つ」であった。採点は、一人100点満点で合計点を競った。乙組各12名合計は、紅軍が1000.1、白軍が1022.7、甲組各9

名は、紅軍が797.5、白軍783.1であった。小数点1位まで採点したのである。表彰というよりも、賞品は個人を対象とした。甲組1等96.1（慶応）、2等91.5（麻布）、3等88.7（青師）、乙組1等91（慶応）、2等90.1（麻布）、3等85.4（青山）と、甲乙とも、慶応が1位を占めた（運動世界16）。当日の讀賣新聞は「連合機械体操競技会」を小さく予告している。

　器械体操の「競技大会」を毎年開いていた「陸軍の予備校」である成城学校は、1910年10月2日に運動場で、3学年ないし5学年相当の慶応・成城・麻布・青山師範4校の選手70余名の参加を得て「機械体操競技会」を主催した。「秘術を尽して相争ふの壮観」とあるが、午前中は成城だけの大会で、午后になってから「都下各中学の選手競技」を競った。参加したのは、成城15名、麻布10名、慶応と青山が各7名とあるから、選手は4校合計39名が実数であった。採点は戸山学校教官が担当した。競技は、大車輪と宙返りの鉄棒、横木、倒立の棚、木馬の超越であった（運動世界30）。

図48．慶応麻布青師三校連合機械体操大会参加者、背広の中央が津崎（1909.5.30）
　左上：鉄棒下の水平、右上：横木複木の倒立、下：木馬上の倒立（運動世界16）

14章　学校体操教授要目の誕生[30)31)]

1．教授要目と体操科

　20世紀になると、1902（明治35）年「中学校教授要目」を最初に、1903年高等女学校、1910年師範学校の教授要目が示された。学校現場は、これに基づく教授細目を作成して授業を展開したのである。しかし、師範学校のそれには体操がなかった。永井による学校体操統一作業が1909年に始まったばかりだったからであろう。

　小学校に教授要目はなかった。1903年に始まる国定教科書があったからである。もちろん、体操に国定教科書はなかった。その代役となったのが、1908年3月「訂正再版発行」と同時に「尋常小学校及高等小学校体操科教員用教科書」として「文部省検定済」とされた『小学校体操教科書』（坪井・可児、1907）である。

　要するに、教授内容は学校種別ごとであって、その間の連続性に欠ける虞があった。

　1913（大正2）年1月、「学校体操教授要目」が法令上の拘束力のない「教授上の参考」として訓令された。小学校から各中等学校を一貫する連続性がある。その教材の筆頭である「体操」についての記述は詳細であった。

　体操科だけ初等中等学校一貫の教授要目が作成されねばならなかった理由は二つ考えられる。

　その第1は、他教科では中等学校になって始まる教科があるなど、小学校と中等学校との一貫性を考慮する必要性が希薄であったのに対し、体操科は発育段階を考慮した一貫性が必要だったからである。

　その第2は、普通体操が軽体操、兵式体操が歩兵操典と体操教範であった明治時代の体操科が、「普通体操」「兵式体操」と記載するだけで内容を特定できたのに対し、普通体操と兵式体操に替わる新しい体操科の内容を特定できるような、権威ある教師用書を準備できなかったからである。

以下、その事情に触れる。

2．体操遊戯取調報告の問題点

　1900年頃から、制度上の「普通体操」である軽体操に対する不満が顕在化した。そして、新たに紹介されたスウェーデン体操を、軽体操の代わりに採用すべきという主張が高まった。この混乱解決を期待されたのが、1904年10月設置の体操遊戯取調委員（会）である。その報告は1905年11月に提出された。

　ところが、文部省は、この取調作業の終末段階の9月に永井道明の欧米体操留学を内定した。文部省は、取調の不調を見越して、次の施策を講じたのである。当然、取調は幕引きとなる。翌年1月の官報号外掲載の取調報告は、他に例を見ない不可解な発行形式であった。

　取調が不調に終わったことは、報告書本文が、スウェーデン体操採用を決定しながら、軽体操も修正すればよいという曖昧な両論併記だったことで明かである。

　これでは混乱収拾に程遠い。これが永井による「学校体操教授要目」作成の背景である。

　しかも、報告書別冊では、諮問されていない体操科の規程改正まで提起した。「兵式体操」中の軍隊式体操は「学校体操に包含」したから、「兵式体操」を「兵式教練」に限定するという。しかし、軍隊式体操は、別冊の体操例示中には皆無であった。

　陸軍省が文部省に学校体操に関する協議を申し入れたのは当然である。

3．体操遊戯取調報告後の高師附属中学校

　取調報告を見て、東京高等師範学校の実験学校である附属中学校が作成した1907年版教授細目は、スウェーデン体操と、「鉄棒体操」を加えた軽体操とを併用

した。

　「鉄棒体操」とは、軽体操の中心人物である坪井玄道が欧米体育視察（1901年2月－1902年6月）から帰国した際の談話で、鉄唖鈴とともに名称だけ紹介した手具体操である。

　坪井が『鉄棒体操』を発刊したのは、附属が鉄棒体操を採用した翌年の1908年8月と遅い。

　附属は、両論併記の報告書を尊重しながら、鉄棒体操採用によって軽体操支持の立場を表明したのである。

　また、附属は、報告書のスウェーデン体操の器械を完全に無視して、従来通り、体操教範に準拠する器械体操を採用した。

　教育の総本山である高師の附属ですら、取調報告を尊重しなかったのである。

4．学校体操統一作業

　1906年10月、陸軍省は文部省に「普通体操と軍隊体操とを可成(なるべく)接近せしむる」協議を申し入れた。学校体操の混乱と器械体操削除が、3年制を2年制とする現役期間短縮案、学校体操教員を予備・後備下士官で充当する戦時動員対策問題、さらに中等学校卒業生を対象とする予備士官教育の1年志願兵制度に関わる重大問題だからである。

　両省からなる「体操（調査）委員会」の協議は、1907年春に始まった。しかし、翌1908年夏には暗礁に乗り上げた。委員を一新して再開したのは、永井が帰国してから9ヶ月後の1909年10月である。その間、永井は、全国各地の学校体操を視察して歩いた。

　再開した委員会は、学校体操の集団行動を軍隊式とし、スウェーデン式体操を基調としながら、体操教範に準拠する器械体操を大幅に組み込んだ永井の体操案に合意した。

　以後、永井は、スウェーデン体操を基本に陸軍の器械体操を大幅に採用した「学

校体操統一案」を 1911 年に作成し、これに対する地方現場の意見を徴した後、学校体操教授要目を作成する。永井の回想によると、数百通の意見によって修正したのは従来の「唖鈴球竿等を用ふる体操の実施」だけであった（体操 5-3、1935）。

5．体操教授要目の体操

　1913 年 1 月、文部省は最初の「学校体操教授要目」を訓令した。各学校は、これに準拠して体操科の計画を立てるわけである。

　教材は、体操、教練、遊戯と中等学校男子に「加ふることを得」とした撃剣及柔術からなる。また、「体操科授業時間外に於て行ふへき諸運動」の第 1 に、「簡単なる体操」を毎日始業前、昼休後、授業時間の途中に行うのが望ましいとした。

　体操は、基本的にはスウェーデン式であった。実施の順序は、「下肢の運動」に始まって、平均、上肢、頭、呼吸、胸、背、腹、躯幹側方、懸垂と展開し「跳躍運動」で終わる。身体を部位ごとに区分して徒手の運動を課し、徒手ではできない運動には従来の手具とは異質の器械を使用するという考え方である。

　このうち、呼吸、平均、懸垂、跳躍の各運動と開脚を伴う操法は、軽体操にはなかった運動である。

　懸垂運動は、鉄棒の他に、懸垂器械として新たに加えたスウェーデン式「水平棒」（木製単棒）と「並行水平棒」を使用した。平均運動は、新たに加えたスウェーデン式「平均台」をも使用した。跳躍運動は、スウェーデン式「跳箱」としたが、木馬である「超越台」をも認めた。

　男子中等学校の場合は、器械使用の運動の過半が体操教範に準拠していたから、スウェーデン式器械と合わせて、少なくとも 12 種類の器械が必要とされた（学校体操要義, 1913）。永井が、スウェーデン式でなく、「日本式」と称した所以であろう。

　しかし、女子中等学校の場合は、水平棒または並行水平棒、肋木、平均台、跳箱を「必ず設備すべき器械」とした。すべてスウェーデン式である。

　「水平棒」は、鉄棒に相当する横木に四隅を丸く削った縦 4 − 4.5 寸（12 − 13.5

cm）横1.2－1.5寸（3.6－4.5cm）の厚板を用い、高さを何段階にも調節できるようにした器械である。これを1.5－1.7尺（45－52cm）間隔で2本並べたのが「並行水平棒」である（新定器械体操附器械之設備、1913）。しかし、水平棒は、事実上存在しなかった。既存の鉄棒あるいは並行水平棒で代用できたからであろう。なお、並行水平棒は一般的に「（平行）横木(おうぼく)」と呼ばれて、総力戦時代まで使用された。

「肋木」と「跳箱」、低い体操競技用ではない「平均台」は、当時と基本的に同じ器械が現在も使用されている。

しかし、3連式肋木は50－70円、12尺（3.6m）の平均台は10－15円、「ズック肌製」の跳箱は40円と高額であったから、所要の器械を揃えるには相当の困難が伴ったはずである（美満津商店懐中用定価表、1913）。

現場の意見を採用して、唖鈴等は修正を加えて実施することを認めた。しかし、「注意」末尾に、徒手で行う運動は手具を用いて実施してもよいと記載したに過ぎない。後難を恐れて、手具を廃棄する学校が多かったという。

普通体操と兵式体操で異なっていた号令とその行動様式は、すべて軍隊式に統一した。

運動の種類によって異なるが、「呼唱」は、「速挙動」の場合、年長男子で1分間に約60、年

上：スウェーデン体操用椅子使用の腕立
下：横木使用の懸垂開脚

上：肋木使用の懸垂
下：平均台上片脚後挙屈膝体前倒

図49．スウェーデン体操の授業（堺市向陽小学校絵はがき）

長女子65、小児70、「遅挙動」の場合、各30、32、35とされた（学校体操要義, 1913）。

　体操科の授業時間以外でも、他の授業中を含めて「簡単なる体操」を奨励した。

　教材に採用しなかった「鞦韆、遊動円木、回転塔、攀登諸器の運動」を奨励したのは、既存の器械に対する過渡的処置だったのではなかろうか。

　なお、要目参考書である『学校体操要義』には、要目にない「雲梯」と格子状の「窓梯」がある。窓梯を立体的に並べて連結すれば、雲梯・ブランコと共に公園の定番となるジャングルジムができ上がる。

6．体操教授要目の徹底

　軽体操は、各操法の実施順序が一定の連続体操であるから、体操用語の必要性は低かった。

　しかし、スウェーデン体操は連続体操ではない。一つの操法が終わると、教師が次の操法を口頭で指示し、それから予令の後、動令をかけ、呼唱に合わせて実施する。このため、基本となる運動の形には、すべて簡明な名称が必要であった。

　永井は、学校体操教授要目に一部訓読みが適当な漢文調熟語形式の体操用語を採用した。井口らの理解しがたい直訳調を避けるため、日本人に分かるように創作した意訳であった。

　たとえば、井口の「下翼直立」では全く分からない。永井は、これを読んで字の如く「手腰直立」とした。両手の指を首の後ろで組む「上翼直立」には、「手頚」を当てた。

　これらの用語は、一度見聞するか、指導を受ければ、覚えられる。また、図解や解説文から分かる。

　そのため、永井は、要目から3ヶ月半後には、早くも文字だけの要目を図解入りで解説する748ページの『学校体操要義』を刊行すると共に、数年にわたって、毎年数回、文部省主催の形で中等学校体操科教員講習を指導したという（体操5-3、

1935)。だが、文部省告示では、1913, 15, 18 年の3回だけであるから、私的な講習が多かったのであろう。

図50. 講習会講師－前列左から須加、津崎、永井、河原、後列左から大谷、三橋
詰襟服は教員の制服（大正4年7月文部省開催中等教員体操科講習会記念写真帖）

7．軍隊体操のスウェーデン体操化

　永井によれば、1909年10月再開の体操調査委員会で「文部の草案」即ち永井案に原則合意した陸軍は、「林少将、林中尉及英軍医三人の独逸瑞典出張研究」に踏み切った（体操5-3、1935）。これが陸軍最初の体操留学で、戸山学校教官林保吉中尉が1911年に、林二輔(はなぶさ)大佐が1912年に、スウェーデンへ派遣された。帰国後、林大佐は戸山学校長となる。

　そして、1916年『体操教範草案』の「基本体操」（徒手体操）は、従来の準備運動的段階から身体作りのスウェーデン式へと転換し、記載ページ数では「応用体操」（器械体操）に拮抗することとなる。

15章　腹式呼吸と体操[35)36)]

1．肺結核と体操

　呼吸運動を体操の一部として明確に位置づけるのは、スウェーデン体操が最初であろう。

　しかし、軽体操の徒手演習と一部の手具演習には「大気を吸入」し「呼出」する運動も見られた。

　1882（明治15）年刊『新撰体操書』には「胸部の筋肉強壮なれば、以て呼吸力と肺臓の効用を増加すべし」とある。胸式呼吸の考え方である。手具演習を重視する軽体操には、上肢の運動が多い。活力検査も胸囲と肺活量を重視した。呼吸器を活力の基と位置づけていたからである。

　1881年の小学校教則綱領の「唱歌」の効用の一部には「児童の胸膈を開暢して其健康を補益」の文言が、また、同年開催の第2回内国勧業博覧会「音楽取調掛報告」にも「胸膈を開暢し以て肺臓を強健ならしむ」がある。唱歌も呼吸器に関わる胸廓の運動と捉えられていたのである。

　体操や唱歌が呼吸器の発達を意識していたにも拘らず、呼吸器の疾病である肺結核は増加し、20世紀初頭には青年を中心とする不治の「国民病」と恐れられた。甲種合格者を集めた軍隊では、寝食を共にする兵営での集団感染が見られた。学校では、教師の肺結核が発育過程の児童生徒に感染した。1913（大正2）年には、小学校教員の6％、体格薄弱の教員に限ると24％が肺結核という状況で、「結核予防」が訓令の課題になったという（教育時論1015）。

　1918年の結核死亡率は10万人中250人に達した。死亡数は12万5000の計算となる。結核罹患者が恐るべき数に達したことは間違いない。国力を左右する正に「国民病」であった。

1913年の某私立専門学校入学生は11％が結核であった。1915年の徴兵検査結果からは「就学年限の永き程、体重の減退を来す傾向」が指摘され、「国家の干城たる者は小学校出身のみに限る如き奇現象」と評された（教育時論1009、1075）。結核罹患者の多くは、高学歴の青白きインテリだったのである。

　世界の医学界がツベルクリンを結核治療薬と誤認していた時代である。西洋から学んだ医学は肺結核に無力であった。また、胸廓の発達を目指した体操も役立たずであった。

2．静的呼吸法の出現

　このような状況下で、体操にない深呼吸法が注目される。

　1910年12月、世界的細菌学者で伝染病研究所長の北里柴三郎（1853－1931）は、『肺の健康法』を発表して「深呼吸」を「唯一の個人的肺結核予防法」と位置づけた。

　北里の深呼吸法は、新鮮な空気を十分換気するため、拳を握ったまま両手を前に上げ、下ろしながら大きく吸気し、両手を後ろから回して前へ戻しながら十分に呼気する。これを、家でも学校でも「毎朝空気新鮮なる時」に10－15分、せめて5分でも実行して「毎朝の行事」に根付かせようとしたのである。

　北里の深呼吸は、少なくとも通学できて、この操法を5分間継続できる人を対象としている。通学もできないような低体力の人までは念頭にない予防法であった。

　これ以上に低体力の人には、もっと動きの少ない静的呼吸法でなければならなかった。

　当時、静的呼吸法の提唱や実践は、始まったばかりである。北里が呼吸法を提唱したことが、人びとの目を静的呼吸法へ向けさせる動機づけとなったことは否めないであろう。

　その中で注目されたのが、三大健康法と呼ばれる二木、岡田、藤田の呼吸法である。

　最も注目されたのは、二木謙三（1873－1966）の「二木式腹式呼吸法」である。

二木は、1903年に赤痢菌多元説の契機となった駒込A、B菌を発見、1905年にドイツへ留学して1908年に帰国した。後に東大内科教授、学士院会員、文化勲章受賞者となった細菌学者である。

二木は、1910年2月刊『健康の第一義：呼吸健康法』で腹式呼吸法を提唱し、さらに翌1911年7月『腹式呼吸』を上梓した。年少時に虚弱だった彼は、平田篤胤と白隠禅師の影響を受けて「気海丹田の鍛錬法」である腹式呼吸を実践していた。医学者として、この呼吸法の「学理上より研究したる価値」を考察してまとめたのが「二木式腹式呼吸法」である。

腹式呼吸は、1分間に4回の割合で30分間に120息行う。鼻からゆっくり吸気して少し息を止める「静止休止」が大切で、それから長く静かに吐く。その繰り返しである。姿勢は、座位だけでなく、歩きながらでも、寝ていてもよい。

肩で息をする「肺尖呼吸」は、深く行うのはよいが、浅いのは悪い。「胸式呼吸」は、胸廓を横に広げる体操の呼吸法で、日常的ではない。最善は「胸腹式呼吸」であるが、練習を要する。二木が「修行は一生の仕事」として推奨したのが「腹式呼吸」である。腹式呼吸は、睡眠中も行われる横隔膜の上下動であって、日常的・合理的・省力的な呼吸法だからであろう。

嘱望されていた新進の細菌学者である二木が提唱したのであるから、二木式腹式呼吸法が注目されたのは当然である。

二木式と並んで三大呼吸法と称された藤田式、岡田式ですら、あやかるように二木式の生い立ちを丁寧に紹介している。

腹式呼吸は、やがて活発化する保健体操にも採用される。

二木が提唱したのは腹式呼吸だけではなかった。病弱体質の改善に腹式呼吸と並んで玄米食を提唱し、1942（昭和17）年には『健康への道』で無駄のない正しい生活の仕方を説いている。

「岡田式呼吸静坐法」は、雑誌『実業之日本』の記者の命名である。1911年9月から翌年6月まで岡田式を連載する際、名称が必要だったからである。『実業之日本』が名士執筆による岡田式の連載に踏み切ったのは、ノイローゼが直るなど、岡田虎二郎（1873－1920）の黙座黙想の静坐法の評判が高かったからであろう。

岡田に著書はない。岡田は、77ヶ所の静坐会を巡回し、経験から到達した静坐を参集者と共に実践しただけである。したがって、岡田式呼吸静坐法は、信奉者等の著作からしか知ることができない。

その最初は、1912年1月の服部静夫著『岡田式呼吸静坐法』である。服部によると、心身相関・心身一致を標榜した静坐時の呼吸法は、吸う時に「下腹を凹まし」吐く時に「下腹に力を入れ」る。通常の腹式呼吸とは反対の逆式呼吸である。

しかし、「二木式健康法と静坐法」の項を設けて、丁寧に二木式を記載しているが、二木式との違いには言及していない。

この静坐会は、1920年の岡田の突然の死で終わる。尿毒症であった。

宗教家である藤田霊齊（1868－1957）の1908年5月刊『心身強健之秘訣』に呼吸法はない。

藤田が呼吸法に言及するのは、その改版に相当する1911年8月刊『藤田式修養息心調和法初伝』が最初である。

その『初伝』1913年改版も、主眼は修養法である。呼吸法への言及はごく一部である。「下腹部を出したり凹したりすることなく」静かに自然の呼吸を任意に10－30分間実施するとある。腹部を動かさないから、腹式呼吸ではない。胸式呼吸と考えられる。しかし、「呼吸法の種類と目的」では、二木式の紹介に誌面を費やすから、二木式と大同小異の腹式呼吸のような印象を受ける。藤田は、精神面の修養主体の静坐法を、二木式腹式呼吸法に便乗させたのではなかろうか。

「沿革」と奥付から判断すると、1908年刊の再改版である1928年刊『調和法身心健康伝』の呼吸法は「完全息」である。これも、二木が最善とした胸腹式呼吸法の考え方を模している。

藤田は、1909年「真人社」と称して、現在の月刊誌『調和道：丹田呼吸健康法』につながる月刊『真人』を発行した。1915年「養真会」と改称、1927年社団法人調和道協会となって現在に至る。

3．陸軍の腹式呼吸

　陸軍は、緊急性が高いと、修正の余地を残して全軍的に試行する「草案」とした。
　1916年の『体操教範草案』がそれで、基本体操の全面的スウェーデン体操化に踏み切っている。
　その基本体操中の「終末運動」は「呼吸運動」である。「呼吸器を強健にし又促進せる血行呼吸を調整する」目的で、スウェーデン式「胸式」の「深呼吸」と、手を腰に半歩開脚する「腹式」とを採用した。腹式は、立位だけでなく「仰臥、跪坐若は腰を掛けて行ひ又掌を下腹部に当てて行ふことを得」とされた。二木式腹式呼吸法の採用である。肺結核問題への関心は、陸軍も民間と同様であった。
　この草案を修正したのが、1918年制定『体操教範』である。仰臥、跪坐、腰掛は削除され、立位だけでの実施となった。1928年制定『体操教範』も同様で、1945年の陸軍解体まで続く。
　また、戸山学校は、1917年に『椅子体操』を編纂した。胸式呼吸と腹式呼吸を加えた座業中に実施できる簡単な体操図解である。学校以外を対象とする保健体操図解の最初であろう。
　1923年の戸山学校編纂『家庭体操』は、「大阪市在郷軍人並青年団の体操講習会」におけ小野原誠一大尉（後、東京文理科大学配属将校）の指導内容である。日常的な体操が「仲々困難」な家庭生活、勤務、職業従事者を対象とする3種類の保健体操からなる。「家庭体操」は、仰臥4種、按摩、座位1種、呼吸運動（腹式・胸式）、「手拭体操」は、両手で手拭いの両端を引っ張った状態での運動8種、「椅子体操」は、運動7種と呼吸（胸式・腹式）からなる。なお、表紙は「諸国死亡率比較」の図表で、独仏の1000人中15人程度に対して、日本が25人と突出している。
　海軍も、1917年に『海軍体操教範草案』を作成した。陸軍同様、全面的にスウェーデン体操化した。「終末運動」の「呼吸運動」も「胸式」と「腹式」からなる。

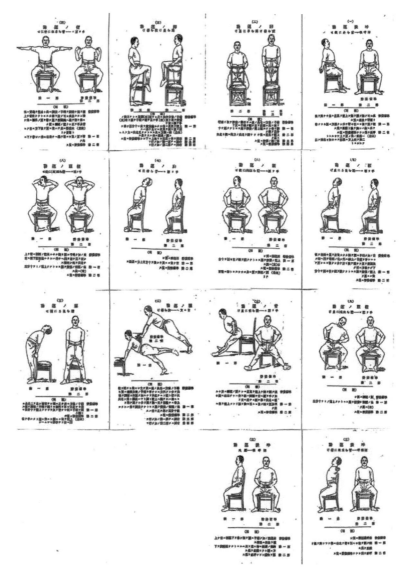

図 51. 椅子体操（陸軍戸山学校編、1917）横長、折りたたみ式図解を右から左へ配置

4．国民体操（松元）の腹式呼吸[33]

　1908年に英国でボーイスカウトが組織された。日本では、これを「少年義勇団」「少年哨兵団」と紹介した。

　その主旨は、団体訓練による少年の心身鍛錬と奉仕活動による国家社会に有用な将来の公民の育成である。その活動は、英国では1911年に中学校へと拡張し、ハロー校の1913年の夏季天幕野営は「夏季中は学校の裏手なる5エーカーの原野に陣営を設く」と紹介された（帝国教育374）。

　日本でも、1914年には露営行軍・登山行軍を実施する少年義勇団が設立された（帝国教育392）。そして、1915年9月には青年団体に関する「内務省文部省訓令」となる。

　青年団体は、日露戦後の「国民鍛錬の必要朝野の声」を背景に、修養機関として「学校と同じく身体の鍛錬、精神の修養」「合同生活に必至なる素質の養成」を期待され、1915年には、団体3万、団員300万に達していた（帝国教育399）。

　この趣旨に則って、1916年の神奈川県生見尾青年団事業の5番目には「行軍的の遠足」「時に野営」が挙げられる（帝国教育403）。

　青年団体の一つ「修養団」は、1906年に蓮沼門三が東京府立師範学校に設立し、『向上』を機関誌とした団体である。1915年、檜原湖畔に師範学校と農学校の上級生を集めて「農村自治に関する講習」の第1回天幕講習会を開催した。田所普通学務局長等、多くの名士が来場して「一場の講話」を行った（帝国教育399）。

　この講習会では、川合式強健術が行われた。1914年の川合春充著『心身強健術』には、腹式呼吸を提唱した二木謙三の序文があり、その中の「新式椅子運動法」には「腹式呼吸」が含まれる。

　この指導は、1919年の第5回から松元稲穂（1883-1952）が担当する。松元が指導したのは、1917年紀元節（2月11日）に完成させた「家庭体操」である。これが1920年創案の「国民体操」の始まりで、修養団を拠点に農村青年団へ普及していく。松元の「国民」は、零細な農民や低賃金重労働の工具を意味していた。松

元は、協調会の労務者講習会でも、1921年から国民体操を指導した。

松元は、1925年から「国民体操研究所」を名乗り、翌1926年に『健康読本国民体操』を刊行する。

本書によると、国民体操の主眼は、呼吸器病と消化器病を根本的に撲滅することであった。約3万人を対象とした愛知県某工場における1922年の国民体操実施成績では、実施前の病率2.99%が1.54%に減少したという。

図52. 山上の天幕生活－1915年福島県桧原湖畔の修養団講習会場（帝国教育399）

国民体操は、毎日5分間実施する12種の運動である。手・足・首の3種の準備運動で始まり、主運動に相当する体幹の5種の「胃腸病強健運動」と4種の「肺強健運動」からなる。肺強健運動は、負荷の大きい「上下肢の運動」である「天衝き運動」を最初に、胸式呼吸の「霊気吸込運動」、腹式呼吸の「疲労回復運動」、胸腹式呼吸の「肺尖強健運動」で終わる。

胸式呼吸を含む過半数の運動は、明らかにスウェーデン式である。腹式呼吸と胸腹式呼吸は静的呼吸法の受け売りである。しかし、腹の運動である「ヨイサヨイサ運動」は、和船の櫓を漕ぐイメージの俗称「船漕ぎ体操」であって、「天突き体操」とともに、洋式体操にはない松元の創作である。

国民体操の知名度は急速に高まり、1923年の第6回極東選手権競技大会では、国民体操が大阪市青年団1500名によって演じられるに至った。
　そして、松元は、1927年12月に文部省体育研究所事務嘱託の無給体操部員となり、ラジオ体操で知られる「国民保健体操」作成に参画する。しかし、完成したラジオ体操は、Yシャツにネクタイの図解が象徴するように、主に簡易保険との長期契約が可能な給与生活の健常人を対象とした保健体操であった。ラジオ体操に腹式呼吸はない。
　以後、腹式呼吸は保健体操から姿を消す。しかし、総力戦下の「体錬」でも言及せざるを得なかった。

5．運動体育展覧会の呼吸体操

　1922年4月30日から1ヶ月間、各方面の参加を得て、文部省主催の運動体育展が東京博物館で大々的に開催された。1921年に学校衛生課を再設置し、その担当事項に初めて「体育運動」を加えた文部省の最初の体育事業である。
　その展示物には、戸山学校による椅子体操などの保健体操の類の紹介の他に、跡見女学校の呼吸体操研究会による「呼吸体操」の図解と実演中の写真がみられる。この研究会は、1921年に考案者の田沢鐐二博士を会長に組織された。その主要8名中には永井潜や吉田章信の名もある。田沢の解説には「全身諸器官就中呼吸器循環器腹部臓器皮膚諸筋肉等を短時間内に限なく一巡鍛錬する目的」とあるから、増健を目指した保健体操である。その操法は、この時出品された自彊術の影響下にあり、全24の運動区分中、呼吸法は「呼吸筋訓練」「胸式呼吸」「腹式呼吸」と胸式と腹式を組み合わせた「合式呼吸」だけに過ぎない（運動体育誌上展覧会：教材集録11-14）。にも拘わらず、これを「呼吸体操」と命名する程、保健体操の関心は呼吸に向けられていたのである。

6．体錬科の腹式呼吸

　総力戦下の1942年10月、文部次官名で「国民学校体錬科教授要項実施細目に関する件」が通帳された（発体171）。9月制定「国民学校体錬科教授要項」が具体性に欠けていたからである。

　その「呼吸」は、「深呼吸」だけでなく、新しい概念である「呼吸調整」を加えた。「切迫せる呼吸を正常に復せしむる為必要に応じ実施」するとある。体錬の厳しさに対処する呼吸法である。しかし、深呼吸は「胸式深呼吸」を「本体」としながら、高学年には「適宜腹式深呼吸を行はしむるも妨げざること」とある（学徒体育2-6附録）。

　建前である体錬の陰には、虚弱化の危惧が存在したのである。

16章　スポーツの興隆とマスゲーム[13)][42)]

　1923（大正12）年3月、月2回発行の『アサヒスポーツ』が創刊された。これ迄の"読む運動"の時代から"見るスポーツ"の時代へ移った象徴である。

　この見るスポーツの興隆は"見せる体操"の時代の幕開けともなった。

　「マスゲーム」と呼ばれる集団体操演技が、1925年の第2回明治神宮競技大会陸上競技場の大観衆を前に、初めて出現したのである。

1．スポーツの興隆と体操

　第一次世界大戦後は、平和維持のための国際協調が図られた。1920年の日本を含む42カ国加盟の国際連盟発足である。提唱したアメリカは加盟しなかった。

　同時に、第一次大戦で幕を開けた総力戦の時代に対応する政策も始まった。

（1）大日本体育協会の改組

　スポーツの国際協調には、国際競技会参加を軌道に乗せる国内体制を欠かせない。しかし、オリンピック大会に日本を代表する大日本体育協会は、国際競技会に関与するには弱体過ぎた。そのため、もう一つの国際競技である1913年東洋オリンピックに始まる極東選手権競技大会には、極めて消極的であった。

　国内最初の国際競技は、1917年5月の東京芝浦で開催された第3回極東選手権競技大会である。しかし、その主催者はハッキリしない。極東大会終了後の『柔道』6月号に「国際的大会を開くについては、相当の組織と役員が必要である。然るに我国には予め其等の任務を引き受けるに足る丈の組織も役員もない」とある。この筆者は、大日本体育協会長の嘉納治五郎である。

　その後も、極東大会に積極的な陸上競技関係者と消極的な体協の対立は深まる。

その終着点が、わずか7団体に過ぎないが、1925年の大日本体育協会の競技団体連合への改組である。改組の火付け役は、ほとんどが陸上競技関係者である体協関西支部と東都の大学運動部であった。

　改組した体協に体操が加盟するのは、その5年後、第10回ロサンゼルスオリンピック大会を控えた1930（昭和5）年である。

　この改組に至る過程で、1923年の第6回極東選手権競技大会は大阪開催と決まった。大阪開催は、対立の中での妥協の産物であって、大会の成功には関西競技界の意地が懸かっていた（運動競技界 2-4）。その象徴が、大阪市による本格的競技場の建設である。

（2）内務省「明治神宮競技大会」

　1924年は、内務省が青年団を念頭に体育スポーツ政策を顕在化させた年である。

　手始めの施策は、地方庁の青年団担当者を東京に集めた「運動奨励に関する講習会」である。「社会の現状を眺め国家の前途を想ふ時、今や正に健康なる身体と健全なる精神とを保有せる国民を要望すること最も大」が、その趣旨である。その行間には、自由主義と社会主義が青年層へ浸透することへの危惧が滲み出ている。

　もちろん、「国民保健の大局上」上級学校門外不出のスポーツを、「民衆化」にとどまらず、「生活化」させるという内務省保健課長の願望にも偽りはなかった（アスレチックス 5-2、1927）。

　この講習会の講義録が、1925年発行の内務省編纂『運動競技全書』である。その「各論」は「体操」に始まる。「学校体操」を高師教授大谷武一、「軍隊体操、其の基本、応用及び競技」を戸山学校教官大井浩が担当した。

　大井は、1927年に『アルス運動大講座』で「マスゲーム」を執筆する。

　続く施策が、明治神宮祭の一環である第1回明治神宮競技大会の開催である。11月3日明治節（明治天皇誕生日）を最終日とし、参加者を、学生に限らず、青年団と軍人に迄広げた全国的規模の総合競技大会の最初である。もっとも、青年団競技は、開催16種目中の4種目（陸上競技、水上競技、剣道、相撲）にとどまった。その準備には半年を要した。全国から選手を集めるため、外地を含む地方予選が欠

かせなかった。主会場は、完成したばかりの明治神宮外苑陸上競技場である。

　古代オリンピック競技を模したのであろうが、神事奉仕の形式を採用し、国民の身体的鍛錬と同時に、民族精神の昂揚を目指す国家的一大行事であった。

（3）文部省「全国体育デー」

　文部省は、1921年に学校衛生課を再設置した。その所管事項の一つに「体育運動」を加え、翌1922年「運動体育展」を東京で開催し、全国主要都市を巡回した。学校体育にとどまらず、社会体育の啓蒙普及に着手したのである。

　さらに、文部省は、1924年から11月3日明治節を「全国体育デー」とした。内務省の明治神宮競技大会が最重要視する閉会式の当日である。

　運動会、競技会、体操会、競技検査などが予定された。「体操会」は「合同体操」で、「健康増進」の前に「協同一致の精神」が強調された（体育と競技5-11）。

　体育デーは、明治神宮競技大会を主導する内務省に対抗する文部省の縄張り意識の泥縄策に過ぎなかったのである。

（4）文部省「体育研究所」

　1924年で注目すべき文部省の施策は、「体育研究所」の開設である。この開設は、「列強中最も不良」の国民体位を自前の研究で改善する事を意図したもので、1916年以来の懸案であった。

　設立時の官制では、技師・技手とも最低限の各2名、技師は運動生理衛生学の草分け吉田章信と高師の代表的存在である大谷武一、技手は松井三雄（心理学）と秋田義雄（医学）であった。1927年に技師・技手ともに各6名で完成し、研究は8部編成となった。うち実技は、体操、遊戯、競技の3部である。

　「体操部」は、大谷武一が部長で、学校体操科を念頭に「教練・武道・水泳其の他遊戯部・競技部に属せざる諸遊競技」を担当した。明治以来の外国追随からの脱却を目指したのである。

　体育館は、図面には「体操武道研究室」とあるが、「体操研究室」と命名された。北欧並みのスチーム暖房付で、各種体操器械の他、バスケットボールのゴールとバレ

ボールのネット取付具も設置された。7.5間（13.5m）×11間（19.9m）、高さ28尺（8.5m）であるから、競技用ではなく、研究用の小体育館であった。

「競技部」は、野口源三郎が部長で、陸上競技会を念頭に「走・跳・投技及び競技会管理並びに運動場に関する事項」を担当した。体協が陸上競技を中核とする競技団体連合へと改組される趨勢と、オリンピック大会に占める陸上競技の主競技的地位を反映している。

『体育研究所研究概要：第一巻』は、1935年までの主な研究を摘録した。83題中「実技的研究」は13題、その内6題が大谷の低鉄棒、自然歩、日本国民体操を含む体操部の研究であった。競技部の研究は4題である。

（5）学校体操教授要目の改正

1926年5月、学校体操教授要目が改正された。主な改正は、以下の通りである。

体操は、基本的には従来通りのスウェーデン式であるが、「腹の運動」中の倒立を「倒立及転回」に格上げし、跳躍運動に縄跳、片足跳、垂直跳を加えた。巧緻的運動を加えたのである。また、操法ごとの号令・指示まで明示した。

競争遊戯、唱歌遊戯、行進遊戯だけだった「遊戯」に「走技、跳技及投技」を加えて「遊戯及競技」と改称した。競技界の主役となった陸上競技は、体操科でも地歩を確立したのである。

「撃剣及柔術」は、「加ふることを得」のまま、「剣道及柔道」と改称した。撃剣柔術採用時から指摘されていた技術主義の是正を、名辞に托したのである。

（6）『体操教範』の体操

陸軍は、第一次世界大戦の教訓から『体操教範』の改正に着手し、1922年『体操教範草案』を経て、1928年改正『体操教範』を制定した。「基本体操」は、原則的にスウェーデン体操であるが、「応用体操」には競技スポーツの転用が見られた。

新設の「早駈」（疾走）では、「発進」にクラウチングスタートを図解で示し、「走法」には「上体を僅に前に傾け足尖に十分力を加へて運歩を速にし股を成るべく高く挙げて歩幅を広くし前方を直視」の文言に、執銃での図解を併用した。遮蔽物の

ない射界を重視する機関銃の時代に対応するため、小銃時代の障碍物通過に加え、短距離走法を利用したのである。「投擲」の項も新設された。第一次世界大戦の塹壕戦が、手榴弾の多用を出現させたからである。その訓練には、手榴弾のほかに「鉄弾」が使用された。図解は紛れもない砲丸投擲である。新設の「扛挙(こうきょ)、運搬」の項には、土嚢のほかにバーベル扛挙の図解が見られる。

　また、必須でない「附録」に「団体競技」を加えた。「籠球」「投球戦」「球戦」の3種である。斉一的集団戦闘が困難な場面における有機的集団戦闘に必要な「企図心、独断専行、協同連繋、敢為、犠牲等の諸性並瞬間的判断に伴ふ軽捷機敏なる活動力」を集団球戯に期待したのである。「籠球」はバスケットボールで、「微妙なる連繋、機敏なる動作を訓練し且勇敢活発なる気力を養成するに適す」とある。ゴール設備がない場合には人で代用したが、多くの連隊がゴールを設備した。「投球戦」は9人制ハンドボール、「球戦」は15人制ラグビーである。いずれもルールを簡略化している。

2．第6回極東大会の体操

　本格的競技場における国内最初の国際競技は、第6回極東選手権競技大会である。大日本体育協会改組以前の1923年5月に大阪で開催された。

　この大会の成功には、極東大会に消極的な体協に対する体協関西支部である関西競技界の意地が懸かっていた。

　この大会開催のため、大阪市は築港地区に本格的大競技場を建設した。200m直走路を有する400mトラックの本格的陸上競技場である。野球場としても使用できる設計であった。6万人収容と称した大スタンドの下には更衣室等があり、6コース50mの屋外プールが隣接していた。

　開場式では、大阪市内各女学校・小学校連合が半輪体操を演技した。学校運動場の100ないし200m周回路の中の集団体操しか見たことのない人びとが、本格的競技場のスタンドから、フィールドを埋め尽くして展開する集団体操を初めて俯瞰した

のである。わが国最初のマスゲームと言えよう。

続いて開催された極東大会でも、「競技の間に」各種の「団体運動」が演技されて「大会を彩った」。運動会の主役であった集団体操が、本格的陸上競技場における脇役に位置づけられたのである。

この団体運動を指導したのは、数名の日本人である。しかし、その「顧問」は、日本のYMCAにおける体育活動の担当者として来日し、極東大会の発足を主導したF. H. ブラウンであった。

図53. 1923年5月、大阪市立運動場開場式における大阪市女学生小学生の連合半輪運動
（運動世界4-6）

図54. 第6回極東選手権競技大会「団体運動」
（第六回極東選手権競技大会記念写真帖：時事新報社）
左上：青年団竹跳競走　　中：左から二人目が秩父宮　　右上：青年団背跳競走
左下：小学生半輪体操　　　　　　　　　　　　　　　右下：女学生連合団体運動

図 55. 第6回極東選手権競技大会の大阪府下　図 56. 第9回極東競技選手権大会（明治神宮陸上競技場）
女学校連合団体運動（同前）　　　　　　　　　　上：東京府立第4中学校 350名の器械体操
　　　　　　　　　　　　　　　　　　　　　　下：女学生の模範演技（アスレチックス 8-7）

　1930年5月、明治神宮競技場で開催された第9回極東選手権競技大会でも、4月に創立したばかりの全日本体操連盟が、第1日目に1時間の「器械体操模範演技」を実施したのを皮切りに、連日、競技の合間に学校単位で30分の集団体操や集団での器械体操を演じた。その準備委員には49名が名を連ねる（アスレチックス 8-7）。

3．「マスゲーム」の提唱

　永井道明は、1911（明治44）年に「体操大会（ジムナスチック、フエスト）」と「遊戯大会（アセリチック、ミーテング）」の2種類があると指摘した（教育時論 397）。
　東京大学から始まった（陸上）競技会は、永井のいう「アセリチック、ミーテング」として順調に興隆を続けた。
　一方、「体操演習会」に始まりながら、競走等に関心を移した学校「運動会」は、競技種目と集団的演技とを混在させたまま今日に至る。永井のいう「ジムナスチック、フエスト」に相当する連合体操会は発達しなかったのである。
　しかし、1922年に文部省主催「運動体育展覧会」が大々的に開催され、「国民体

育の刷新」が叫ばれるようになると、「最近各小学校に於て体操演習会が盛んになって来た」と受けとめられる。「美しい高尚なる演劇」とあるから、体操だけではない（体育と競技 1-7）。優劣を競わない、競技会と違う演技会への関心が生まれた兆候であろう。

　1927 年『アルス運動大講座』が「マスゲーム」を取り上げる。執筆者大井浩は、1918 年陸軍戸山学校教官となり、1921 年 7 月から、スウェーデン駐在を経てフランス陸軍ジョアンビル体操学校に滞在した。1923 年 4 月に帰国すると、戸山学校教官に復帰した。著書に、同年の『青年訓練所の体育参考』と『社会教育講習会講義録』9 巻掲載の「体育運動一般の趨勢」がある。

　大井は、1862 年チェコスロバキアで始まった「ソコール運動」について、チェコ美術復興のためには民族の解放が必要との考えで各地に設置された小クラブが民族独立につながった事、現在では、4 年ないし 8 年ごとにプラーグ郊外で 10 万人に達する大運動祭「ソコールフェスト」が開催される事を紹介し、パリでも、在住者が週 2 回夕方から集まって地味に練習しているソコール運動の日常性に感銘を受けた事を記している。

　また、大井は、スウェーデン駐在中に、毎年開催の全国学生体操競技会を視察したほか、1912 年の第 5 回オリンピック大会の体操が、団体競技、個人競技、デモンストレーションの団体体操の 3 種類であったことを紹介する。

　団体競技は、スウェーデン体操・特定の体操・任意の器械使用の体操の 3 種類に分かれ、16 人ないし 40 人が 45 分以内に演技する採点競技である。現在の体操競技にはない。

　個人競技は、吊索（ロープクライミング）・平行棒・吊環・木馬（跳馬）の演技の合計点を競う。53 名が出場した。現在の体操競技個人総合に相当する。

　デモンストレーションの団体体操は採点しない。人員や運動内容の制限はなく、国ごとに約 40 分の演技をする。男子はスウェーデン 192 名、デンマーク 320 名、ハンガリー 16 名、ロシア 18 名、女子はスウェーデン 48 名、デンマーク 148 名、ノルウェー 22 名、フィンランド 18 名が演技した。

図57. 第5回オリンピック大会陸上競技場におけるマスゲーム
左上：スウェーデン選手の第1種体操団体競技　　右上：スウェーデン男子部の体操デモンストレーション
　　　　　　　　　　　　　　　　　　　　　　　　　　（跳箱5台と首部が分かる鞍馬4台使用）
左下：ノルウェー選手の第1種体操団体競技　　　右下：スウェーデン女子部の入場（アルス運動大講座）

　また、在仏中の人脈で入手した情報であろうが、1924年パリ開催の第8回オリンピック大会の体操についても紹介する。

　競技は、鉄棒・平行棒・吊環・木馬の4種目について、指定演技と自由演技の採点を合計した。参加は9カ国であった。

　第5回大会のような採点種目の団体競技はなかった。

　デモンストレーションは、男女とも16名以上の団体が条件で、2カ国が辞退したため、3カ国だけ演技した。フランスは、男子80名の体操と女子120名のリズムと跳躍とを同時に演技した。デンマークは、上半身裸体の男子25名と女子50名がニル

ス・ブックの指揮でブックの体操を演じた。スイスは、48名を数班に分けて、4段階に設定した鉄棒と平行棒を使って演技した。

　大井は、これらの知見から体操を展望して、「元来ゲームによって進歩せしむべき性質のものでない体操」から「相手を求めて所定の運動を競争」する「ギムナスチックゲーム」と「団体の平素の訓練を一般観衆の前に展開」する「マスゲーム」とが生まれたと指摘し、マスゲームの必要性を強調する。

　「マスゲーム」の語意については、「個々独立的運動である体操」を集団化して「指導者の号令や合図に依り同一運動を団体的に実施をし其出来栄えを彼此比較する」事を、集団の競技を意味する「マスゲーム」と呼ぶようになったと説明する。同時に、マスゲームが「決して体操のみに限るものではなく他の之に類する運動の集団競技」をも包含することも指摘した。

　東京女子体操音楽学校教授荒木直範の遺稿『体育ダンス概論』にも、「マスゲームとしての体育ダンス」の項が予定されていた（アルス運動大講座）。

　大井が明治神宮大会に「マスゲーム」採用を提起したのは、オリンピック大会やソコールでの「マスゲーム」が念頭にあったからである。

　なお、1936年第11回ベルリンオリンピック大会までは、「競技会間に行ふマスゲーム」が見られた。しかし、1937年のIOCワルシャワ総会において禁止され、大会前後の「主催国の国民舞踊（マスゲーム）」だけの演技が認められることになった（読売6.12）。

4．明治神宮大会のマスゲーム

　1924年の第1回明治神宮競技大会にマスゲームはなかった。ホッケー担当の準備委員だった大井は、準備段階でマスゲームの採用を主張した。しかし、競技でないからであろうが、受け入れられなかった。

　マスゲームは、1925年の第2回大会から採用された。

　大井の再度の力説だけでなく、熱心な主張者も現れたのである。

マスゲーム部が新設され、大会一覧表の競技種目の末尾に、競技と同列でマスゲームが記載された。内務省は「本年はこの採点はやらないが成績次第で以後も盛んに之を行ひマッスゲームとして、採点する程度まで盛んにする」事を意図していたようである（国民体育 11-11）。

しかし、マスゲーム準備の実務を担当した松原一彦は、海外の競技会で「マスゲームの名称の下」に行われる「大集団の体育」が「観者をして其の統制ある団体的動作に恍惚として賛嘆措く能はざらしむるものがある」事を論拠に、競技会でも「普遍的に行はれて居る体操を看過してはならぬ」とマスゲームの観衆に対する影響力を重視した（第二回明治神宮競技大会報告書）。採点競技化は考えていなかったのである。

マスゲームは、主会場である明治神宮外苑陸上競技場で行われた。会期 7 日間中 4 日間の計画であったが、戸山学校の演技に再演の要望があり、11 月 1 日に再度実施する事となった。

10 月 28 日は、午前中が開会式とバレーボールとバスケットボールの競技で、午後が「『マスゲームデー』とも称すべき体操時間」であった。

マスゲームは、12 時半から東京市内と近隣（現在の JR 山手線周辺）を含む 74 小学校 6 年男子 6400 名の集団体操で始まった。翌日の朝日掲載のフィールドを埋め尽くした写真説明には「マスゲームの壮観」とあり、記事中には「マスゲーム（団体競技）」「団体訓練を主眼とした体育運動」とある。これを 80 人 80 列に編成し、各列に 2 名の指導員合計 160 名を配した。指揮者は、本郷中学校教頭の元東京高等師範学校教授永井道明であった。正面指揮台に立ってマイクなしの肉声で号令した。バックストレッチに面した芝生席の児童が、合図で一斉に芝生席前の所定の位置に整列し、号令でフィールド内の整頓線に駈け足で展開して体操隊形を作った。そして、号令にしたがって、9 種類の運動からなる体操を 15 分間演じた。その運動の一つは、跳躍台（とび箱）40 台を使用した踏切板使用の跳び上がり跳び下りであった。

内務省は、事前に全小学校と中等学校の代表を集めて打ち合わせをした。しかし、肝腎の演技内容は「印刷物によって其の教程を示した程度」に過ぎなかった。「予算の都合上予行練習をすることが出来ず服装統一の見込なく平常学校で使用してゐる運動服と定めた」とある（国民体育 11-11）。実際は、白シャツ・白パンツ・白帽に

運動靴で揃ったようである。

　当然「異なった学校の児童生徒を集めて、秩序整ひ、行動正確に堂々として場を圧するばかりの壮烈なる体操が行われやうとは予想し得なかった」。これを可能としたのは、学校ごとの練習を担当した160名の「指導員」であろう。「配列の機敏と行動の正確と、これを指揮するに肉声を以てして、一糸乱れぬ進退動作は観者をして思はず涙ぐましむる迄の感激」を与え「教程のままに完了」した。「大スタンド数万の観衆はどよめきをつくって賛嘆の声を発し、やがて急霰の如き拍手」が起こったとある。

図58. 第2回明治神宮競技大会における小学生のマスゲーム（体育と競技4-12）

　午後1時から3時半までが「体育専門学校の部」であった。

　最初は、各歩兵連隊選抜の体操優秀者を教育中の戸山学校下士学生80名による30分間の演技であった。上半身裸体・白ズボンの集団が、軍楽隊演奏裡にトラック1周の入場行進からフィールドに8歩間隔で展開して、14運動からなる体操を演技した。方形の体操隊形で始まり、7・8・9番の運動は円陣で行われた。12番が超越台（跳箱）、13番がバック（短跳馬）使用の跳躍であった。見応えのある演技だった。「好評を博した戸山学校入場」とある（アサヒスポーツ3-25）。アンコール並みに再度の演技を要望されて日程に追加することとなった。

　戸山学校が終わると、東京女子体操音楽学校100名の体操と「軽快なる律動的

舞踊」と評された舞踊が30分、二階堂女塾200名の「創作的な体操と競技の型をとり入れた新らしい運動」である体操・舞踊・各種行進が30分、日本体育会体操学校女子部100名の「標準的なる瑞典式体操」30分、同校男子部200名の棍棒体操、棒（ワンド）体操、「軽快」と評され「興味と心胆の冷味とを交互」に感じさせた人梯（ピラミッド）が30分演技された。

「マスゲームは形式上のゲームとはならなかった」けれども、各校とも「校風校技」があり、「其の実績の上からは正に各学校の競技」であった。しかし、団結と足並みは「外国の入場式に較べて粗末」で、「団体精神の発表」の場としては不満を残した。

10月29日は、正午から1時まで、男子小学校同様、78校から6年の女子6400名を集めて、永井の指揮で行われた。違うのは、「若干の色彩がとりどりに交」じる運動服だったことである。

11月1日は、当初の予定になかった戸山学校の再演であった。

11月2日は、正午から30分間、女子中等学校35校の上級2学年4900名を集め、70人70列で6運動からなる体操が行われた。その第5運動の「舞踊」は、軍楽隊伴奏による「新作」の「明治天皇頌歌ダンス」であった。指導は、国華高等女学校長の元東京高等師範学校教授可兒徳であったが、「池田氏」が号令した。連続体操である軽体操時代の可兒は、スウェーデン体操派の永井のような号令に馴れていなかったのであろう。服装は、運動服または通学服とされたが、「和服を妨げず」とある。運動服の定めのない学校どころか、和服での通学生が珍しくなかった時代だからである。

11月3日は、正午から30分間、男子中等学校16校の上級2学年4900名が、70人70列の方形を作り、永井の指揮で9運動構成の体操を演じた。半数が伸脚、半数が屈膝での跳上り下りには、跳躍台35台を使用した。「訓練を経たる中等学校の生徒だけに」小学児童に比して「行動進退共に機敏正確」であった。服装は無帽・白シャツ・黒ズボンに統一したが、履物は運動靴か黒足袋とされた。女子と違って、経済的に苦しくても実業学校へ通学する男子が多かった時代だからであろう。なお、上級2学年としたのは、東京府全体でも卒業生が約5000の時代だからである。女子も同様であった。

松原の「マスゲームに対する概評」は、「体操による普遍的な基本体育の効果を宣伝するには充分」であり、「この大集団体操の壮観は、過去に行はれた旗体操等の余興的なものと異なり、正確なる体育運動として恐らくは日本最初」であると「今次の成功」を自賛した。
　事実、この大会以降、運動競技会では「殆どこの儘ともいふべき集団体操」が見られるようになり、「マスゲーム」の名も広く知られることになる。
　以後、1927年第4回大会まで、「マスゲーム部」が集団体操を担当する。
　この第4回大会では、10月27日の開会式に、東京女子音楽体操学校と日本体育会体操学校が体操と行進遊戯を演じ、10月28日から11月3日までの昼食時間帯に、東京市内児童5600名、府下小学校5600名、府下中等学校4200名、府下女子中等学校4200名の規模での演技などがあり、国民保健体操や器械体操などの定番化した演技の他、初めて攻防式体操と薙刀が見られた。
　「攻防式体操」は、柔道家工藤一三の指揮で、国士舘専門学校生550名が柔道の15本の打突と5本の形を演じた。嘉納治五郎が、1927年2月に文部省で披露し、翌年冊子とした『攻防式国民体育』であろう。これ迄の西欧的集団体操に日本的集団演技が加わったのである。天皇・国体中心の精神主義を、神道と武道で具象化していく体育スポーツにおける皇道主義の始まりであろう。
　1929年第5回大会から、「マスゲーム部」は「体操部」と改称する。「マスゲーム」が事実上「集団体操」である事、「近来集団的体操と個人的体操を併せ行ふに至れる実情」、そしてオリンピック大会に『ギムナスティック』の種目はあるも『マスゲーム』と称するものなし」が理由である。「全国器械体操団」「器械体操倶楽部」「器械体操協会」が複数並列で行う器械体操を「個人的体操」と決めつけ、オリンピック種目にない神宮大会種目の武道等から目をそらした理由付けである。
　しかし、本音は、1930年全日本体操連盟創立に伴う1931年第6回大会での体操競技採用を想定しての改称ではなかろうか。
　「マスゲーム部」の名称は復活しなかったが、1937年第9回大会報告書には「マスゲーム実施」の文字が見える。

図 59. 攻防式国民体育基本練習図（攻防式国民体育、1928）

　器械体操競技は、1931 年第 6 回神宮大会から競技種目となり、「体操部」が集団演技と競技の両方を担当した。体操連盟が、「合同体操並に特殊体操」を選定し、「器械体操競技」者を推薦して、「体操部演技時間」の「全部を代表」するとある（体操 1-5）。

しかし、翌1932年当時の「一般の頭に入ってゐる」体操は、「大会のデモンストレーション」の集団体操だけであった（アスレチックス10-5）。川本信正は、1939年に「神宮大会といへばほかの競技は別としてもこのマスゲームが楽しみだといふ格別な"フアン"を生み出すほど特殊の地位」を占めると指摘している（読売10.13）。

　「体操部」は、1939年第10回明治神宮国民体育大会から「集団体操部」と「体操競技部」に分割される。そして、「皇国体操」「建国体操」「相撲体操」など、集団体操には皇道主義的色彩が濃くなる。

　なお、1924年10月10日の第1回神宮大会準備の「協議会」では、「器械体操連盟」からの参加申込を「今年は参加せしめざること」と決定した。期日切迫と経費関係とが理由であった。しかも、翌1925年の第2回大会でも、器械体操は採用されなかった。その大会期間中の11月2日に「機械体操部学生連盟」は、三田綱町の慶応運動場で、午前は専門学校対抗選手権、午後は鉄棒・振幅跳・超越台幅跳・倒立時間・横木跳のオープン競技を開催した（読売10.30）。神宮大会には、体操競技採用の意志がなかったのであろう。

　器械体操が神宮大会種目となるのは、1931年第6回大会からである。

　大谷武一は、第1回大会の委員であった。しかし、第2回大会の委員に彼の名はない。内務省の神宮大会に反発する文部省絡みで、体育研究所技師の大谷が参画する環境ではなかったのであろう。

5．広がるマスゲーム

　マスゲームは、明治神宮大会以外でも不可欠の催事となった。

　1930年東京開催の第9回極東選手権競技大会でも、マスゲームが行われた。開催直前の4月19日の読売新聞には、設立されたばかりの全日本体操連盟発表として、「入場料」と一緒に詳細な「マスゲーム日割」が掲載された。体操連盟が準備したのは「マスゲーム日割」ではなく「体操演技一覧表」であった。記者が、これを観客動員力のある「マスゲーム」と勝手に書き直したのである。

「日程」表も、報告書本文も、「体操」である。しかし、報告書の写真 2 葉の見出しは、「マスゲーム」であった。

5月27日東京府下男子中等学校10校1,400名の「連合体操」

5月29日東京府立第三高女と東洋高女の「行進遊技」

図60. 第9回極東選手権競技大会のマスゲーム（同大会報告書）

大阪朝日新聞社は、1935 年 4 月「大楠公六百年祭記念」の目玉として、甲子園野球場で「体操大会」を開催した。集団体操や演奏行進だけのプログラムである。企画担当は、体操とは無縁の陸上競技畑の朝日新聞社員東口真平であった。東口は、「学校や軍隊の門を出でず、社会の一般大衆とは没交渉の状態」の「体操の民衆化、社会化」を「現下のわが体育界の喫緊事」と意気込んだ。しかし、学校以外の出演は「色んな事情からやっとラヂオ体操の参加をみたのみ」であった（体操 5-6）。しかし、反響は大きく、翌年から「日本体操大会」として、年と共に規模と開催地を拡大していく。

この大会と合わせるかのように、森悌次郎は「大海の一葉に等しい島国民の、協同一致の心を培養する意味に於て稍もすれば小さくなり過ぎる集合性を転じて大本に帰趨するの精神を涵養する手段」として、「合同体操」を提唱した（体育と競技 9-5）。

翌 1936 年、「国家的内外非常時」を印象づける二・二六事件が起きた。奈良正一は、「体操の国民運動化」が強調される理由として、「集団体操の特質」の第 1 に「高度の団体訓練」「統制の美」を挙げる（体操 6-5）。

翌 1937 年、北京郊外の一発の銃声が日中戦争へと拡大した。

国家的・民族的団結示威の場であるマスゲームが注目されるのは、時の勢いであろう。

と同時に、他の思惑も加わる。

1938年9月23日の読売は、「わが競技界へ初登場：集団体操と喇叭鼓隊：本社・陸連共同主催："対抗陸上"に豪華版」の見出しで、10月18、19日に明治神宮競技場で開催予定の「全日本東西対抗並に女子三部対抗陸上競技大会」に、全日本体操連盟が「日本においてはじめて競技と体操と音楽との渾然たる三位一体」の企画を準備したと予告した。小中学生4000人の集団体操、小石川高等小学校男子900名の「相撲体操」、都下各小学校女子900名の「律動体操（ミハルス体操）」、女子350名の鼓笛隊「行進演奏」、青年団300名の喇叭鼓隊「演奏行進」、1500名の野口源三郎考案「陸上競技体操」からなる。「マスゲーム」の文字はないが、マーチングドリルまで領域を広げている。この大会は10月9、10日に開催された。「けふの大会順序」には、1時20分から2時10分まで「集団体操」と大書して「徒手体操及びタンブリング」日本体育会体操学校140名、相撲体操1000名、鼓笛隊行進440名、ミハルス体操1000名が列記された（読売10.9）。

翌1939年の「全日本一般対学生並に全日本女子三部対抗陸上競技会に際し全日本体操連盟の協賛による集団体操」については、川本信正が「集団体操の意義」と題して、「集団体操はマスゲームといふ名前で」明治神宮大会から始まり、「格別な"フアン"を生み出すほど」になって、「最近では毎年の春体操祭として集団体操のみのコンクール的な祭りさへ持つまでに発展」したと評している（読売10.13）。

本格的陸上競技場の出現は、関係者や目の肥えた陸上フアンだけでは大スタンドを埋められない空席問題を惹起した。閑散としたスタンドを放置しては、陸上競技の命運にも関わる。スタンドを埋めるため、主競技以外に集客力のある催事が求められた。これが、他所では見られないフィールド一杯に展開する内容で、しかも出費のかからない出し物として、学校生徒を動員した集団演技に目を向けさせ、これを新興の体操連盟が斡旋する慣行を生んだのである。

マスゲームはアトラクションに過ぎない。しかし、演技する学校側にとっては、自校宣伝に資する一大デモンストレーションの場であった。

17章　二つの民衆体操

　1932（昭和7）年の「本年の体操界を顧る」で、森秀は「ラヂオ体操の影響と、昨年、ニルス・ブック氏の来朝とによって、体操の概念が次第に民衆の間に理解せられて、体操に対する旧来の観念が打ち破られ、体操が著しく学校より社会に進出した」と指摘した（体操 2-12）。

　ここでは、ラジオによる保健体操の社会化と、形式よりも可動性を重視する青年向きのデンマーク体操の導入について展望する。

1．永井道明の家庭体操

　学校体操は、五体満足で通学する健常者を集めた学級集団を対象にしてきた。

　20世紀初頭、学校体操である軽体操では物足りない人びとが、「主として腕を強くするやうな運動ばかり」のサンドウ鉄唖鈴体操に関心を示した。反対に、病弱者など運動が無理な人びとは、静坐呼吸法に頼った。

　しかし、これらは両極である。現実には、体力養成より軽度の体力維持、換言すれば保健目的の体操が必要であった。

　1911（明治44）年5月、永井道明は、家庭でできる簡単な体操として『文明的国民用家庭体操』を発表した。日本には「生活の機関を蔑ろにするやうな弊」がある、あるいは「身体の活力は臂に存するものではない」という観点から、「余が先づ勧むる最も簡易なる方法」として、欧米視察中にデンマークで知った「仰向」と「俯伏」の運動8種の後に「沐浴」と「摩擦」で終わるミューラーの10分間体操をヒントに、10種のスウェーデン式操法と終了後の冷水摩擦ないし冷水浴を考案したのである。

　家庭体操の知名度を高めたのは、病弱な皇太子（大正天皇）が、永井を呼んで実

演させたという記事であろう（東京朝日 1912.5.6）。

1916（大正5）年には、中井房五郎（1879－1934）が『自彊術』を発表した。按摩導引と洋式体操とを組み合わせた治療に近い健康法である。

2．桜井恒次郎の紳士体操

九州帝国大学医学部解剖学教授桜井恒次郎（1872－1928）は、学校体操であるスウェーデン体操を解剖学的に批判修正して「合理的体操」を提唱した。これを1920年に石丸節夫が集録した『桜井博士体操講演集』は、形式・技術の伝達を批判して科学的合理性の必要を説いた。その一部では、天然の姿勢を説きながら、背嚢を背負う軍隊の姿勢の特殊性も是認している。

この合理的体操を最初に提唱したのが、1918年の「所謂紳士体操図解」である（体育研究1）。腹式呼吸を含む簡単な13種の操法からなる。知識層である「教育階級」を対象に、「特別注意」として、毎朝起床後直に実行する事、「疲労は此体操の禁物なり」の警句を付して運動の回数を無闇に増加せぬ事、食欲が進んでも無闇に食はぬ事の3点を挙げている。

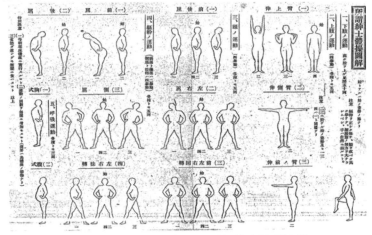

図61．所謂紳士体操図解－Ｂ４判１枚片面活版印刷

1924年になっても、新刊紹介には、桜井式を図解で紹介する岡本足治郎著『紳士体操』が見える（読売11.8）。

3．ラジオと国民保健体操[49]

（1）ラジオ体操の始まり

　逓信省は1916年に簡易保険事業を開始した。満期までの死亡率が経営を左右する官営生命保険である。そのための海外調査中に出会ったのが、1925年に始まった米国メトロポリタン生命保険会社のラジオ体操である。逓信省は、これに注目した。

　しかし、日本のラジオ放送は、この1925年に始まったばかりであった。

　体操のラジオ放送は、簡易保険局が昭和天皇即位の御大典記念放送企画として提唱し、生命保険会社協会と日本放送協会の三者協同で、文部省に体育運動奨励に資する放送用保健体操の考案を委嘱した事で始まる。「保健体育上最も効果あり且つ老若男女の別なく一般大衆が個人として、或は団体として修得実行し得らるるやうに創案」したのである（体操3-11、1933）。

　第1回の打合せ会は1928年5月24日で、7月12日に文部省体育課長北豊吉が大谷武一、森悌次郎、森秀、藤本光清、三浦ヒロ子、松元稲穂の6名を考案者に選任した（体操8-11、1938）。完成した体操が「ラジオ体操」で知られることになる「国民保健体操」、後の「第一」である。

　その放送開始は、1928年11月1日のJOAKによる東京府と周辺の10県のみで、翌1929年2月12日から全国放送となる。

　ラジオ体操は、初めての試みであるから、普及に失敗しない事、民衆に嫌われない事が肝要であった。そのため、五体満足ならば誰でもできる11種の簡単な操法からなる構成となった。1926年改正の学校体操教授要目と比べると、四肢、体幹、首、呼吸運動中の簡単な運動だけで構成され、懸垂、平均、跳躍、倒立転回の運動は皆無であった。

初めての試みである。ラジオでも予告したであろうが、ビラ、ポスター、フィルムでの宣伝は大々的であった。

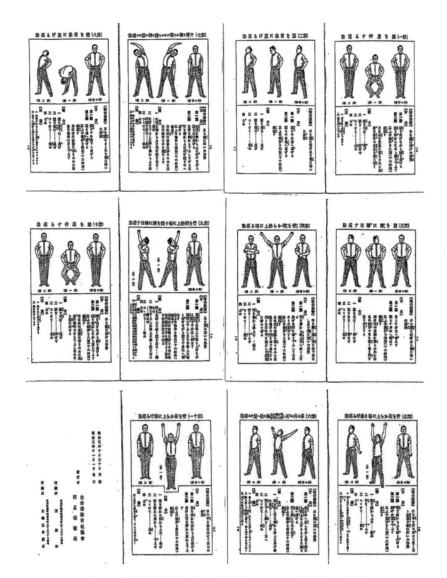

図62. 国民保健体操：ラヂオ体操第1（1928）伴奏曲つき冊子

当初準備した配布物は、体操図解1200万枚、パンフレット55万部、伴奏楽譜10万部であった。膨大な量である。現場指導者には配布の図解類が役立ったであろう。しかし、図解を見ながら放送に合わせて体操するのは難事である。事前に図解で自習できた人がいただろうか。配布物の効果は、宣伝の域を出なかったであろう。

むしろ、国民保健体操のラジオ放送が始まってから、毎日定時に繰り返し聞こえて来るラジオ体操放送そのものが、ラジオ体操の認知度を高める宣伝であった。

ラジオ体操の号令というよりも音頭取りを、「皆さんお早う御座居ます」で始め「一日も休まず、十年間」マイクを通して勤めたのが、陸軍戸山学校軍楽隊の江木理一であった（体操9-9、1939）。ラジオの前で体操する人びとに合わせるように、伴奏音楽を背景にマイクに乗る声で音頭を取れるのは、体操学校である戸山学校の軍楽隊員以外には考えられなかったのである。当時のマイクは、正面で一定の距離を保ったまま発声しないと、音を拾えない代物であった。

（2）ラジオ体操の会

自分一人だけで、国民保健体操をラジオ放送に合わせてできる人は少ない。しかし、大抵の人は、ラジオ体操を知っている人と一緒ならばできる。放送に合わせて示範できる人を養成する、当初「体育講習会」と呼ばれた「健康増進講習会」が各地で開かれた由縁である。会場ごとの開催期間や時間は分からないが、初年度の1928年は24会場延べ3万人であった。以後毎年講習会場は増加し、1933年度は74会場9万人、6年間合計で357会場51万人に達した。

ラジオ体操が放送開始当初から順調に滑り出したのは、この現場指導者養成という事前準備が周到だったからであろう。

この手弁当ならぬ朝飯前の現場指導者が放送に合わせて示範した場所は、小学校や公園であった。人びとは、ここにやって来て示範を真似した。これを繰り返すうちに、ラジオ体操同好の集団が自然発生的に形成されて行く。放送開始後2年余の「国民保健体操継続実行者数調（1931年1月末現在）」は、3895団体121万4513名に達した。

順調に滑り出したラジオ体操の普及を一層促進させたのが、「ラヂオ体操の会」で

ある。その契機は、中山竜次によれば、「昭和五年夏東京市神田和泉町」の「町内有志の自発的意志」であった（体操 3-11、1933）。そして、翌 1931 年には「最近各都市に体操実行の会を催すものが続出し、既に東京市内でも、神田浅草両区内の如き小公園を利用して毎朝 AK のラヂオに合せて実行してゐる団体が少くない」までに拡がった。

これを背景に、「東京府市、放送局、簡易保険局、在郷軍人会東京市内十五区分会連合会、東京市青年団、東京市女子青年団等の共同」で、7 月 21 日から 8 月 31 日までの 40 日間、東京市内と隣接町村の各小学校校庭で、毎朝 6 時「朝起会を兼ねて大衆を糾合し、AK の放送と各指導者の号令」による「大東京市民総動員的の体操実行」が企画された（体操 1-2）。開始前日の 7 月 20 日、ラジオは、横山文部次官と北体育研究所長の講演、および中山副会長の講演「ラヂオによる国民統一運動」を放送した。第 1 日目の 21 日には、永田東京市長の挨拶後、江木アナウンサーの号令に合わせて「市郡各所に於ける会衆 8 万」のラジオ体操が展開した（体操 1-3）。305 会場の参加者累計は 350 万に達したとある。これが「ラヂオ体操の会」の初年度である。

そして、翌 1932 年夏には全国主要都市へ、以後年々町村、工場、鉱山へとラジオ体操の会は広がっていく（体操 3-11）。1936 年夏のラジオ体操の会は 9500 会場 9000 万人を数えた。記事の見出しには「一億人に垂んとする今夏ラヂオ体操の会」とある（体操 6-12）。

ラジオ体操の会は、夏季 20 日間が慣行となった。1933 年 8 月 11 日の AK 管内 578 会場の参加者は、児童 25 万、一般 6 万、計 31 万人である。参加者の大多数は児童だったのである。

1931 年 6 月、中谷重治は「ラジオ体操の普及と民衆体操の将来」と題して「暁明をついて心地よい音楽と勇ましい号令が電波となって吾々の家庭を訪れ毎朝、寝坊達を悩ますラヂオ体操」を「従来曽て(かつ)その比を見ざる普及振りを示した健康法」と位置づけ、具体例に「健康上極めて良好な成績」を収めた逓信局内の医学的調査と、「居房残留が減じ、病気休養者が漸次減少」するだけでなく「食欲増進して残飯量を減じ一方作業能率が上った」山口刑務所とを紹介する（体操 1-1）。

「躍る旭日」に始まり「ラヂオは号ぶ一二三」で終わる応募入選作「ラヂオ体操の歌」の発表は、翌7月であった。「ラヂオ体操の歌」は広く口ずさまれた。このため、文部省製作、東京音楽学校演奏の「体育運動歌」である「栄えゆく」「高鳴る血潮」「若き者」の金1円のレコードは忘れ去られた（体操1-1）。

3ヶ月後に満州事変が始まる。間もなく「非常時に直面して」「精神の作興は健康の増進を俟たねばならぬ」との観点から、「ラヂオ体操の会の興隆は此意味に於て非常時！ 国民に跳躍の強き弾力を与ふるもの」と時局絡みの精神的価値の強調が始まり（体操3-11、1933）、ラジオ体操の会を「国民の自治、協力、統制、親睦といふ古来よりの美風」の現れと位置づけるようになる（体操4-10、1934）。保健よりも、団体性重視の時代に入ったのである。

なお、1935年には、満州国でも「建国体操」と称するラジオ体操を開始した（体操5-8）。

図63. 1930年3月の「民衆体育の展望」
(体育と競技9-10)
上：内務省主催「健康展覧会」三越ホールにおける簡易保険局員の実演（1－20日）
下：18日、高松宮他8殿下台臨の簡易保険局新庁舎屋上における一部局員の国民保健体操実演

図64. 1931年「夏期ラヂオ体操」
(体育と競技10-10)
9月1日－30日、AK（東京放送局）が一般民衆に各小学校で朝6時から30分実施

（3）ラジオ体操第二

1932年は、満州国建国、五一五事件、特別高等警察（特高）設置と、にわかに緊張が高まった年である。その中で7月21日、「ラジオ体操第二」が始まった。そして、これ迄のラジオ体操を「第一」と称することとした。この第二は、4月に文部省山川体育課長を通して、全日本体操連盟に委嘱され、「大谷（武一）氏を首班とする全日本体操連盟研究部員」7名が考案した体操である。

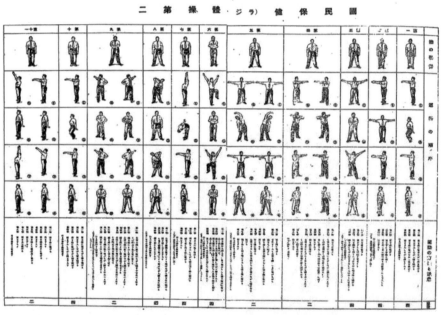

図65. 国民保健（ラジオ）体操第二（一連の体操、1942）

大谷の解説では、「性、年齢、職業の如何を問は」ない第一は「元気旺盛なる青壮年者等には稍々運動量不足」であるから、第二は「少し程度の高いもの」を目指した。第一と第二の併用を前提に、第二の特徴を内臓機能を高める「胴体の運動と脚の運動」を増やし、デンマーク体操化した。「緊張と弛緩とが交錯的に一定のリズム」「律動的」「自然的振動」「伸び伸びと大きく」「総ての運動は呼吸運動」の文言

が見られる。呼唱は1分間に76呼であるから、スウェーデン体操よりも速い（体育と競技11-8）。「第一体操に比し体操の形式には著しい変化を認められないが、前回の経験によって、余程調子よくなっている」「音楽が、ピタリと合ふ」「理想の域に近づいて来た」との評である（体操2-12）。

大谷は、第二解説の末尾を、ラジオ体操によって「健康な身体」と「強力な意志」を獲得し「眼前に横ってゐる一大国難を打開すべく奮闘努力しよう」と結ぶ。ラジオ体操は、保健運動であると同時に、国民精神統一運動である事を鮮明にしたのである。

もちろん、第二実施のための「小学校教員を会員とする指導者講習会」は、事前に全国主要都市で開催され、3773名が受講した（体操4-10、4-11）。

（4）ラジオ体操第三

日中戦争が本格化していた1938年5月、活動的な「ラヂオ体操第三」の「案」の存在が報じられた（アサヒスポーツ16-10）。厚生省は、1月の発足とほとんど同時に、保健体操の強化を企図したのである。

厚生省によるこの体操の初練習の公開は、1939年7月であった。「大日本体操」の発表である。力点は「従来のラヂオ体操にくらべるとかなり程度が高」い「胸胃腸の健康増進」に置かれていた。

菅沼誠一は、「動作が余り大き過ぎて却って運動量を減らす」事になる、「折り目の正しいズボン等は一遍でペシャンコ」になる、「婦人はまずもんぺ位を穿」かないと差し障りがあるという批判に加えて、「尤もこの方が非常時向？」と揶揄する（讀賣7.5、7.9）。

この体操を一部修正したのが、9月発表の厚生省制定「大日本国民体操」である。しかし、「一般的には難解な諸点」があり、「初歩の人や今までのラヂオ体操フアン程度では依然困難」であった（讀賣9.13）。

厚生省は、この体操を2ヶ月後の明治神宮大会までに普及させる計画で、全国13ヶ所での講習会を急いだ。保健体操に新規参入しようとする後発の厚生省の主務官庁としての面子の問題であった。

同時に、厚生省は放送協会と電波に乗せる交渉を開始した。これを伝える9月27日の読売の見出しは、「ラヂオ体操廃止か」であった。そして、この体操が、12月から放送開始の「ラヂオ体操第三」となる。

　第三の放送決定を伝える記事は、「やがては十年お馴染みのラヂオ体操のリズムがマイクから消えて新時代に相応しい勇壮な行進曲のリズムが代って全国津々浦々に氾濫することになる」と、厚生省の強引さを匂わす（読売 11. 19）。

　ラジオ体操は、第三の追加にとどまらなかった。1943年には「新しいラジオ体操が生れます」の見出しで、4月19日に「協議会」が「研究会」を設けて「従来のスウェーデン式を主としたものよりぐっと律動的でしかも筋肉を強く鍛錬するデンマーク式を主に採り入れ」「海軍で採用してゐる体操等も参考に」新ラジオ体操の編成に着手したと伝える（読売 5. 1）。しかし、戦局は2月のガダルカナル撤退で緊迫化し、10月には学徒出陣となる段階での幻に過ぎなかった。

　健康の保持ないし増進のために短時間の体操を慣習化するのは、本来個々人の問題である。しかし、集まって実施すると互いに励みになり、参加する人の輪も拡がる。そして、本来の保健体操にとどまらず、国家を頂点とする共同体意識高揚の集団体操と化して国家体制に組み込まれる。ラジオ体操は、その典型であった。

4．デンマーク体操とブックの来日

　大谷武一は、第一次世界大戦後の欧州における体操革新の動向に注目し、1930年刊『新しい体操への道』で、各種の新しい体操を紹介した。その多くは、デルサルトに始まる音楽と舞踊の素養を要する芸術的な体操である。従来の一連の局部的な骨格筋運動からなる体操とは異質であった。芸術的であるが故に、「体操」と呼ばないものもあった。いずれにせよ、芸術的素養に欠ける人びとが実践できる体操ではなかった。しかし、中には、一連の骨格筋運動の流れを汲みながら、その是正を目指した新しい体操もあった。

　その一つが、デンマーク体操として知られるニルス・ブック（Niels Buhk, 1880-

1950)の体操である。この体操は、特別の素養を必要としないが故に、海外では民衆体操として普及する。

　ブックの体操が日本で知られるようになるのは、1930年頃からである。

　しかし、三橋義雄は「所謂丁抹(でんまーく)体操が採り入れられたのはつい大正十三（1924）年頃から」（今日以後の日本の体操、1929）、今村嘉雄は、デンマーク体操の紹介は1926年5月の学校体操教授要目改正以前とする（日本体育史、1951）。

　確かなのは、1926年1月の『アサヒスポーツ』掲載「デンマークの運動界」が最初であろう。同年秋の神宮大会マスゲームでは、戸山学校が、デンマーク体操の見せ場である跳馬連続跳びを短跳馬で披露した（アサヒスポーツ 4-24）。

　雑誌『体育と競技』の場合は、1927年2－6月号に平林広人が「丁抹ヴァレキル」から寄稿した「丁抹に於ける体操の国民化運動」が最初である。5月号には、Ollerup（オレロップ）のNiels Bukuの体操高等学校で5ヶ月間にわたって基本体操を学んだ森悌次郎も、「丁抹を去るに望みて」と題して、ブックの経歴と体操の概要を寄稿した。しかし、具体的ではない。

　デンマーク体操を具体的に紹介した最初は、1929年5月刊『アスレチックス』掲載の藤井清士「軽体操とスポーツ」ではなかろうか。この「軽体操」の原名は分からないが、ドイツ語の説明文の翻訳つきの体操図解である。器械体操や重手具中心のドイツ体操が、「軽体操」と訳せるような名称を使っているとは考えにくい。また、運動部位ごとに区分しているから、スウェーデン体操系の体操であることは間違いない。しかし、図解は、硬直的な形式重視のスウェーデン体操と異なり、可

図66．「軽体操」と紹介された出典なしの体操
　　　（アスレチックス 7-5）

動範囲の広い操法が目立つ。したがって、この「軽体操」は、デンマーク体操系と考えてよいであろう。これを翻訳するように指示したのは、大日本体育協会会長の岸清一であった。「総てのスポーツの基本を培う」意図で、柔軟性が期待できて多力を要さない徒手体操に注目したのではなかろうか。

書名にブックの名を冠した最初は、B6判31ページの1930年7月発行「No.11」の大日本体育学会入会勧誘を兼ねたパンフレット『丁抹ニィールス・ブックの基本体操』であろう。筆者は大谷武一である。動き出したブック招聘計画の紹介と、ドイツにおけるブックの体操の第一人者の著書を抄訳した内容である。

大谷は、招聘計画を「最初に立てた名誉を有する人」として、興農学園長の平林（広人）をあげる。平林は、1926年に帰国すると、帝国教育会長の沢柳政太郎と相談して招聘の地ならしを始めたという。

しかし、ニルス・ブックのデンマーク体操団の来日は、実現までに3年を要した。成城学園と玉川学園の発案に対し、文部省が難色を示したからである。その理由は、北体育課長によれば、「まだ学校体操要目が発行せられて日尚浅く」、来日すれば「軽佻なる我国体育界」が一大混乱に陥るからである。

しかし、1930年4月、スキーの名手シュナイダー来日歓迎会の席上で、小原国芳がブックの「招聘を仄めかし」たのを契機に、大谷武一の「全日本体育連盟」（ママ）が提携し、小原と南満州鉄道の十河、日本体育会の野崎が資金を準備した結果、「文部省及び体操連盟は精神的に大に後援」する形で来日が実現した。

畠山花城によれば、「体操そのものの劃時代的展開」は急務であり、必要なのは「社会的民衆的に実際生活と相即した体操」で、しかも「従来の科学的なものに出来るだけ情意的要素を加味した体操」であって、「リズミカルなものを要求する」時代の要請に応じなければならなかった（体操1-3）。

大谷によれば、ブックの体操は、デンマークの「国民高等学校」の公認体操である。この体操は、全国の体操クラブで行われているが、「正系の学校」の体操ではない。つまり、「青年の体操」であって、発育段階の児童生徒は対象としない。なお、この学校は、1926年に制度化されたわが国の青年訓練所（1935年に青年学校に改組）に相当する。

デンマーク体操は、「基本体操」と「展示」（見せること）を意識した集団演技の「応用体操」からなる。森悌次郎によれば、「基本体操」は、運動姿勢や形式を重視せず、可動性、敏捷性、律動性（連続性）を有する運動量の多い興味に富んだ社会体操である（体育と競技 9-8、1930）。

ブック来日の直前に、下津屋俊夫は、ブックの言を引用して「基本体操の原則は生徒を真のリング式体操のチームに参加せしむる事が出来る様になる前に此等の欠点を治する事である」と、デンマーク体操が農民らの職業特性である個癖の矯正を目的とした「青年及び民衆の体操」である事、律動的で「時間の空費がなく」興味を伴って「団体意識の訓練」にも効果的である事を評価しながら、「直ちに学校体操殊に小学校児童に適用するが如きは吟味せぬと失敗をまねく」と注意を喚起している（体操 1-4）。

ブックにとって、来日は、デンマーク体操の海外宣伝旅行の一通過地点に過ぎなかった。着京時に「自国民がやってゐる生活上の体育を見せに来たまでで体操の形を教へるのではない、体操の精神を示すつもりだ」と語っている（読売 1931.9.9）。

しかし、カナダへ向かう離日直前の 1931 年 10 月 16 日の読売朝刊は「首相官邸で丁抹体操を実演」の見出しで、閣僚が午後デンマーク体操をみることを報じた。予定等にはない。40 日間の日本巡業中に、大柄な北欧人の男女が演ずる洗練されたデンマーク体操の律動的で連続的な集団演技が、見せる体操として人びとを魅了し、体操界のみならず、国の中枢も注目せざるを得なくなったのではなかろうか。

ブック一行男女 25 名は、1931 年 8 月 31 日奉天着、3 日間公演の後、9 月 5 日京城を経て、8 日に東京へ到着した。18 日から 11 都市で公演して、10 月上旬に帰京、15 日？に横浜からカナダへ向かった。

その間、東京では、9 月 11 日にブックがラジオで放送し、12 日午後と夕方および 10 月 10 日に日比谷公会堂、11 日体操学校、12 日文理科大学で公演した。この日比谷公会堂での公演であろうが、文部省体育課に事務所を置く「ニルス・ブック体操大講習会」は、2 円と 1 円の会員券を運動具店とデパート運動具部で販売した。内容は、実演が連続体操 2 種と「雄大なる跳躍」（跳箱）であり、夜は「デンマルクの夕」として、講演、民謡、郷土舞踊と映画の催しが持たれた（体操 1-3、1-4、1-5）。

跳箱の連続倒立　　　　　　　女子の集団徒手体操

図67．日本体育会体操学校運動場におけるニルスブック体操団の演技

5．デンマーク体操のその後

　ブックの来日は、デンマーク体操への関心に火を付けた。「珍らしきが故」の人気には、ブックの滞在中から批判的記事が書かれる程であった（アサヒスポーツ9-21）。

　1年後の1932年末、森秀は「身体運動の形式そのものは変はり様がない」が、デンマーク体操とスエーデン体操の間には「自然味」の有無という違いがあるとし、ブック来日後「自然化的運動に盲目的に憧仰した傾向」にある事を批判して「新旧両体操を凝視し、真の進む可き道を開拓する必要がある」と指摘した（体操2-12）。

　その後の学校体操は、スウェーデン式体操である学校体操教授要目の範囲内で、「特に東京市に於て極めて広く各小学校」においてデンマーク体操化して行く。師範学校を出たばかりの先生が「習ったこともない」デンマーク体操を「教へなければ」ならない例も見られたのである（読売1934.8.4）。

　デンマーク体操で著名なのは自由学園である。各種学校の自由学園は、体操教授要目の制約を受けなかったのである。

　海軍は、時折戸山学校で体操の研修を受けるに過ぎなかったが、1935年になると、

海軍砲術学校でデンマーク体操を試験的に実施するようになる。その成果は、休止のない豊富な運動量による肺活量の増加と、可動範囲の局限までを要求する運動による筋量の増加、それにともなう体重の増加であった。

デンマーク体操を本格的に採用したのは、1939年の土浦海軍航空隊の飛行予科練習生（予科練）である（海軍砲術学校史、1975）。

予科練の体操は、やがて「丁抹体操のなだらかさと瑞典体操の堅さとが中葉に調和された美しい操作」と評される（アサヒスポーツ20-22、1942）。これが世に知られる契機は、1940年の第11回明治神宮大会における予科練500名の集団演技であった。

1942年12月制定の『海軍体操教範』は、このデンマーク方式を骨子としている。

1937年以来動員態勢にあった陸軍は、デンマーク体操に対する対応が遅かった。教育総監部がデンマーク方式を加えた『体錬教範』の立案を終えたのは、1945年に入ってからである。

現在、各種作業場では、保健・安全・作業効率の観点で、始業時などに全員が一緒に徒手体操をする慣行ができ上がっている。

その代表格のJRは、戦中の鉄道省時代に、「斉藤嘱託が長年に亘る鉄道の業務形態を調査研究の上、慎重な科学的根拠に基き日本的に而も鉄道独自の体操」として、デンマーク式基本体操の「流れを掬む」体操を「各鉄道局毎」に立案した。

その始まりは、1939年8月に、東京鉄道局が他の鉄道局職員を含む80名を集めて2週間にわたって終日開催した「鉄道局体操指導員講習会」である。内容は、講義、デンマーク体操、それに「国鉄体操（斉藤試案）」からなる。試案は15〜20分の「第一案」23種と、その「短縮案」13種の5〜7分である。主任講師は斉藤由理男であった（国鉄体操指導要領、1957）。

これが、1941年3月に「東鉄鍛錬体操」となり（読売3.6）、1943年2月「国有鉄道体操教範草案」に纏められて全国的に制度化された。「全職員は必ず一日一回」実施する国鉄体操である。

18章　全日本体操連盟の二面性

　1930（昭和5）年設立の全日本体操連盟は、日本を代表する体操競技統括団体として、2年後の1932年ロスオリンピック大会初参加を目指して結成された。

　しかし、本連盟の柱には、競技でない体操の振興普及活動がある。競技団体でありながら、非競技団体でもある。本章を「全日本体操連盟の二面性」と題した所以である。

　本章では、この両面のうち、非競技団体の側面を取り上げ、競技団体の側面は次章に譲る。

1．大日本体育協会の改組

　1925（大正14）年、大日本体育協会は、抜本的改組によって競技団体連合となった。ささやかでも独自の世界を築き上げて来た漕艇などの先発7競技が、オリンピック参加を視野に、日本のオリンピック参加代表権を有する大日本体育協会の新生を担ったのである。

　その中に体操はなかった。

　また、1926年から1928年にかけて刊行された全12巻（刊行後4巻に再編集）の『アルス運動大講座』にも、「マスゲーム」はあるが、「体操」はなかった。

　オリンピックでは、第1回アテネ大会から体操競技を採用し、第3回セントルイス大会以外は、主競技場である陸上競技場で競技してきた。

　しかし、日本では、器械体操の競技は、ごく一部の学校間でしか行われていなかった。

　それでも、器械体操はオリンピック参加を目指す。1930年4月13日の「全日本體操聯盟」設立と、10月1日の大日本体育協会への加盟である。

もちろん、国が必要とする学校体操の世界はすでに確立し、保健体操の社会化も始まっていた。

このため、全日本体操連盟は、競技団体でありながら、教育団体でもあるという二足の草鞋を履くことになる。

2．全日本体操連盟の設立

「全日本體操聯盟」（以下「体操連盟」）設立の契機は、「マスゲーム部」を「体操部」と改称して器械体操を加えた1929年秋の第5回明治神宮体育大会で演じられた「都下器械体操倶楽部並体育関係者器械体操団の器械体操競技」が、「一般の目を惹」いたことである（体操2-12）。

これで強気になった神宮大会体操部役員は、「我が国の体操を、国内的には勿論、国際的に進展せしめ様」と体操連盟の創立を決議し、11月22日に発起人が日本青年館に集まった（第九回極東選手権大会報告書）。『第五回明治神宮体育大会報告書』は、これを体操連盟「創立の基礎」とする。森悌次郎は、この「体操天覧を契機に大谷等が設立に努力、曲折はあったが、体操連盟は極東選手権大会が開催される前」に設立されたとする（体育と競技9-7）。

体操連盟の事務所は文部省体育課内に置かれた。文部省外郭団体であった事は、「本連盟の評議員」22名が各府県の「官制による体育運動主事に、続々と任命」された事で明かである（体操1-2）。

体操連盟設立から半年後の1930年11月29日の読売に「体育・体操両連盟合併し日本体操界の統一成る」とある。しかし、1942年になると「本連盟は前身全日本体育連盟の後を受けて」発足したという認識に変わっている（一連の体操）。

この体育連盟は、文部省と中央の知名人が発起人となって、1924年5月12日に設立された「日本体育連盟」である。設立準備段階では、1923年10月17日に学校体育現場指導者を主体に「全日本体育指導者連盟」として発足する予定であった。しかし、1923年9月の関東大震災のため延期となっていた。「国民体育」振興の立

場から「優秀選手の輩出を希ふの余り、動もすれば国民全般の普遍的体育に力を注ぐこと薄」い体育界の現状の是正を目指しての設立であった。モットーは「普く」「絶へず」「正しく」である。会長は、伯爵で東京帝国大学文学部教育学科教授の林博太郎で、事務所は「文部省構内」に置かれた（体育と競技2-9、3-4）。

そこへ、事務所を同じ文部省に置く体操連盟が出現した。競合も甚だしい。文部省体育課にとって、外郭団体は一つで足りる。

体育連盟は、11月28日に文部省会議室で「全日本体操連盟の事業と何ら異なる処なし」を理由に、「両者一体となって体育運動事業の発達を図るべき」であると解散を決議した。こうして、体操連盟が「従来両連盟対立の形であった日本体育界」を担うことになる。

体操連盟は、1931年6月から1940年12月まで、月刊誌『体操』を発行した。「日本体育連盟時代の連盟時報を拡張し」た「研究雑誌」である。また、体操連盟は、体育連盟制定「競技検査」をも継承した（体操1-2）。

全日本体操連盟は、器械体操競技を目指して設立されながら、日本体育連盟の事業を継承する広義の体操団体としての地位を確立したのである。

財団法人化は1933年2月であった。

3．第9回極東選手権競技大会の体操

体操連盟の最初の活動は、1930年5月の第9回極東選手権競技大会におけるエキジビションであった。

『第九回極東選手権競技大会報告書』によれば、その発端は、1929年11月22日に日本青年館へ集まった体操連盟の発起人が、同大会への器械体操参加を企図して、主催者大日本体育協会と交渉に入った事である。参加国に呼びかけて「器械体操競技会」を実現する意気込みであったが、「本回に限り模範演技」に落ち着いた。

「器械体操模範競技」は、大会第2日の5月25日（日曜日）午前10時から11時まで、明治神宮陸上競技場で行われた。前座並みである。鉄棒1種目だけで、難

度を3階級に分けて各級2種類の演技を指定した。この中から、2階級各1種類を選択して演技する。A級（イ）は、巴から蹴上（けあがり）の連続と俯下（ふしおり）、C級（ロ）は、逆手懸垂振上（ふりあがり）から車輪3回、逆車輪2回、宙返（ちゅうがえり）である。出場者は、5月23日の体育研究所における予選会で、50余名（申込順で48名《体育と競技9-5》）中から、中等学校10名、一般5名、大学高専7名、計22名が厳選された。計画は30名であった。

服装は、白メリヤス長袖アンダーシャツ、白長ズボン、白色帯革、白色運動靴と指定された。なお、白色帯革は、端にバックルがある細い革を2本並べて縫い付けた幅広の厚手布製バンドである。フランス陸軍のヘルニア予防の装具らしく、明治初期から戸山学校等で「体操帯」として使用されていた。

「模範競技」ではあるが、体操連盟会長平沼亮三寄贈のカップが用意された。当然「選士」は「必至の努力を傾注して競技！」した。「その美！」に「数万の観衆は破れるやうな拍手」を惜しまなかった。「本競技が極東大会を一層晴れ晴れしいものにしたことを確信する」とある。カップを手にしたのは早大高等科の芳賀真人、授与は31日午後5時からの日本青年館における閉会式の場であった。また、全員に大会参加賞が与えられた。

模範競技の他に、「全国よりの有志」の「器械体操（鉄棒使用）」が27日午後5時半から6時まで予定されていたが、雨天のため29日に延期された。

器械体操の他、集団体操や行進など、12演技が4日間にわたって行われた。特に28日午後は、0時から2時までと4時から5時までの2回に分けて、5団体5000名が出場した。「体操デーの様」であった。

その一つ、YMCAの「平行棒、ピラミッドビルディング、ニールスブック基本体操其の他」は、出場計画100名のところ、実動68名に止まったが、F.H.ブラウンと柳田亨の指揮で「所謂（いわゆる）青年会独特の運動振りを公開して呉れた」。ブック来日の前年である。

また、観衆が「舌を巻いて賞賛した」のは、東京府立四中350名の鉄棒・跳箱等の器械体操であった。

YMCAのピラミッド・ビルディング　　　東京府立四中の器械体操

図68．第9回極東選手権競技大会5月26日のマスゲーム（同大会報告書）

4．東京の体操祭

　「体操祭」の11月3日開催は、1930年9月3日に山川体育課長、岩原体育官らが出席して文部省会議室で開かれた体操連盟理事会で決まった（讀賣9.4）。文部省の後押しがあったわけで、文部省が1924年に内務省主催明治神宮競技大会開催に対抗して設定し、毎年奨励してきた「全国体育デー」の二番煎じであろう。

　その第1回体操祭は1930年11月2日に開催され、翌3日の明治節からの「体操週間」は上野公園と日比谷公園とを会場とした。

　名称に困ったらしく、1934年になっても、適当な名称は「五年この方未だに見当たらない」とある（体育と競技13-11）。

　翌1931年の第2回体操祭の趣意書は、満州事変を意識して「体操の普及発達と体操による国家総動員」に資し「日本国民の意気と力とを広く海外に」示す事を挙げる。体操祭は、「既に欧州各国に於て行はれてゐる」盛大な体操集会が「国運の隆盛と民族意気の宣揚」に資している事に注目した日本版であった。

　この第2回体操祭も東京開催であった。10時に日本体育会体操学校などの生徒2000人が上野公園に集合し、500mに達する4列縦隊で宮城前まで行進して、国歌斉唱、文部大臣訓示、神宮遙拝の後、合同体操を演じて解散した（体操1-6）。

　また、体操連盟は、体操祭にとどまらず、体操祭を主体に「体操週間」を設けた。

1931年には11月2日と3日の午後、日比谷公園で一般希望者を対象に徒手体操と器械体操を指導し、4日午後は白木屋、5日夕方からは日本体育会体操学校で、体育講演、体操舞踊実演、体操映画・レコードの会を開き、4日から6日まで14時から麹町高等小学校で、警視庁工場課・内務省社会局応援による工場・会社指導者40名を対象とする体操無料講習会を「大成功」裡に開催した。講習内容は、赤間の国民舞踊、中谷のラヂオ体操、松元の職業適応体操、杉本の摩擦体操であった。7日午後は、日比谷公園音楽堂における各種器械体操、徒手体操、ダンス、ピラミッドなどの実演で、最終日の8日は、体育研究所における全日本器械体操選手権であった（体操1-6、1-7）。

1932年は、改めて「第一回全日本体操祭」と称した。東京以外でも「文化の象徴ラヂオを通して全国一斉に」体操祭を開催できたからである。内容は、開会の辞に始まり、君が代、国旗掲揚、明治神宮遙拝、訓示の後、国民保健体操第一と第二を実施して、万歳、行進で終わった（体操2-11）。

新しい第1回体操祭参加は、全国3340団体、193万6650名と規模を誇る。しかし、大学高専268校中で参加したのは34校、1万6767名に過ぎなかった（体操3-3）。文部省の協力がなかったのであろう。

また、内務省社会局は「工場鉱山方面では、之に適用せる体操を行へる向もある故、此の方面には勧誘せざる様」注意した（体操2-12）。内務省は、消極的どころか、妨害の態度を示したのである。

その後も、体操祭は、東京では毎年11月3日に人目につかない神宮外苑絵画館の裏手で開催される。

そこへ、もう一つの体操祭が現れた。1935年春、大阪朝日新聞社が大々的宣伝裡に甲子園野球場で開催した「大楠公六百年祭記念体操大会」である。大阪朝日は、好評を収めたこの大会の継続を企画し、翌1936年から「日本体操大会」を開始する。

この大阪朝日に対抗するかのように、体操連盟は、1936年第5回日本体操祭の東京会場を靖国神社に移して6000人を集める。体操祭総裁の「文部大臣式辞」は「津々浦々」で「ラヂオに依る一号令の下に一斉に体操」する意義として「体育的

国民総動員」「国民の団結力」「健康報国の実」を挙げる（体操 6-12）。翌年集計の「第五回日本体操祭実施状況一覧」では、1 万 4151 団体、480 万 2644 名の参加を誇る（体操 7-3）。1937 年の体操祭も、靖国神社を会場とした。

1938 年度予定では、11 月 3 日に日比谷新音楽堂からの中継放送による「第七回日本体操大会」の全国一斉実施と、同所における「体操祭実演大会」の両者を併記している（体操 9-7）。

しかし、自前の宣伝媒体を持つ朝日新聞の大会の前に、体操連盟の日本体操祭は影の薄い存在となってしまった。

最後の日本体操祭は 1939 年のようである。

1941 年 11 月 12 日、第 3 回国民学校体錬大会が「都下約 1 万」を「動員」して明治神宮外苑陸上競技場で開催された。主催者如何に拘わらず、体操連盟の息のかかった体操祭の名残ではなかろうか（読売 11.5）。

5．地方の体操祭

体操連盟が東京での体操祭開催で手一杯だった 1931 年、島根県体操連盟は「体操祭」を開催した。参加は、託児所や赤十字団を含む 729 団体、10 万 9727 人とある。

岡山県では、11 月 3 日の全日本体操祭とは別に、独自の「岡山県体育祭」を大々的に企画した。

その第 1 回は 1934 年 5 月 20 日である。「健康日本の建設と民族精神の作興を目指」して、2 万人を岡山練兵場に集め、国旗掲揚、君が代斉唱、開会の辞、文部大臣祝辞、全日本体操連盟会長祝辞、長官巡閲の開会式に続いて、全員によるラジオ体操第一を連続 2 回、小学校 5 年以上の全員によるラジオ体操第二を連続 2 回、体操連盟の女子中等用「健康体操：第九」、男子中等用「健康体操：第十九」を終わって、国旗降納、国歌斉唱、万歳三唱で閉会した。それから市中を行進して帰校し、解散となった。この「体育祭」の実質は、学校連合体操会である。そして、夕方からは市公会堂でソコール、ラジオ体操、体育デー、スポーツの映画を上映して

いる（体育と競技 13-7）。

　その第4回は、1937年5月22日に、岡山県および県体育協会主催、岡山放送局後援で、岡山練兵場に10万余を集めた。式典に宮城遙拝が加わり、国民保健体操ことラジオ体操第一と第二に続いて、国民歌「吼えろ嵐、恐れじ我等」を合唱、万歳三唱の後、「合同体操会」を開催した。小学児童8000名の「岡山市制体操」を最初に、中等学校生の勇壮な建国体操、鐘紡の「女子保健体操」、「連盟体操」などのほか、山陽高女の「モーメント・ミュージカル」や大音楽隊演奏、建国体操讃歌合唱と多彩であった。閉会式後は、分列行進から街頭行進へと移っている（体育と競技 16-8）。

6．体操講習会

　全日本体操連盟は、学校体操指導者と体操選手の育成を目指して、教員と学生の参加が可能な夏休と冬休に体操講習会を開催した。

　最初の「体操講習会」は、文部省後援で1931年7月30日から5日間、体育研究所で開催された。体育研究所では解剖室を開放している。講師には、京都大学留学中の「独逸器械体操の名手」C. フッパーが加わり、「来年に於ける国際オリンピック競技への光明を与へてくれます」とある。また、藤村とよの招聘で来日中のドイツ体育大学 G. ワルター女史も講師を勤めた。9月に来朝するブックの基本体操も紹介されている（体操 1-2）。

　「第三回器械体操講習会」は、1933年12月に体育研究所で開催、指導者志望と競技者志望の2コースを設けた。講師は、大谷武一、森悌次郎、今村嘉雄らで、参加者は、学校職員、青年団員、工場鉱山指導員、学生生徒、一般からであった（讀売 12.13）。

　第4回体操講習会は、1934年12月25日から5日間、体育研究所で開催された。「理論」と「実地」で、実地は「徒手体操並肋木横木腰掛之部」「鉄棒」「吊環」「鞍馬」「平行棒」「跳箱」「マット並吊縄之部」「各種目並課外指導之部」からなる。

講師15名は、体育研究所、YMCA、師範系教員、ロスオリンピック選手、助手10名は、ロスオリンピック選手とベルリンオリンピック選手候補が名を連ねる。当時の体操界を代表する顔ぶれであった。講習員は「指導者組」と「競技者組」に二分された。「徒手体操並肋木横木腰掛之部」の運動内容から、指導者組が学校体操教員志望者対象であり、競技者組が「徒手」選手対象であった事が分かる。「鉄棒」は、指導者組、競技者組とも低鉄棒と高鉄棒を用いた。指導者組にも、吊環や鞍馬の初歩的運動を実施した。中等学校体操部の指導をも期待したのである（同要項）。

1938年と1939年の事業予定を見ると、講習会の力点が学校から社会・地方へ移り、地方開催を重視している事が分かる（体操8-7、9-7）。

この他、オリンピック候補選手対象の講習会や合宿も行われたが、19章に譲る。

7．保健体操の乱造

週数時間の学校体操は、非日常的な教授訓練としての体操である。簡単に実施できる日常的な保健体操ではない。

大正期になると、学校以外の人士を対象とした簡単な保健体操の図解が発表され始め、その指導に乗り出す人物も現れてきた。体操連盟の中心となる大谷武一も、1924年に発案した「文化体操」を、全国青年団指導者講習会で指導した（体育と競技3-3～3-7）。

昭和になると、1928年にラジオ体操が始まり、保健体操は民衆体操として定着へ向かう。

設立間もない体操連盟も、1931年「家庭摩擦体操」、1932年「姿勢矯正体操」を機関誌『体操』に紹介した。愛知県では、1932年に26工場8,340名を集めて「愛知県工場連合体育大会」を主催している。

このような保健体操への関心の高まりを意識した体操連盟は、1930年から1935年の間に、折りたたみ1枚の説明付徒手体操図20点を「健康体操」シリーズとして発行した。定価は各10銭、送料2銭、まとめ買いは割り引いた。

1. 初等用体操（国民保健体操ラヂオ体操）
2. 初等部体操（小学校初等用）
3. 初等部合同体操（小学校初歩のもの）
4. 中等部男子用体操（男子中等学校儀式用）
5. 中等部男子用体操（男子中等、青年団、工場中等用）
6. 中等部合同体操（男子中等学校、青年団、工場用）
7. 中等部女子用体操（女子中等学校、女子青年団、女子中等団体）
8. 中等部女子用体操（女子中等学校、工場会社等、女子中等用）
9. 中等部女子用合同体操（女子中等学校、女子青年団、工場用）
10. 高等部男子用体操（大学、高専、工場高等用）
11. 高等部女子用体操（大学、高等女子青年団、工場高等用）
12. 民衆体操(1)一般民衆、工場会社等用、国民保健体操
13. 民衆体操(2)保健体操、一般民衆用
14. 民衆体操(3)一般民衆、工場、会社、国民保健用
15. 国民ダンス(1)上州小唄踊
16. 国民ダンス(2)木曽節踊
17. 国民ダンス(3)伊那節踊
18. 中等用体操（国民保健体操、第二ラヂオ体操）
19. 中等部合同体操（男子中学校合同用）
20. 女子用保健体操（女子中等学校、女子青年団、工場女子用）

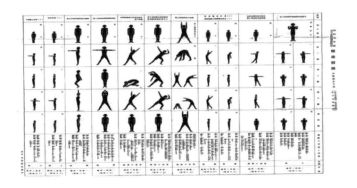

図69. 健康体操：中等部女子用：女子中学校、女子青年団、女子中等団体（1930）

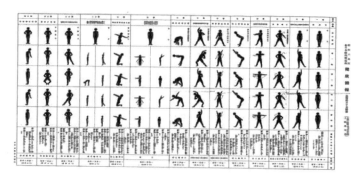

図 70. 健康体操：高等部女子用体操：大学、高等女子青年団、工場高等用 （1931）

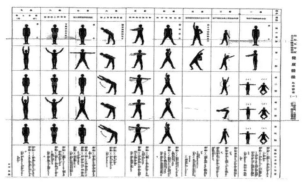

図 71. 健康体操：民衆体操（一）一般民衆、工場会社等用、国民保健体操 （1930）

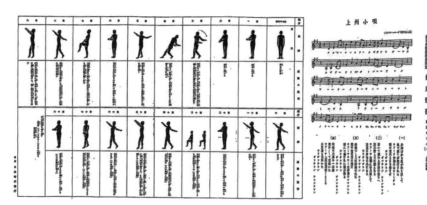

図 72. 健康体操：国民ダンス(一) 上州小唄踊 （1931）

1と12には、ラジオ体操第一が重複している。18は、ラジオ体操第一と体操連盟考案のラジオ体操第二だけである。ラジオ体操となった国民保健体操の成功に便乗し、実施機関ごとに学校程度や職種相応の体操を構成する事によって、連盟の影響力の拡大を企図したのであろう。しかし、所詮はラジオ体操の二番煎じの類が軒を連ねたに過ぎない。売らん哉の保健体操乱造であった。

奇異なのは、「健康体操シリーズ」に民謡を「国民ダンス」と銘打って加えたことである。

この3種の民謡は、1931年に警視庁工場課とその外郭団体である東京工場協会が主催した工場運動競技指導者講習会の講習科目の一つ「民謡踊」で、「工場体操」とともに指導された。保健体操だけでは、地方農村出身者の多い工場での定着は難しかったのであろうか。工員100人以上の工場での実施種目は、遠足を筆頭に野球、庭球、卓球と続き、「設備や費用負担の点に於ても、比較的容易な体操の様なものを実施して居るものが少い」のみならず、工場管理者も「此の種の理解を欠く」のが実態であった（工場体育、1931）。

体操連盟の企画は、図解にとどまらなかった。1938年度予定には、伴奏レコード監修、指導フィルム作製がある（体操8-7）。

1939年、体操連盟は「興亜体操」を作成した。この体操は「体育指導者体操」の注記があり、10分間連続の34運動からなる。この年の第10回明治神宮大会で、「各府県より推薦選抜」の「体育指導をなす（小学校教員を含む）」男子1500名と女子800名を集めて演じられた。「相当に高度の運動」であるが、「立案が良かった」と評された（体操9-10、9-12、10-1）。

1940年には「興亜基本体操」も発表された。男女の体育指導者のみならず、中等学校生徒にも利用できる10インチ盤の「蓄音器」の3分20秒で終わる。学校体操教授要目の「基本的な」14運動を興亜体操から選んだ体操である（体操10-5）。

興亜体操は、厚生省制定の大日本体操に対する、文部省系の対抗意識の産物ではなかろうか。

保健体操の乱造は、体操連盟だけではなかった。

1937年、警視庁工場課は「日本産業体操」を制定した（体操7-10）。1939年秋

には、この体操への加盟工場は「二千数百余」に達し、30余万人が実施中という（読売 10.17）。

「事変の影響」で「国民健康保健思想高揚の波に乗って各種の保健体操が、社会の各層の間に喰入った」一例である。その「特筆すべき」背景として「官庁での体育運動の実施」が指摘されている。「従来は、他人に指令するのみ」だった役所で、「山形あたりでは、知事閣下自らが、庁員にラヂオ体操を号令したといふほど」、お上が旗を振ったのである（体育と競技 16-12）。

翌 1938 年の日本体操祭では、白木屋デパートが「店歌体操」を演じた（体操 8-12）。1939 年には「鉄道局体操」が本格化する。

8．ウォームアップ体操の広がり

準備体操や整理運動の考え方は、明治時代の普通体操（軽体操）にはなかった。

この考え方を紹介した最初は、川瀬元九郎を編纂主任とする 1902（明治 35）年刊『瑞典式教育的体操法』の「準備運動」と「遅徐脚運動」「呼吸運動」である。

これを「ウォーミングアップ」と「クールダウン」と示したのは、1913 年制定「学校体操教授要目」に関する永井道明の解説が最初である。その「教材配列の大方針」は、スウェーデン体操の展開を 3 段階に分け、「血液循環の促進なり呼吸の整理なり精神の鼓舞なり」のための「行進・下肢運動・上肢運動・頭運動等」からなる「始の段階＝着手の練習（"Worming up"）」、「本運動、主運動など謂ふこともある」懸垂や跳躍類を含む「中の段階―中途の練習」、「呼吸及び血液循環等を平静なる状態に復せしむる」ための「下肢運動・平均運動・行進及び呼吸運動」「時には上肢の運動・躯幹側方」からなる「終の段階＝始末の練習（"Cooling down"）」とする（学校体操要義、1913、 学校体操教授要目の精神及其実施上の注意、1914）。

桜井恒次郎も、体操の最初に「全身の血液循環を好良ならしめ」るため「誘導的下肢運動」を配し、最後に呼吸運動を配した（体操教授用図譜説明書、1919）。

1915 年度の陸軍戸山学校講義では、この 3 段階に「準備運動」「主運動」「終末

運動」を当てた（体操学理、1916）。この区分と名称とは、1918年6月制定『体操教範』付表の「基本体操日課の一例」へと受け継がれる。

1920年に鈴木鐐太郎は、この教範の日課例を発展させて、「主運動」を器械運動を含む体操である「向上発達運動」にとどまらず、「自由運動」である「遊戯」へと広げた（体操学理一般）。

1920年代は、1912年の第5回オリンピック参加を転機に、陸上運動会が陸上競技会へと進化し始めた時期である。準備運動・ウォームアップが、体操からスポーツへと拡がるのは当然であろう。

海外の陸上競技界の事情に明るかった野口源三郎は、1918年12月刊『オリムピック競技の実際』で、「補助運動」として、事前の「全身調和的」な簡易体操と走・跳・投ごとの「補助運動としての競技」練習を紹介した。競技者がウォームアップに言及した最初であろう。

しかし、野口が「ウォームアップ」を用いるのは、「ウォームアップの体操」を「競技の練習を始める前、又は競技に参加するに先立ちて行ふところの体操」と定義した1928年刊『改訂陸上競技法』が最初である。

そして、1930年代には、乱造される保健体操図解に刺激されたのであろうが、啓蒙宣伝を意図したスポーツのいくつかが、そのスポーツの技術を組み込んだ準備体操を発表するようになる。

その最初は、1931年の第6回明治神宮体育大会において、攻玉舎中学が演じた「野球体操」で、「野球体操は攻、打、夫々のフォームを表はしたその着想の新奇を採るべきであらう」と評された（同大会報告書）。

1933年には、プールに入って行う水泳の準備体操を試みた学校があった。

1934年の「陸上競技のウォームアップ体操」は、跳躍を意識しているが、とくに「陸上競技」を冠する程の準備

図73. プールに於ける小学生の体操（体育と競技 12-8）

運動ではない。この体操を、森田俊彦は「全身の均衡のとれた発達」のために「体操を利用する事は競技者の忘れてはならない上達の近径(ちかみち)」と評した（体操1-1）。

1937年の日本陸上連盟制定「陸上競技体操」は、野口源三郎が走跳投の補助として考案した運動で、ウォームアップと保健体操の価値を有する「集団体操（マスゲーム）」向けの体操であった（体育と競技16-6）。

図74. 日本陸上代表軍の松本浅間合宿における陸上競技体操（体育と競技16-9）　　図75. 陸上競技のウォームアップ体操、1934年（体育と競技13-12）

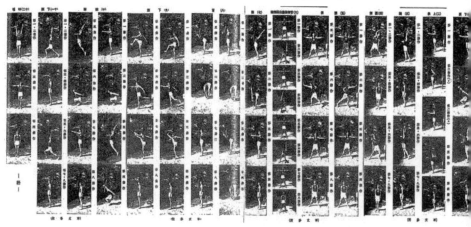

図76. 陸上競技体操図解、1937年（体育と競技16-6）

スキーの場合は、1936年に「スキー術の速成となる」泉掬次郎著『スキーとスキー体操』広告（読売12.9）、1938年に東京YMCAの2日間で会費50銭の「スキー体

操講習会」広告（読売 1.29）が見られ、1940年に準備運動としての「スキー体操」図が紹介されている（学徒体錬 1-2）。スキー場へ行かない時でも、スキー技が頭から離れないスキーヤーを標的としたのであろう。

また、1938年には、東西対抗陸上競技大会において小学生の「相撲体操」が、日本体操祭体操実演会において「杖術体操」と「薙刀団体形(かた)」が演じられた（体操 8-12）。謂わば、かつての武術体操の昭和版である。

大日本体育協会が翼賛体制化へ向かって動き出していた1941年には、ボクシングの技法を念頭に組み立てた「拳闘体操」まで現れている（体育日本 19-8）。

なお、陸軍戸山学校は、1923年刊『体育と体操の理論』に「游泳準備体操」と「スキー準備体操」を掲載した。「準備体操」とあるが、両者とも畳の上の水練の類であって、ウォームアップを主目的としたものではない。

9．競技検査「バッヂテスト」[22]

体操連盟は、1931年5月に日本体育連盟から「競技検査」を継承した（体操 1-2）。

この検査を体育連盟が発表したのは1925年10月である。モデルは米国の Athletic Badge Test で、陸上における競争的な運動に欠かせない運動能力の中から、疾走・跳・投・懸垂の4種目を選んだバッテリーテストである。男女別に12歳と13歳以上に分けて3階級の基準記録を設け、4種目すべてで基準記録を越えた者にバッジを与える運動奨励策であった。

1931年10月、体操連盟は「競技検査」を改正し、男女別に3階級の基準記録を設定した。男子3級は、50m走8秒・走幅跳3m60または走高跳1m10・野球ボール投げ45mまたは籠球用ボール投18m・懸垂4回である（体操 1-5）。

1932年度の「競技検査成績一覧表」によれば、282の実施団体の大半は学校で、参加人員は、男子9万0167、女子7万1863、合計16万2030名、級の取得者は、男子43%、女子23%であった（体操 3-3）。1936年度の実施は、男子が338団体、12万5022名、女子が262団体、10万1003名である（体操 7-3）。

19章　ロスに始まる体操競技[34)43)44)]

　1930年の全日本体操連盟設立の意図の一つは、出遅れた体操競技が直近の第10回オリンピックロサンゼルス大会に参加することであった。それは、直接のロス対策だけでなく、競技力向上を第一義とした国内体制作りから始めなければならなかった。

1．器械体操競技の胎動

　讀売は、慶応義塾が1919（大正8）年6月8日に4校連合器械体操を開催すると予告した。明治末年の大会そのままであった。

　しかし、1923年には脱皮の兆候が見え始める。2月の「器械体操学生連盟」結成である。都下の慶応、日本体育会体操学校（以下「日体」）、早稲田、麻布中、日本体育会設立の荏原中、慶応中等部の6チームが名を連ねた。

　その「第一回器械体操選手権」は、6月に東京YMCAで開催された。綱登8秒8、「倒立競争」時間2分4秒8、同距離46mなど、陸上競技に類する種目が並んだ。ストップウォッチの計時単位が1/5秒の時代である。第2回は11月で、鉄棒、横木（平行棒）、超越台（跳馬）の3種目であった。1926年秋まで慶応が連覇した。しかし、その後は立ち消えになったという。

　種目からみて、「器械体操」には広義の「体操」の概念が活きていた。

　東北地方でも1923年に、弘前高校、東奥義塾などが春秋2回の「選手権大会」を開催している。運動会同様、大会は春秋2回開催の時代であった。

　陸上競技など「諸競技の活動が旺盛なるに比べて、器械運動はやや老顔の域」にあったが、「競技による民衆化等の思い付き」や「器械体操の社会化」によって「器械運動の蘇生期」を迎えたのである（体育と競技 3-9、1924）。

　1924年2月6日の早稲田高等学院対慶応大学の「器械体操対校競技」は、明治

以来の木馬や梁木のある慶応運動場で挙行された。

　すでに、前後の別のない革張りで4本脚が「鉄パイプ」の「高低自在新式」の120円もする鞍馬や、「床上に取付く可くしたる」「総パイプ製」の35円の「鉄棒」が「室内平行棒」および「水平杆」の名称で広告されている（美満津商店懐中用定価表、1913）。

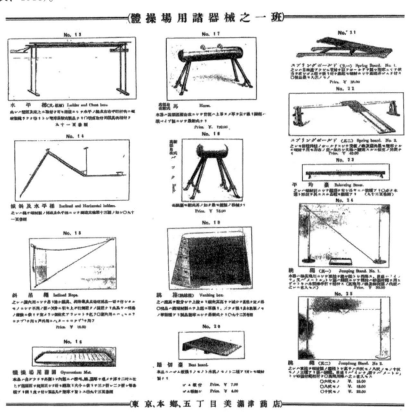

図77.「体操場用諸器械之一班」（美満津商店懐中用定価表、1913）

　しかし、競技で使用したのは、明治以来の旧式の固定木馬や、砂場での鉄棒であった。その木馬使用の「縦開脚跳」からは、腕力の程が窺える。

図 78. 1924 年 2 月の早慶器械体操競技における慶応主将粟屋の木馬の縦開脚跳。
後方は梁木（アサヒスポーツ 2-5）

　1924 年当時には、性質の違う「自由競技」と「応用競技」の 2 種類があった。

　自由競技は、鉄棒、横木（平行棒）、超越台（跳馬）の 3 種目で、新旧 2 種類の採点法の何れかで採点した。「旧競技法」は、各数題の同じ技を交互に演技して、主観で上手な方に 1 点を与え、3 種目合計得点で勝敗を判定した。新「価値採点法」は、水泳のダイビング同様、難易度に応じて配点が異なる。確実優美だけでなく、技の多さを意味する「技術の可能性」を重視するので、少数の得意技だけを練習していたのでは勝てなかった。

　かつては 15 種目あった応用競技は、鉄棒弾道幅跳、鉄棒弾道高跳、<u>鉄棒振幅跳</u>、鉄棒懸垂回数、<u>横木跳</u>（高跳）、<u>超越台幅跳</u>、<u>棒幅跳</u>、倒立時間、倒立距離、倒立 15m の 10 種目に減っていた。いずれも、経験不足でも審判可能な「耐久力、速度、距離の可能性」を追及する陸上競技並みの記録競技である。下線を付した種目を集めた「五種競技」もあった（体育と競技 3-10）。

　この応用体操は、体操競技として見当違いだったわけではない。1924 年の第 8 回オリンピックパリ大会の体操競技には、吊縄（クライミングロープ）があったし、

1904年第3回オリンピックセントルイス大会では、鉄棒、平行棒、鞍馬、走幅跳、砲丸投、100ヤード走の6種目からなる団体競技と、これを前半と後半で2分した2種類の個人3種競技が行われた。1934年現在の「国際オリンピック体操競技規則」でも、個人競技種目に吊縄、マット、棍棒を含めている（体操競技の解説、1934）。岸野によれば、第二次大戦後の1950年の世界選手権ですら、オリンピック6種目の他、特殊種目に止まらず、砲丸投、棒高跳、100m走が行われたという。

　1924年、初めて明治神宮競技大会が開催された。その開催直前の10月には器械体操が参加を申し込んでいる。もちろん、見送られた（同報告書）。

2．ロス以前の全国大会

　1930年4月13日設立の全日本体操連盟は、設立と同時に「器械体操競技規定」、9月に「器械体操競技種目」を制定した。

　この規定に「二、器械体操とは総て器械を用ふる体操を称す」とあるように、徒手（ゆか）の競技はなかった。

　なお、「競技者の服装」は「白メリヤス長袖アンダーシャツ（釦無きもの）、白色長ヅボン、白色帯革、白色運動靴」と規定された。帯革とは革製のベルトのことである。

　これらに基づく最初の大会が、1930年11月9日の「第一回全日本器械体操選手権」である。雨天のため、体育研究所室内体操場で開催された。申込は約100名で、棄権は少なかった。年齢でなく、技量によって、初等部、中等部、高等部に区分し、さらにA、Bの2級に分けて競技した（体育と競技9-12）。参加者の技量格差が著しかったのであろう。規定問題は、懸垂（鉄棒）2技と跳躍または倒立転回（マット）2技で、選択問題は懸垂1技だけの競技であった。第2回も、1931年11月8日に体育研究所で開催された。

　「第一回全国中等学校器械体操選手権大会」は、1年遅れて1931年11月1日に「明治神宮体育大会を奉祝し、その優勝者名を大帝の神殿に奉納する意味を以て」

始まった。文部大臣賞杯が授与された。「全国の中等学校のツルナーの血をわかすことであらう」とある。会場は陸軍戸山学校運動場であった。締切は10月15日で、各府県および6大都市から、A級、B級とも各5名が「府県の推薦を経て申込」めた（体操1-3、1-5）。その中から43名が地方予選区代表者の推薦で出場権を得た。

　以後、男子中等学校の全国大会は毎年開かれ、明治神宮大会開催年（隔年）には、神宮大会の一環とされた。

3．ロスオリンピック参加

　「器械体操は七月廿九日及ひ三十日の両日に於て万国大競争を施行し、都合十六回の組合せ競争ありたり」─1900年パリ開催の第2回オリンピックの体操競技に関する『千九百年巴里万国博覧会臨時博覧会事務局報告』の全文である。1906年のアテネ特別オリンピックの「体操」種目も要領を得ない（10章9）。

　明治維新期からの歴史を有する器械体操は、海外の体操競技についての知識皆無の状態で、1932年ロスオリンピックを目指したのである。

　1931年6月発行の『体操』創刊号巻頭言は「我が国器械体操の国際的進出」と題して、「近年、我国の運動競技はその隆盛と共に凡てが国際場裡に進出した。唯一つ取残されたものに器械体操がある。顧ふに器械体操は元来、之を競技として行ふべきではないかも知れぬ。然し、今日我が国の情勢は之を競技化することに於て、その発達を大いに促進せしむるものである」と国際大会参加を宣言する。

　この月、体操連盟は国際体操連盟（FIG）へ加盟する。

　『体操』2号は「オリムピック準備号」である。その巻頭言「オリムピックへ！」は、体操競技は地味であるから「ファンを得ることは到底他の華々しい競技には及ばない」。しかし、オリンピック参加によって「相当、社会的地歩」を得られるし、日本人の「体躯の倭小」は「さ程大きなハンディキャップとならない」から、「近い将来」「世界体操界に断然頭角を現はす事もさまで難事でない」と断言する。

　遅ればせながら、スポーツとして「追いつけ、追い越せ」に参加する体操の弁である。

ところが、当時は大会毎に実施種目を決定しており、この時点では「ロス体操競技の内容は未発表」であった。

そこで、高木武夫が「よく知られていない」体操競技を、第9回アムステルダム大会を例に紹介した。

「指揮者」（チームリーダー）は列外、選手はユニフォーム着用、跣足(はだし)禁止、競技中の選手交代は不可である。

「団体競技」は、「予備体操」、行進、方向転換を内容とする10－12分の「教練」である。

「懸垂運動」は、鉄棒（高さ2m50・直径28.5㎜）、平行棒（高さ1m65・間隔42㎝・棒の直径54×46㎜）、「パムルホールス」（長さ1m80・幅35㎝・木製把手は直径30㎜・床よりの高さ1m20・馬上より12㎝＝あん馬）、吊環（紐の高さ5m50、木製吊環の高さ2m50・太さ28㎜・内側の直径18㎝）の4種で、各規定1課目と選択1課目の合計8演技である。

「跳躍運動」は、規定課目が固定踏切台（高さ10㎝、馬との距離1m43）使用のパムルホールス（パムルの上まで1m45）横跳びで、随意課目が「棒付或は弾機付踏切台」使用のパムルなき超越台（高さ1m80）縦跳び、合計2演技であった。バー／スプリング

図解によれば、棒付踏切台は、3m50の棒の中央に長さ2m・幅60－70㎝の踏切板の一端を取り付け、棒の両端を高さ40㎝の三角柱の頂点に乗せた構造であるから、踏切板がしなる。弾機付踏切台とはスプリングボードのことで、長さ2mの踏切板の一端を高さ40㎝にした超大型の、現在のロイター板のような構造である（体操1-2）。

かつて1913年の時点で、永井道明は、跳馬とあん馬の違いを識らずに、「超越台」の筆頭に、馬首と馬尾が同型で金属製2脚のあん馬を「精巧なる」「高低自由なる木馬」として、「バック（Back）」（短跳馬）と共に図で紹介している（学校体操要義、1913）。

しかし、誰一人としてあん馬を識らずに、ロス参加の年を迎えた。このため、"pommeled horse"を「パムルホールス」とカナ書きせざるを得なかった。国内予選会競技規則にも「パムルド・ホールス（馬に把手のついたもの）」とある。

明治以来、学校体操で重視されてきた器械、とくに鉄棒には自信があったろうが、

初めてのオリンピック参加である。まして、あん馬は未見の種目である。経験豊富なコーチが欠かせなかった。

　幸運にも、1931年「日独交換学生として京都帝大に来たクリスチマン・フッパー氏」が「独逸器械体操の名手」であった。そこで、フッパーを講師に「予選会の前に種目の準備練習をなし、尚技術の研究を行ふ為」「夏の講習会中までその練習会を開く予定」であることを「国際オリムピック競技への光明を与へてくれます」と期待を込めて紹介した（体操1-2、1-4）。

　このフッパーによる「第十回オリムピック予選種目練習会」は、前日迄に事務所へ申し込んだ者を対象に、7月30日から8月2日迄の4日間、体育研究所で午後3時から開催された。会費は、午前中からの講習会込みで3円（連盟会員及学生生徒は2円）であった。なお、午後6時からは、無料の合同練習会とした。フッパーの指導は、この1回限りであった。

　体育研究所での練習会は、9月11日から1ヶ月間、毎日午後5時から8時まで行われた。「監督」したのは、連盟主事でロス大会出場選手の本間茂雄であった（体操1-5）。

　ロス出場選手の一次予選会は、この練習会終了直後の10月に行われ、通過者10名が、第6回明治神宮大会の集団体操で鉄棒演技を披露した（同報告書）。このデモの印象からか、「体操は競技ではなく大会のデモンストレーションとして行く様に一般の頭に入って」しまった（アスレチックス10-5）。

　1932年1月発表のロス大会体操競技内容は「難解の仏文を邦訳する」のに「苦心」した（体操2-12）。偶々フランス語が堪能で器械体操の内容を理解できる軍人の永持源次（後、体操協会顧問）が芳賀真人選手の亡父の友人だったので、近藤天が翻訳を依頼したところ、「前回より難しい」ことが判明した。個人競技は、平行棒・鉄棒・「鞍馬」・吊環・跳躍（跳馬）・昇縄（クライミングロープ）・「転回体操（マット、ウオーク）」・棍棒の8種目で、出場枠は3名であった。チーム5名の団体競技は、区分が「懸垂」の平行棒・鉄棒・鞍馬・吊環と、区分が「跳躍」の「馬」、それに「徒手体操」の6種目であった（体操2-2）。区分は別として、オリンピック体操競技の団体種目が初めて現在と同じ6種目になったのである。なお、

「鞍馬」の名称は、これが初出である。

　最終の選抜競技会は 1932 年 6 月 5 日であった。予選通過者 10 名中 2 名欠席のため、8 名中から 6 名を決定した（体操 2-7）。選手と役員 9 名が横浜から太洋丸で出帆したのは 6 月 30 日である。

　第一次大戦当時は「捕虜達が急造の鞍馬」で運動するのを「体操の専門家ですら珍しがって見物」していた。「一般的に普及し始めたのは極めて最近」であって、鞍馬を「所有してゐる団体が十指に出ない」状況であった。演技も「可成り長い長い連続運動になってゐる」から、体力が必要であるし、高さが鉄棒 2m40、吊環 2m50 という身長ハンディもある。「大きい期待を望む事は困難」で「余程順調にいっても先づ勝算は覚つかないと見るのが懸引のない処」であった。「然し、巧緻に長所を有する日本人にとって、四年後に来る伯林の大会には、必ず優秀の成績を挙げ得ることは確信」と、ロス参加によって得られるものを期待する（アスレチックス 10-5）。

図 79. 馬首（左）と馬尾の形状が違う代表選手予選会使用の鞍馬（体操 2-2）

　初参加のロスオリンピック大会の体操競技は、団体 5 位と云えば聞こえはよいが、故障で途中棄権したメキシコを除けば、他の参加 4 カ国と著しい格差のある最下位であった（アスレチック 10-10）。個人種目は負傷棄権が多く、鉄棒は芳賀が 12 名中 8 位、平行棒は佐々野が 15 名中 12 位で芳賀が 14 位、吊環は佐々野が 14 名中 8 位で近藤が 10 位に終わった（体操競技の解説、1934）。

図 80. 全日本体操連盟「第十回国際オリンピック大会派遣体操選手選抜予選会競技種目解説図」(1931.7) のあん馬

図 81. 日比谷公会堂における 6 月 28 日のオリンピック体操選手送別実演会
（体育と競技 11-8）

　1932 年度決算報告では、収入 1 万 0932 円の大部分が体協補助 46％と府県寄附 26％で、連盟の負担は 7％。剰余金よりも少なかった。支出 9 千 154 円の 81％を占めたのが遠征費であった（体操 2-10）。

　帰国後、選手団マネージャーの下津谷俊雄によれば、「一年足らずの練習」の「鞍馬は日本として最初から自信は持てなかった」し、「芬蘭(ふぃんらんど)選手等と練習する間に従来の旋回運動の腰の体勢と異ったフォーム」であることに愕然とした。そこで「鞍馬なども早朝より練習して出陣するといふ有様」であった。鉄棒は、規定が高得点でも選択は低く、「一年前には懸垂上りさへ十分出来なかった」吊環は「世界に伍して遜色なく」演技できた。しかし、「跳

躍の体操」を自負していた陸上競技的感覚の跳馬は、「オリンピック式にするとせぬの違い」を痛感させられた（アスレチック10-10）。本間茂雄は、鞍馬は「衣擦れの音」を出すようなフッパーの旋回と、ロスで見た馬体との間隔十分な旋回の違いに驚いて練習し直したと言う。フッパーがクライミングロープのチャンピオンだったことは、後になって知ったという。

　「敗戦は、技術の巧拙によるに非ずして、その運動種類の未知」による事、「能はざるに非ずして知らざるに在った」事、「将来、リードし得る素質のあることを認識」した事、「器械体操の概念と、之に対する民族的自覚を得た」事、これらが「今回の大会よりの一大収穫」であった（体操2-12）。

4．ベルリンオリンピック大会へ向けて

　ロスオリンピック初参加は、国内各地での器械体操競技会開催を刺激し、「昨年、一昨年に比し」て、全日本選手権大会参加者は3割も増加した。また、「早、慶、文理、日体の対抗競技」である第1回大学高専大会では、著しい「技術の伸展振り」が見られた（体操2-12）。

　しかし、ロス大会直後の1932年9月増補改正の「器械体操競技規定並に競技種目」によると、初・中・高等部と各A・B級の区分に変更はなく、「規定種目」の運動構成は、鉄棒・跳箱・バック（短跳馬）・スプリングボールだけで、平行棒・吊環は「選択種目」であった。まだ、鞍馬と徒手（ゆか）はない。選択種目の「使用器械鉄棒之部」の種目組合せ94通り中には、連続技でない運動もあった。多くの運動は漢文調の名称から判断できる。しかし、51番目の「大和魂」のように、内容を想像できない運動名もある。「蹴上（けあがり）と逆大和魂成功の秘訣」によれば、41番目の「逆大和魂」は「降り方のうちでは初歩的なもので、従ってその習得も容易」とある（体操1-3）。陸軍幼年学校では、鉄棒に腰掛けて力を加えずに、なるがままに後転して着地するのを「大和魂」と呼んでいた。単なる度胸試しに過ぎないが、これが「逆大和魂」ではなかろうか。

このロス大会直後の改正からみると、国際競技は念頭になかったことになる。しかし、これは国内の器械体操競技界の実態を考慮した規定であった。いわば、これ迄の器械体操に馴染んできた二流どころか三流以下の選手層の体操離れを食い止めて、国際化へ近づけるための過渡的措置だったと思われる。
　4年後のベルリン大会へ向けての対策は、これとは別に、トップクラスに対する少数精鋭主義で進められた。
　体操連盟が1933年12月20日から23日まで体育研究所で開催した「第三回器械体操講習会」は、「来るべき三十六年ベルリンのオリムピック」を目標に、「理論的方面」では「オリムピック体操競技について」や「オリムピック体操フィルムの映写会」を、「実際的方面」では「学校体操教材中の懸垂、跳躍運動」を筆頭とするものの、前年の改正規則にない鞍馬を加えて「鉄棒、平行棒、吊環、鞍馬、跳箱、バック、スプリングボールドの運動」を講習した（体操3-12）。
　1935年5月18日から31日まで東京YMCAで開催した「オリンピック体操講習会」は、第1次オリンピック予選通過25名と「指導者推薦の者」が対象の「オリンピック選手練習会」であった（体育と競技14-4）。
　この練習会から2ヶ月後の7月30日、「オリムピック体操第二次予選会」が東京市立一中体育館で開催され、40名が参加した（体操5-9）。「慶応選手」7名は参加できなかった。「日本体操の第二回目の海外進出」である第6回国際学生体操大会が、8月11日にブダペストで開催されたからである（体操5-5）。
　第2次予選会通過15名にロス出場の近藤を加えた16名が、オリンピック候補とされた。この16名を対象に、8月12日から本間茂雄監督による2週間の菅平合宿が始まる（体操5-9）。
　「日本代表」としてブダペストに参加した慶応選手は「独逸を破り、第二位を獲得」した（体育と競技14-12）。
　この実績を背景に、翌1936年10月に結成されたのが、全日本学生体操競技連盟であろう（体操6-12）。
　第11回ベルリンオリンピック大会の日本代表体操選手選抜第3次予選会は、1936年4月11、12日に東京市立一中で開催された。2次予選通過者の他に連盟推

薦を加えて、ベルリン大会の徒手・吊環・鞍馬・平行棒・鉄棒・跳馬の規定問題を実施し、15名を選抜した。現在と同じ6種目である。最終競技会は5月9、10日であった（体操6-2、体育と競技15-5、15-6）。

ベルリン大会は1936年8月であった。日本の成績は、団体が14カ国中9位、111名が参加した個人種目は、武田義孝の42位100.466点が最高であった。1位の得点は113.100であった（体操7-5）。

大谷武一は、「体操を競技的に」始めたのは5年前であるから「上出来」と評価し、「日本人は体操競技者に必要な、あらゆる素質を有してゐる」「最も必要な勇気と忍耐力とに富んでゐる」から「数年の後には」という外人評を紹介した。しかし、大谷は、東京オリンピックを念頭に、「学生上りの云はば若輩」である「学生ティームが幅をきかせてゐる限り、いかに努力しても優勝などは絶対出来ぬ」と経験を重視する（体操6-10）。体操連盟と学生との対立が垣間見える巻頭言である。

5．東京オリンピック対策

オリンピックベルリン大会直前の1936年7月、第12回オリンピック大会東京開催が決定した。

1938年1月の「選手強化座談会」で、本間茂雄は、マスターしている種目が非常に少なくて洗練さも不足している日本選手について、競技歴が平均12－13年の外国選手に対し、日本はまだ「若い競技」で4年の経験しかないのが原因と語る（オリンピック16-1）。経験不足は、依然として選手強化に付きまとっていたのである。

加えて、東京大会が、体操連盟にとって初めての国際大会開催となる。

1937年3月8日、体操連盟は、体協へ「第十二回オリンピック東京大会準備対策案」を答申した。1937年8月に代表選手養成合宿を行い、1938年に体操競技の課題を作成する。10月にはドイツ選手を招聘する他、東洋選手権大会に体操競技を加える。1939年には、役員養成を目的に、オリンピック公開演技大会を開催する。これが計画であった（体育と競技16-4）。オリンピックに準じた集団体操の大体操大

会も懸案とされた（体操7-3）。

　1937年8月の合宿は、2週間の「オリンピック体操選手養成合宿指導会」であった。また、「東京オリンピック体操競技強化対策」として「第一回体操競技種目別選手権大会」を4月25日、6月13日、9月19日に開いた。全6種目を2種目ずつに分けたのである。1部「一般（職業選手を除く）」35名、2部「中等学校」28名が参加した。

　1937年7月刊『体操』には、8月下旬パリ開催の「第七回万国学生競技大会体操競技規定問題」5種目が掲載された。しかし、参加につながる記事はない。

　1938年4月10日、国際体操連盟（FIG）総会への派遣選手選抜大会が、国民体育館で開催された。5日間の規定問題合同練習会参加31名中から推薦された7名だけが演技した。選抜されたのは、慶応の生田廣之であった。なぜか、鞍馬、平行棒、鉄棒、跳馬の4種目だけで、吊環と徒手はなかった。

　1938年6月19日には、「体操選手第一次選抜競技大会」が、参加34名と候補者推薦17名を集めて国民体育館で行われた（体操8-7）。

　この一次選抜には「若干名の選手」に対し「参加拒否の通告」がなされた。IOCの「体操教師はアマチュアと認めず」に基づいて「体操のみにて生活するもの」と並んで体操「専門に教授するもの」すなわち「純体操教師」を除外することになったからである（体育と競技17-7）。

　そして、6月30日、7月1日の2日間、プラハで開催のFIG総会で、本間連盟代表役員は、東京オリンピック規定問題を生田の実演を交えて説明した。女子種目に関する説明はなかった。それどころか、来田享子によれば、日本はIOCに東京オリンピックからの女子体操競技削除を提起している。日本では、1937年にやっと変則的な全日本女子を始めたばかりだったからであろう。国際的に見ても、井上春雄によれば、女子競技はベルリン大会で初めて採用されたばかりであった（オリンピック競技便覧、1960）。

　FIGプラハ総会後、本間は「連盟役員の名を以て」ヨーロッパ各国で東京大会への参加勧誘と状況視察に努め、9月に帰国した（体操8-5）。

　本間が歴訪中の7月15日、日本はオリンピック大会東京開催を返上する。

1938年度計画には、8月下旬のオリンピック第1回菅平合宿練習会と東京での月例合同練習会が見える。

しかし、オリンピック返上決定以降、東京オリンピックへ向けての記事は途絶える。

なお、1940年、日本体操競技連盟主催の「第一回一般対学生」において、早慶系選手の5種目を見たソコール元リーダーのエングランデルは、「歴史の浅いにもかかはらず技術の進歩は立派なもので二三年後には世界の覇権を争ふであらう」との感想を、「残念なのは観衆の少ないこと」とともに残した（読売4.14）。

6．国内競技会の展開

体操競技会は、全日本体操連盟結成の1930年、選手間の技量格差が顕著である事を前提に企画された全日本器械体操競技選手権で始まり、翌1931年の中等学校、さらに1932年の大学高専と続いて、年齢別とも言える学校別大会が生まれ、学校別の枠の中での技量格差を認める企画が続く。

しかし、大正8（1919）年度の『野球年鑑』に始まる朝日新聞社編『運動年鑑』が体操欄を設けるのは、1934年度からである。器械体操が1933年の第4回明治神宮大会の一部に加えられたからであろう。この「器械体操」欄は、他の競技欄があるにもかかわらず、1943年度版から見えなくなる。

なお、体操連盟の念頭に女子の体操競技はなかった。1937年に女子体操競技が始まるのは、国民体育を志向する明治神宮大会の趣旨によるのであろう。

「器械体操競技種目」は1930年9月に制定され、1932年9月に「増補改正」された。初等部・中等部・高等部に分け、さらにA・Bの2級に分けた6区分と細分化している。年齢格差もさることながら、技量格差が著しかったのであろう。規定種目は、鉄棒を主体に、区分で異なるが、跳箱、バック（短跳馬）、スプリングボールドを使用している。選択種目には、鉄棒94、バック4、跳箱34、スプリングボールド8、吊環35、平行棒35の技の名称が列記されている（器械体操競技規定並競技種目、1932）。

競技種目は開催年によって変動した。一気に現行6種目が含まれるようになったわけではない。

変動する論拠を明示した最初は、1935年6月改正「体操競技規定」の「競技種目は競技会の種類に応じ、年度毎に全日本体操連盟に於て決定発表す」である。

種目の範囲は、「器械体操」として鉄棒、平行棒、吊環、跳箱、跳馬、バック（短跳馬）、跳躍板（スプリングボード）、吊縄（クライミングロープ）等、「器具体操」として棍棒（インディアンクラブ）、唖鈴（ダンベル）、棒（ワンズ）等、「徒手体操」として一般徒手（ゆか運動）、組塔（ピラミッド）、倒転（タンブリング）等であった。棍棒は時間制限があり、吊縄は両腕だけの攀登を計時した（体操必携、1936）。

この規定を『運動年鑑』が掲載するのは1939年度版からで、徒手体操は「何れもマット使用可」とある。

これらの中から、団体競技あるいは個人競技の種目を指定したのである。

（1）全日本選手権

最初に発足した体操競技は全日本選手権であった。競技者が技量を競り合う場というよりも、器械体操競技の啓蒙普及の場として始まった。

全日本選手権の名称は、1936年第7回までは「器械体操」であった。「器械」を削って「体操」となったのは、1937年第8回からである。

第1回は1930年11月9日に体育研究所で開催された。初・中・高等の3部を、さらにA・Bの2級に分けた（体育と競技9-12）。翌日の読売夕刊には、写真だけのページの右下に、跳箱とバックでの倒立と脚掛け状態の鉄棒とが写っている。

第3回は1932年11月6日であった。「全日本」とは言うものの、参加は136名で、東京と周辺の学生生徒とYMCA関係者であった。6割以上の得点を挙げた者は25名に過ぎない（体操2-12、読売11.7）。

第3回までの開催日は、最終日を11月3日の明治節とする明治神宮大会の直後であった。体操連盟が神宮大会への参加を希求していた現れであろう。

1933年の第4回は、「明治神宮体育大会体操部体操大会並第四回全日本器械体操選手権大会」であった。神宮大会会期中の10月29日に、「兼」ではなく「並（ならびに）」

として開催された。

　参加資格は「児童生徒学生及一般（アマチュア、教員、軍人、青年団員、倶楽部員其他）」に限られた。

　会場は日比谷公園「大草地」である。雨天の場合の会場は陸軍戸山学校とされた。体育研究所の狭い体操室から、東洋一を誇ったバスケットコート２面を設備する戸山学校の雨覆体操場に代わったのは、参加者が増加したからであろう。

　この時から１部（18歳以上）と２部（17歳未満）に区分された。兵役法が適齢（20歳）未満でも志願を認める年齢と一致する。啓蒙普及の観点で、井の中の蛙のような各地中等学校からの参加の機会を確保さえすれば、特に技量格差を考慮する必要はなくなったのであろう。

　１部の選手権者には文部大臣優勝盾、２部の選手権者には会長牌が授与された。

　種目は１部、２部とも５種目（鉄棒、平行棒、吊環、鞍馬、跳躍）に増えた。「跳躍」は跳馬である。「器械体操」の時代だから、徒手（ゆか）はない。

　１部は、種目別の選手権もあったが、５種目中３種目以上の得点合計による選手権が目玉であった。個別の種目では抜群でも、５種目全部に熟練した選手が少なかったのであろう。

　各種目とも、規定問題と選択問題で構成された（体操3-8）。

　１部の規定問題は、以下の通りである。

　　鉄　棒：懸垂振上（ふりあがり）－倒立－巴－蹴上（ケアガリ）－倒立－車輪－逆車輪－車輪－
　　　　　　臂立（うでたて）後方転回－振跳（ふりとび）

　　跳　躍：水平跳－臂立側転跳

　　吊　環：蹴上－臂立水平懸垂－前方半回転－逆懸垂－背面水平懸垂－
　　　　　　背面蹴上－倒立－両脚両腕後方抜下（ヌキオリ）

　　鞍　馬：右脚左旋回－開脚左転向－両脚右３回旋回－右脚右半旋回－
　　　　　　右後交叉－右脚右半旋回－左脚右半旋回－右脚左半旋回－
　　　　　　両脚左２回旋回－正面下

　　平行棒：蹴上－脚前挙－棒下宙返－後方回転－臂支持蹴上－倒立－
　　　　　　単棒倒立－転回下

2部の規定問題は、以下の通りである。

　　鉄　　棒：懸垂振上－巴－蹴上－振跳
　　跳　　躍（跳箱横）：水平閉脚跳
　　吊　　環：逆懸垂－蹴上－前方回転2回－俯下（ふしおり）
　　鞍　　馬：両脚右半旋回－左脚右1回半旋回－左前交叉－右前交叉－
　　　　　　　右脚左1回半旋回－両脚左旋回－側（正）面下
　　平行棒：臂支持振上－倒立－側下（よこおり）

1935年の第6回の出場者は106名に達した（体育と競技 14-12）。

1936年の第7回は、ベルリンに出場した「オリンピック選手の不出場で競技は淋しかった」が、「観衆意外に多く」、「二部は目覚しい進歩の跡」を示して「一部に伍す」選手もいた（読売 11.16）。

この時の日比谷公園大草地開催が屋外会場での最後であろう。

日中戦争が長期化した1938年の第9回は、5種目に変化はなかったが、「全日本体操個人選手権大会」と称して「国民精神作興体育大会」に包含された。これを境に、「全日本選手権」の名に値する大会は見られなくなる。

追い打ちを掛けるように、1939年10月「日本体操競技連盟」が結成された。事実上の体操連盟の分裂である。その事情は本章7で触れる。

以後、体操競技の全国大会は明治神宮大会に限られていく。

（2）中等学校大会

全日本選手権から1年遅れて明治神宮大会の一環として始まったのが、全日本中等学校選手権である。府県師範と中学に実業学校が参加した。

名称は、1936年の第6回までは「器械体操」を冠したが、1937年の第7回から「器械」を削って「体操競技」となったようである。

中等学校選手権は、学校体操用器械である鉄棒と跳箱を軸とした「器械体操」種目に固執した。6種目を指向する体操競技の趨勢は中等学校の念頭になかった。

1931年の第1回は43名が出場権を得たものの、出場は東京と近県からの30余名にとどまった。しかし、1932年の第2回は、関東以外の8道県からも参加して50

名に達した。技術も「前回に比し、格段の進境」とある（体操2-12）。「中等体操に瀬下優勝す」の見出しで、出場A級18名、B級15名と報じられた（読売10.3）。

1933年の第3回は、「明治神宮体育大会体操大会兼第三回全日本中等学校器械体操選手権大会」と銘打って、神宮大会閉会式当日の11月3日に日比谷公園（雨天は戸山学校）開催と企画された。1部は4・5年生、2部は3年生以下に二分されたが、3年生以下でも1部への出場が認められた。

1部の規定問題は、鉄棒が懸垂振上－巴－蹴上－振跳、跳箱縦の水平閉脚跳、跳箱縦の臂立前方転回の3題であった。

規定問題の成績上位10名だけが選択問題に出場した。選択問題は、1933年6月改正「器械体操競技種目」の中から、鉄棒2題と、バック・跳箱・跳躍板のいずれか1題を選んで、合計3題を試技した。

図82. 第2回全日本中等学校体操選手権大会－1932年10月2日、体育研究所（体育と競技11-11）

図83. 正面水平懸垂（体育と競技12-8、1933）

2部の規定問題は、鉄棒が巴－蹴上－振跳、バックが垂直開脚跳、跳箱横が臂立前方転回であった。選択問題は1部と同様である。

出場者は、体操連盟加盟の各府県団体が1部・2部とも7名以内を推薦できた。
1部優勝者には、文部大臣優勝楯が次回まで与えられた（体操3-8）。

1935年の第5回は東京が上位を独占した。団体は1位が東京府立六中で2位が府立四中、個人は1位と2位が六中、3位が四中である（読売11.3）。参加は1部40校142名、2部28校97名、合計68校239名に達した。「昨年度より一般的に技術のレベルが急激に高くなった」が、「懸垂運動に於て運動の連続法を全然弁へずして参加し赤面」した選手もいる。入賞しなかったが、浜田中学竹本正男が注目された。団体、個人とも総合のみで、種目別はなかった（体育と競技14-12）。

　1937年の第7回は300余名が参加した。団体で1部・2部とも秋田県が優勝し、「体操覇権帝都を去る」が見出しとなった。先発の東京と後発の地方との格差が縮まったのである。前日の東西対抗に出場した府立六中に疲れがあったと同情的で、「欲をいへば跳躍、鉄棒以外の種目が地方的にも普及され全種目で覇権を争ふやうにしたいもの」とある（読売11.1）。

　1938年第8回は、8月30日に京都府立三中体育館で「第一回近畿六府県男子中等学校体操選手権大会」と一緒に開催された。最初で最後の地方開催であった。

　これが中等学校の全日本選手権の最後であろう。翌1939年から、明治神宮大会の中等学校府県対抗が始まる。

　中等学校では、全日本のほかに、東西対抗だけでなく、府県大会などが見られた。

　1933年6月10日に「第二回都下四校連合器械体操大会」が慶応器械体操部主催で開催された。明治・大正期の四校連合の名残であろう。だが、出場校は一変し、優勝府立六中、2位慶応、3位商船とある（読売. 6.11）。

　『運動年鑑』によると、府県単位の中等学校大会は、1934年の第2回全北海道、京都府中等学校、福岡県中等学校、埼玉県下器械体操選手権、1935年の石川県中等学校、福島県中等学校、第3回滋賀県下器械体操大会、第2回愛知県、福岡県中等学校選手権と目白押しである。

　1938年9月25日に「岡山県第三回男子中等学校・第一回小学校器械体操競技大会」が岡山師範校庭で挙行された。「予想以上の盛会」で、中等学校1部（1・2年生）10校、2部（3年以上）12校、小学校尋常科11校、高等科10校が集まった。鉄棒と跳箱の2種目を団体と個人で競技した。中等学校1部の鉄棒は、蹴上－巴－脚懸上－前下と、懸垂振上－臂立後方回転－蹴上－振跳で、跳箱は、横向き

で高さ1mの水平閉脚跳と高さ80cmの臂立前方転回であった。小学校尋常科の鉄棒は、逆上－臂立前方転回3回以上－踏越下と、脚懸上－前回下で、跳箱は縦向き高さ1mの斜開脚跳であった。高等科の鉄棒は、蹴上－巴－脚懸上－前下と、逆上－跳越下で、跳箱は横向き高さ1mの仰向跳であった（体操8-11）。

1934年に第1回東西対抗が始まった。1935年の第2回は7月31日に東京市立一中で挙行され、懸垂と跳躍の2種目を競った。出場者は各12名で、遠く長崎からの上京者もいた（体操5-9）。

東西対抗は1937年の第4回までで中絶したが、朝日新聞社が1940年に甲子園で「第五回全国中等学校東西対抗体操競技大会」を復活させた（体操10-11）。

大阪YMCAは、1934年から「西日本男子中等器械体操選手権大会」を主催した。東西対抗開始の年からである。1936年の第3回では、団体は鉄棒と跳躍の2種目であったが、個人は鉄棒・跳躍・平行棒・吊環・鞍馬であった。海外に明るいYMCA主催だから、オリンピック種目を意識したのであろう（体操7-1）。

関西に対する関東の「第一回関東中等学校器械体操対抗戦」開催は、1936年11月である。団体には16校が出場し、東京府立六中が団体1部で優勝した（読売11.23）。

しかし、翌1937年の関東大会では「採点規則を知らぬ審判」が問題視された（アサヒスポーツ、15-23）。競技会の広がりに運営が追いつかないのは、関東だけではなかったと思われる。

体操競技の校内大会も見られた。1937年6月22日の「茨城県師範学校内対抗体操競技会」は、学級対抗であった。学級全員による10分間の徒手体操と、3名が蹴上－巴－脚懸上－跳越下の懸垂運動、3名が臂立前転の跳躍運動、25名が5回繰り返す合計125試技の連続斜開脚跳であった（体育と競技16-9）。

図84. 茨城県師範学校内対抗体操競技会の徒手体操種目「倒立」（体育と競技16-9）

（3）大学高専対抗

　1932年10月23日、体育研究所体育館に4校が集まって「第一回大学高等専門学校器械体操対抗競技会」を開催した。主催は体操連盟で、実施種目は、鉄棒、平行棒、吊環、跳箱、跳躍板の5種目であった。日本にとって直前のロスオリンピックが初めてだった鞍馬と徒手はない。優勝は日体、以下慶応、早大、文理大の順であった（体操2-12）。

　「第二回全国大学高専（対抗・個人）器械体操選手権大会」は、1933年9月30日と10月1日の2日間、東京文理科大学体育館で開催された。参加は前回と同じ4校、競技は「対抗選手権」と「個人選手権」であった。対抗選手権は、鉄棒、平行棒、吊環、鞍馬、跳箱の5種目で、5名出場して上位3名の得点合計で競った。「超人的選手の独り舞台を或程度阻止」する趣旨で、出場は1人3種目までとした。個人選手権は、徒手体操、棍棒体操、マットの運動、吊縄の運動の4種目であったが、対抗選手権5種目については、種目ごとの最高得点者を個人選手権者とした。対抗は規定問題1題と選択1題である。規定問題は、鉄棒が蹴上－車輪－巴－背面蹴上－後下－蹴上－車輪－宙返、平行棒が臂支持振上－倒立－棒上後方宙返－臂支持蹴上－後外向下、吊環が逆上－倒立－臂立水平懸垂－背面水平懸垂－水平懸垂－後方転回下、鞍馬が右脚左2回旋回－両脚左2回旋回－左旋回－側（背）面下、跳箱が臂立側転跳であった。個人選手権は、徒手体操と棍棒体操が2分以内連続、マットの運動が1分以内で倒立転回連続、吊縄の運動が高さ5m以上の直径3.5cmの縄登りであった（体操3-8、体育と競技12-11）。

　1935年改正「全日本大学高等専門学校対抗器械体操競技規定」は、「対抗」種目に、徒手以外のロスオリンピック5種目、個人種目に、この5種目とバック、跳躍板、棍棒、徒手、吊縄、マットの11種目の中から、実施種目を「年度により連盟に於て決定」すると定めた（体操必携）。

　大学高専大会は、学校対抗を掲げながら、入学してから器械体操を始めるような未熟者のために、オリンピックに定着しつつある6種目以外の特殊種目を大切にしたのである。

1936年10月26日、「全日本学生体操競技連盟」が発会し、体操連盟から大学高専大会の主催権を引き継いだ。大会名も「第一回大学高専体操選手権」と回数を改め、「器械」が消えて、1部2部制を採用した。「慶大、早大、東京文理大、日体の四校は第二部に参加することを得ず」とある。新興の参加校増加に対応したのである（体操6-10、6-12）。1部は、団体・個人とも今日同様の6種目を採用した。「徒手」が加わったから、大会名の「器械」を外したのであろう。特殊種目も、吊縄、棍棒、マット以外は見られなくなった。2部の種目ははっきりしない。

　1940年には、共に「第五回」を名乗る二つの全国大学高専大会があった。しかし、1941年は皆無となる。その事情は本章7で触れる。

（4）全日本女子大会

　1937年10月15日発行『アサヒスポーツ』の記者の関東中等学校大会評に「女子もやりたい」とある。信じがたいが、2週間後に始まる女子の全日本を、運動記者が知らなかったのである。

　1937年10月30日午前、5校18名（東京女子体操音楽学校10名、日体女子部3名、他各1名）が国民体育館に参集した。「第一回全日本女子体操競技大会」が、第9回明治神宮大会の一環として始まったのである。

　実施種目は、低鉄棒、平均台、跳箱、平行棒、徒手運動の5種目であった。その中から、平均台と跳箱を必須とする3種目の合計点を競った。種目別は1種目でも参加できた。演技数は規定1問題と選択1問題で、審判は3名であった。

　また、団体選手権は「行進遊戯及び徒手体操」を5人で集団演技した。「参加資格」には、「生徒学生」のみならず、「学校児童」までも認めている（体操8-7）。

　その日の午後は、翌日開催する「第七回全日本中等学校体操選手権大会」の前触れ役の「第四回中等学校東西対抗体操競技大会」であった。東西各10名が出場し、徒手運動、鉄棒、「跳転」の3種目を競った。「鉄棒運動は、近年著しく進歩し、車輪等のあぶなげな選手の一人も無く臂を交叉して車輪の方向を変換するのに、相当洗練された競技を示した」とある（体育と競技16-12）。「全日本女子」は、前座の前座に過ぎなかったことになる。

この第1回大会の「低鉄棒、平行棒」について「女子としては体質等から努力を要する運動である点より特に留意して簡単な問題」にしたの文言がある（第九回明治神宮大会報告書）。男子のままの「平行棒」で演技したのである。

第3回は、1939年の第10回明治神宮大会の一部として開催された。これを見学した神戸野田高女の評は、「器械体操が女学校に入って来たのは極最近の事であるが、本年の神宮大会に於て、あんなに多数の出場者があり、而も技術優秀であった」と、予想外の進歩ぶりに驚いている。しかし、女子の体操競技は、男子の片手間に過ぎなかった。「平行棒の如きは、男子用をその儘中等学校程度の女子に使用させて支障ないものであろうか」、「男子に行ふべきものを、その儘女子に適用することは避けねばならぬ」、「平均台はあまりに不体裁だった。間に合せの流用品では安定度を第一条件とする競技である以上、生徒が可哀想」と指摘し、「女子体育の実際経験家によって、真に女子向として適切なるものを組立てて欲しい」とある（運動人3）。男子と違って、女子は世界を目指していたわけではない。

『運動年鑑』によれば、この年には、他に神戸YMCA（ママ）主催「西部女子選手権」があっただけである。

1952年度になっても、種目名は、まだ「平行棒」であった。「段違い平行棒」の文字が見られるのは、1953年のドイツチーム招聘が最初である（読売9.6）。

図85. ブラウス、ブルマー、鉢巻きスタイルの女子「平行棒」（第十一回明治神宮国民体育大会報告書）

しかし、1940年の第11回明治神宮大会報告の「体操競技部」の扉写真は、段違い平行棒で演技する女子選手を採用した。種目名は「平行棒」のまま、1940年に初めて段違い平行棒となったことは、上記1939年の平行棒批判からみて間違いない。

なお、1940年には「全日本」の文字が見えない。あるのは、明治神宮大会の「一般女子」の「団体対抗」と「個人競技」だけである。

1941年の明治神宮大会には「一般女子集団体操競技」が加わる。

（5）特殊種目

　1935年6月改正「体操競技規定」は、多くの競技種目を公認した。その中には、バック（短跳馬）、跳躍板（スプリングボード）、吊縄（クライミングロープ）、棍棒、唖鈴、棒（ワンズ）、組塔（ピラミッド）、倒転（タンブリング）もあった。各大会の競技種目は、体操連盟が「年度毎に」「決定発表」するとあるから、「特殊種目」という概念はなかったのである。

　しかし、全日本選手権が、現在の6種目以外を採用することはなかった。

　現行6種目以外を採用した最初は、1931年の第1回全日本中等学校選手権で、1935年の第5回まで、バック、スプリングボード、マットの何れかを、必須の鉄棒、跳箱と並ぶ第3の種目とした。この3種目の器械は、すでに1913年の『美満津定価表』にみられるから、馴染みのある種目だったのであろう。

　なお、1913年の最大のマットは「白ダックを外側とし内部には獣毛、綿、藁等を填めて厚さ二吋（いんち）に仕上げ蒲団面を規則正しく所々を縫取り四つ折りとして握革を付し極めて堅牢」な5尺（1m50）×15尺、75円の「体操場用蒲団」であった。

　大学高専大会は、1932年の第1回から1939年の第8回まで、各大会で2種目を採用した。その累計は、棍棒、吊縄、マット各5回と跳躍板1回である。

　マットは、ゆか運動中の転回の連続であろう。陸上競技並みに計時する吊縄は、戦後も見られた。

　棍棒を採用した大会の最初は、1933年第2回全国大学高専対抗である。その翌1934年6月17日の読売は、「リズムに乗る体操」の見出しで、ミス・リッツン・クローンが成城学園や自由学園で指導した「インディアンクラブドリル」を、「リズミカル」に「初めて公開」したと報じた。明治時代の軽体操式の棍棒操作ではない。美的な競技用の棍棒操作を披露した最初であろう。

7．体操連盟と体操競技連盟

1939年10月に「日本体操競技連盟」が結成された。体操連盟内における私大系と体操師範系との対立から、私大系が別の体操競技団体設立に踏み切ったのである。

その前兆は、1937年11月3日に国民体育館で挙行された第8回全日本器械体操競技大会に見られる。早慶からは学生もOBも不出場で、全6種目を演技したのは、参加19名中10名に過ぎなかった。

この大会を観戦した森悌次郎は、「オリムピック候補の第一次予選をも兼ねる旨公表されてゐたのであるが、多くの優秀選手の故意か然らずしてか、不参加となったのは、何かしら我体操界に、暗雲の低迷する感」を抱き、「我体操界の健全なる発達の為に、選手並に多くの先輩は己を滅するの精神を以て、権謀術数をしりぞけ、公明正大に行動せられんことを熱望」している（体育と競技 16-12）。

一方の当事者であった体操連盟主事の本間茂雄は、1940年12月発行『体操』終刊号に「体操競技界混乱の真相」を残した（体操 10-12）。

その概要は、以下の通りである。

1937年秋に「早稲田・慶応関係の役員が連名で、体操連盟の方針に不満であるから脱退する」と森専務理事に申し入れた。そこで「競技部会総会として双方の意見を交換したのを始めとして」両者3名ずつの代表による数次の会合が持たれた。

早慶関係者の心底には、「好きでスポーツの為にスポーツをやって居る」「伝統ある早稲田・慶応の存在を無視して、高師並に体操学校方面の所謂体育指導者のみを重視」することへの不満があった。これが「体操教師をアマチュアとして、一般競技者と共に競技に出場を許して居るのが怪しからぬ」につながる。

要するに、老舗の私大系と新興の体操師範系の対立から、私大系が体操連盟から分離独立を模索したのである。

その最中の1938年に、「第九回全日本器械体操大会」は「国民精神作興体育大会関東大会」に「包含」された（運動年鑑）。そのパンフレットの「プログラム」には「第九回全日本体操個人選手権大会」とある。第8回までの名称と異なるから、

全日本選手権が改称したことになる。

　さらに 1939 年になると、分裂が表面化する。7 月に大阪 YMCA が開催した「第一回全日本種目別個人体操競技会」の優勝者は、全て文理大とスワロークラブ（日体）の選手だけであった。ところが、10 月 28、29 日に東京 YMCA で挙行された「全日本体操個人選手権」の 1 位と 2 位は、すべて早慶である。

　体操競技連盟の設立は、この 10 月であった。

　1940 年度を記録した朝日新聞編『運動年鑑：昭和 16（1941）年版』の編集は、主催団体が二つあることを浮き彫りにしている。

　まず、記事の冒頭に集めたのが、体操競技連盟主催の 1940 年 10 月 11、12 日の東京 YMCA における「全日本団体対抗器械体操選手権」、11 月 10、11 日の同所における「昭和 十五 年度個人選手権」、9 月 28、29 日の三橋体育研究所における「第五回全日本大学高専体操選手権」の記録である。第 5 回は、見出し並みの大きい太字で「日本体競主催」を際立たせ、見やすい 4 行取りで、1 位慶応、2 位早稲田である事の他、この大会の優勝校が 1936 年以来すべて慶応である事を示した。第 5 回とあるから、1936 年結成の全日本学生体操競技連盟による「第一回大学高専体操選手権」を第 1 回と数えたのである。

　つぎに、同様の形式で「日本体連主催」と大書し、1940 年 11 月 23、24 日に国民体育館で挙行された「第五回全日本大学高専体操競技選手権」を記載した。1 部文理大、2 部横浜高商が「それぞれ連覇」とある。

　1939 年の体操連盟と体操競技連盟の分裂から、1940 年には、二つの大学高専大会が開催され、双方とも「第五回」と正当性を主張したのである。

　1940 年度に、全日本選手権の記述はない。

　『運動年鑑』では、中等学校は別として、この分裂後の 1939 年から東西対抗や地方大会の記事が目を惹く。

　『運動年鑑』1941 年版は、体操連盟の弱体化を言外に物語る編集であった。

　1940 年 12 月 25 日の読売は、「来年に持越される問題」として「体操界を爆撃す」と「対立は進歩を阻む：潔く大同団結せよ」を見出しに、「体操連盟の紛争問題」を社説並みの 6 段組で取り上げた。

まず冒頭で、分裂直後の明治神宮大会の際、「総裁秩父宮殿下からの御下問を拝した事実」があるにも拘わらず、翌1940年にも「文字通り充実した全日本選手権を明治神宮に奉納」できなかった問題の深刻さを、「国際的選手生田以下早慶明の選手が出場せず」、優勝者竹本ですら「率直にいへば辛じてベストテンに入る位」の大会に過ぎなかったと指摘する。また、「インターカレッヂ」に予定した国民体育館の使用が「何故か許可にならなかった」事実を挙げる他、1940年に大学高専対抗が2回開催された「奇怪」さを詳述する。

つぎに「全連」(全日本体操連盟)と「日連(日本体操競技連盟)」の問題について、1939年10月に全連を脱退して日連を組織した「全連の少壮派(主として早慶のOB及びYMCA派)」が、「体協側の注意」で1940年の全日本選手権を明治神宮大会後に延期して神宮大会に「一人も参加しなかった」事、これを、全連の「今村君は本紙紙上」で「本間君が全連の機関誌『体操』誌上」において「難詰」したことに言及し、「些々たる面子をやめて大同団結せよ」と強調する。この延期された「全日本選手権」は、11月12日開催「全日本綜合及び種目別体操選手権」を指す。

この問題は、1941年に入ると一層深刻になる。「連盟内情」から、全日本学生体操競技連盟会長林毅隆が辞任した事である。これは、体操連盟会長平沼亮三の「進退にも」影響しかねない事件であった。林は、慶応で平沼の先輩であった(読売2.28)。

要するに、老舗の私大系と新興の体操師範系の採点競技故の難しさをめぐる主導権争いであって、単に体操競技界のみならず、運動競技界にとっても重大問題だったのである。

1940年9月22日に東京文理科大学体育館で挙行された「第一回全日本師範学校体操競技選手権大会」は、東京の文理大と高師体操部が主催し、全日本体操連盟が後援した。中学校が多数参加する中等学校大会から師範系を分離独立させる動きである(体操10-8、体育と競技19-7)。

一方、体操競技連盟の1941年度計画には、全日本団体体操選手権、全日本綜合並個人選手権の他に「各大学新人戦」が見える(読売1940.12.23)。体操師範系を含む「高専」を削ったのである。

この「全日本」は、1941年夏の「本年度事業」では「東京」に変わる(読売8.19)。

対ソ戦準備の関東軍特別大演習で鉄道輸送が制限され、明治神宮大会以外の全国的大会が開催できなくなったからである。

体操連盟と体操競技連盟の対立は、幸運？にも、競技スポーツ界が翼賛体制に転換する事で終息する。1942年4月の大日本体育会結成に伴う大日本体育協会の発展的解散に連動して、体操連盟も体操競技連盟も解散し、大日本体育会体操部に一本化されたからである。

8．明治神宮大会と体操競技

明治神宮大会が体操競技を競技種目の一つに加えたのは、1931年の第6回大会の「器械体操」である。担当は「体操部」であるが、体操連盟が「体操部演技時間」の「全部を代表」した（体操1-5）。しかし、大会報告書には、11月1日の戸山学校における「全日本中等学校器械体操選手権」しかない。以後、明治神宮大会開催年には、中等学校選手権が神宮大会の一部となる。

「全日本器械体操選手権」が神宮大会に加わるのは、1933年の第7回からで、10月29日に日比谷公園大草地で開催された。

図86．第8回明治神宮体育大会（1935）開会式後のオリンピック代表候補選手による演技（体育と競技14-12）

図87．時間と参加者数の関係で、数名が鉄棒を一斉に演技した「第8回明治神宮体育大会兼第5回全日本中等学校器械体操選手権大会」（体育と競技14-12）

女子の参加は、1937年の第9回神宮大会の一環に「第一回全日本女子体操競技大会」が位置づけられたのが最初である。

1940年の第11回明治神宮国民体育大会では、一般男子団体競技と同個人競技の二本立てで行われた。全日本選手権に代わる競技会の筈であるが、「早、慶の優秀選手の無自覚無誠意なる不参加」のため、参加59名中で全種目を演技できたのは19名に過ぎなかった。「模倣の時代であるが故に、海外の競技会に接する機会に恵まれ得なくなった今日、新しき芸の進出には一面期待し得ない淋しさ」が漂ったのである（体育と競技19-12）。

1940年に新設されたのが「教員府県対抗」であり、翌1941年の第12回に「産業従業員集団競技」が加わる。

1942年の第13回大会は「錬成大会」と名を変える。「特殊技能者の尊重ではなく国を挙げて"健民錬成"」を目指す意図があった（アサヒスポーツ20-22）。その体操種目には「青少年団集団府県対抗」と「一般女子団体」が加わる。

しかし、翌1943年の第14回では、競技が完全に姿を消す。これは、体操競技界の完全消滅を意味する。

9．重量挙競技と体操連盟

1936年5月、第1回全日本重量挙選手権大会が文部省体育研究所で開催された。主催は全日本体操連盟である。文部省体育研究所の主に体操関係者が、1934年に嘉納治五郎が購入した国際基準の用具を研究していたからである（スポーツ八十年、1958）。

体操連盟の1937年度事業予定には、6月から10月の間に重量挙競技の地方大会、11月に国民体育館における第2回全日本重量挙選手権大会が見られる。この第2回大会は、9月に発会式を挙げた日本重量挙競技連盟が第9回明治神宮大会を兼ねて開催したとされる。しかし、組織上の担当は、神宮大会の「体操部」であり、（大会報告書）、その実体は、体操連盟「重量挙部」であった（体操7-7）。種目は「重量挙」と「俵差持久」で、1939年の第10回神宮大会には、新たに扛挙が加わった（大会報告書）。

20章　総力戦前夜の体操

　満州（現在の中国東北）のみならず、華北までも日本の勢力圏下に収めようとした 1927（昭和 2）年の山東出兵に始まる 1928 年の第二次山東出兵、張作霖爆死事件は、1931 年の満州事変から 1932 年の満州国建国だけでは収まらず、1937 年 7 月の「蘆溝橋事件」を契機に、「支那事変」と称する後戻りできない日中戦争に拡大して、国内では国民精神総動員に始まる総力戦体制の時代へと足を踏み入れる事になる。

　その間に、1932 年の五・一五事件直後に開かれた帝国議会が「（国家）非常時の（真）最中」の「非常国会」「匡救（きょうきゅう）議会」と呼ばれ、1933 年に国際連盟を脱退、1935 年には、右翼が美濃部達吉の「天皇機関説」を攻撃して、議会も政府も軍部も「国体明徴」を唱える。この右傾化する中での最大の事件が、1936 年の二・二六事件であろう。

　スポーツの右傾化への同調も満州事変を追うかのように始まり、「国家総動員：一死以て国恩に報ずるの準備は健康とスポーツ」が運動具広告に登場する（アサヒスポーツ 10-5, 1932）。そして、1937 年の『アサヒスポーツ』新年号の巻頭を、「建設はたのし」の題字と共に、「バンドの吹奏に足並みそろへて行進する作業隊」の解説文とともに、軍服に似た教練服の隊列の大写真が占める（アサヒスポーツ 15-1）。

　ここでは、この総力戦前夜と目される時期の体操を、その背景をなす深刻な身体問題を踏まえて取り上げる。

　もちろん、1932 年ロスオリンピックへの体操参加を意図して 1930 年に設立された全日本体操連盟の活動も、この時期と重なる。しかし、18、19 章で詳述したので、ここでは体操連盟には触れない。

1．体位、体力問題の擡頭

　1935年、学校衛生技師会議における松田文部大臣訓示は、体格は年々向上するが「体質健康」が伴わない事、壮丁の体質が低下した事などから、「軍部方面からは勿論、一般社会からも青少年の健康問題につき非常なる関心」が寄せられていることを指摘して、審議中の身体検査規程改正を「学校に於ける保健施設の尤も根本」と位置づけた。

　北欧並みの健康水準になれば、経済効果は毎年82億円という試算がある程、健康問題は深刻であった（体操7-1, 1932）。

　翌1936年の学校衛生技師会議における陸軍省軍医局長小泉親彦の特別講演は、「壮丁体位の低下、国民保健国策が庶政一新の重要問題」という観点から、『学校衛生』（16-8）に掲載された。これによると、大正末期に25%内外だった徴兵検査不合格の丙・丁種が、1935年には40%近くに達している。この講演から1ヶ月後の6月19日の閣議では、寺内陸軍大臣が徴兵検査不合格者増加問題を提起した。これが厚生省設置の契機となる。

　日中戦争直前に、小泉親彦は「憂ふべき国民体位の低下」と題して、身長体重は増加してきたけれども「体格が良くなったといふのではない」と指摘した（体操7-5、7-6、7-7）。また、小笠原道生は「体力とは何か」を論じた（体操7-5）。

　日中戦争が始まると、末広厳太郎は「非常時における国民体位向上問題」を取り上げて「体育国策を速かに樹立すべし」と主張した（アサヒスポーツ15-28）。

　これらの論説から欠かせなかった用語が「体位」である。

　「体位」を最初に用いたのは、1923（大正12）年の陸軍戸山学校教官小野原誠一であろう。からだの評価に、「体格、体力、体質の三方面より検定する」新しい概念として「体位」を充てたのである（体育と体操の理論）。

　この「体位」は、翌1924年に文部省所管体育研究所「創立」の説明中で、「列強中最も不良なる状態に在る我が国民の体位」（体育研究所概要：第2版、1927）、文部省直轄諸学校体育協議会における岡田文部大臣訓示で「国民体位の現状」（学

校衛生 5-1）と用ひられ、以後、「体位」が身体問題の深刻さを指摘する際の慣用語となる。

　この「体位」を用ひた法令の最初は、1937年1月改正「学校身体検査規程」である。その第1条には「身体の養護鍛錬を適切にし体位の向上と健康の増進を図る」とある。

　この「体位」の語意は、1937年5月の学校衛生技師会議における林文部大臣訓示の「体格、体質、体力等の全般」である（文部時報585）。その詳細について、岩原体育課長は、「身体の形態的性状即ち体格や、体質の良否、疾病異常の有無即ち健康状態や、心身の綜合的活動力即ち体力の大小等凡そ身体の静的並に動的諸性能を綜合考察して、身体全体の等位を謂はんとする場合の観念」を「体位」と「定義して差支えない」と説明する。「適当な言葉が無かった」のである（文部時報586）。

　身体問題の深刻化が、小野原の「体位」を公用語として定着させたのである。

　このような危機感に対応した一つが、1937年度の「東京府中等学校入学生身体検査要項」である。身体検査について、体格、疾病の他に駈歩、懸垂、跳躍などの「体力健康度の検査」を加え、具体的には「体力検査要項」で、肺活量、背筋力、距離または時間走、立幅跳、籠球用球投、懸垂屈臂を示した。また、入学者決定については、小学校長報告、考査成績、身体検査成績を「略同等に評価すること」と規定した（体操7-2）。

　「体位」の中で、新たに具体化できたのは「体力」であった。

　「体質」は、具体化できたのだろうか。

2．座高の採用 [24)][25)][26)]

　1937年1月改正「学校身体検査規程」は、体格の指標である身長・体重・胸囲の次に「坐高」を加えた。採用理由の説明はない。2年後の1939年に武内茂代は、「身体充実度の判定上身長より有意義」「栄養指数の基準になり其の他の体力表示にも用ひられます」と述べた。これが、唯一の説明であろう（体操9-3）。

　なぜ、1937年の座高採用の時点で説明しなかったのか。

1923年当時の文部省は、1900年以来の身体検査統計に基づいて、「身体発育は、就学の当初に於て最近二十一ヶ年間毫も進歩の跡を示さずと雖も」、高学年になると「年と共に漸次良好」になると楽観的であった。しかし、他方では、「学校児童には栄養不良のものが尠くない」と危惧していた（文部時報109）。

　この発育期の栄養不良問題は、1930年からの昭和恐慌下で「昼食を欠き或は甚しく粗悪の食事を摂るもの著しく増加」という極限状態に達した。この現実を前に、1932年9月、文部省は、「学校給食臨時施設方法」を訓令し、弁当に事欠く児童を対象に、1934年度までの学校給食費国庫金地方交付に踏み切らざるを得なかった。1食4銭である（文部時報427）。体力増強どころではなかったのである。

　このような深刻な状況下で、田中文部大臣は、1931年の地方長官会議において、「体格に於ては年々良好の成績を収めて居りますが体質や疾病の状態には改善の余地が敢て少くありません」と体位問題に言及した（文部時報380）。

　その具体的研究課題が、1932年5月の学校衛生技師会議に文部省が提示した「年々増加の傾向が著しい」「身体虚弱、齲歯、近視等」を懸案とした「学生生徒児童身体検査規程の改正に関する件」である（文部時報418）。

　この問題は、1935年の学校衛生技師会議で松田文部大臣が言及したように、「徴兵検査に於ける壮丁の体質低下問題等と関連」する国家的課題であった（日本学校衛生23-7）。

　そして、翌1933年3月の学校衛生調査会総会に「一、発育概評決定の可否　二、栄養判定の適否　三、歯牙の検査　四、学科種別又地方別による検査項目　五、検査施行後の処理等」を主要事項とする「学生生徒児童身体検査規程改正に関する件」が諮問され、意見聴取の後、文部省体育課が原案を作成する事となる（学校衛生13-4、13-5、13-10）。

　1935年夏頃には、1936年4月施行を予定していた。しかし、「栄養の判定標準に相当の議論」があり（学校衛生15-10、15-11）、大修正を加へて決定したものの、総会開催に至らず（日本学校衛生24-2）、1936年3月の総会も「主査委員会の原案を報告し、改正案の要旨を説明」するにとどまった。その16項中に、座高はなかった（学校衛生16-4、16-5）。

この議論とは、委員会案末尾の「身体検査施行に関する注意事項」筆頭の「栄養状態の判定に際し必要ある場合には適当なる栄養指数其の他の判定標準を参考として使用するも之を妨けさること」からみて、国家統計に資する栄養指数の採否問題であった（学校衛生 16-4、16-5）。

　以後、箝口令が布かれたかのように、審議関係の報道は完全に途絶えたまま、1937 年 1 月に「学校身体検査規程」が改正され、審議過程で登場しなかった「坐高」を採用する。これが「栄養指数」に関する唯一の検査項目に相当する。

　1937 年 5 月の学校衛生技師会議における林文部大臣訓示は、改正身体検査規程を「国民の体位向上」のため「在学者体位の正確なる認識」を得る資料と位置づけ、「体位の向上に関する対策樹立」のための「本年度以降五ヶ年に亘」る「在学者の体格、体質、体力等」の調査計画に言及した（文部時報 585）。身体検査の意義を国家統計の観点で指摘したのである。

　坐高を指標の一つに用いた「栄養指数」には、1916 年にピルケー（C. Pirquet, 1874-1929）が発表した「ペリディシ栄養指数」と、1921 年のスパーク（Sperk）の栄養指数がある（体力測定法、1949）。

　この中で注目されてきた栄養指数は、1919 年の日本小児科学会京都地方会で、笠原道夫がピルケーのネム説に基づく腸壁面積と座高の関係を紹介し、座高を「身長即ち骨格の発育に相応じ筋肉脂肪組織並に内臓諸器官等がよく発育してゐるか否かを簡易に知る方法」と指摘した事（日新医学 9-10、学校衛生 17-2）、1927 年の学校衛生技師会議答申の体力検査「申合（もうしあわせ）」が座高を栄養と並記した事（学校衛生 7-5、7-6）、1940 年に鈴村が「ピルケ氏栄養指数（ペリヂシ）に就て」で「坐高の応用は、従来数方面に亘ってゐるが、栄養判定上の指数として、最も多く用ひられてゐることは言ふまでもない」と指摘した事（体育研究 8-3）からみて、ピルケー提唱のペリディシ栄養指数であった。

　全国連合学校衛生会では、1925 年に頭囲と座高を身体検査項目に追加する建議を可決し（学校衛生 5-7）、1933 年と 1935 年に座高を身体検査項目に追加する建議を可決した（学校衛生 17-25）。建議理由は示されていないが、座高が栄養指数以外の観点で採用されたとは考えにくい。

20世紀後半になっても、座高測定の意義は、「身体にとって極めて重要な各種の臓器の殆どすべてが、頭部および胴部に包含されているのであって、この意味では座高のもつ重要性は身長にまさるといっても決して過言ではない」（身体発達と教育、1967）、あるいは「身体発育の立場から、その意義は非常に大きいものと考えてよい」（学校保健総合事典、1972）と認められている。

1937年度から1997年度までの各年次統計を資料に、6歳児の平均座高と経年後20歳に達した時の平均脚長（身長−座高）の関係をみると、戦後6歳に達した1942年生まれ以降は、正比例の直線関係にある。したがって、幼児期の栄養が成人の脚長に関与する事は明かである。ところが、戦前に6歳に達した1930−1932年生まれは、この直線から著しく低く外れている。これは、昭和恐慌前後からの体位低下と栄養不足問題がいかに深刻であったかを実証するものである。

以上からみて、1933年に始まる身体検査規程改正審議でも、身体検査項目への座高採用について、栄養指数の観点からの主張が展開していたと考える。

1937年改正学校身体検査は、理由説明なしで座高を採用した。座高採用の真の理由は、公表するには深刻過ぎたのである。

3．皇道主義の体操

体格改善には年月を要する。深刻な栄養状態では、体質改良の期待は持てない。となると、体位向上は、運動による体力増進に期待するしかない。

維新期に欧米の体操導入に始まった体操は、ようやく自前の保健体操や各種スポーツ動作の模擬体操を試みる段階に到達していた（18章7、8）。その自前意識の昂じた体操が、これ迄の西欧から学んで来た体操とは異質の、神道あるいは武道にあやかった体操である。皇道主義の体操と呼ぶことにする。

その最初は、神道に心酔していた東京帝大法学部教授筧克彦と菱沼理式が、1929年に創案した「日本体操」あるいは「皇国運動」と書いて「やまとばたらき」と読む徒手運動である。その独自性を「皇国精神の実修を目的とする結果自ら身体の健

康を増進せしむる体操」と謳い、「御祓の行動」と称した。御祓の文言に見合うように振り付けて意味づけた一連の簡単な徒手体操を、呼唱の代わりに神道の発声に合わせて集団で行う。「御神勅」や長文の祝詞を、一部の参加者が唱える「単唱」と、全員で唱える「複唱」とが多い。体操というよりも"行"の類である。

　1931年、小笠原道生は、「日本体操の確立」と題して「今や既に立派な壮年期にある筈」の「日本の体操家」を対象に、「ドイツ式スエーデン式等々の、夫々長所を取り入れてこれを日本式に系統づけた日本体操がある」と述べ、「日本の文化は必ず『日本』を基礎」とする観点で「『日本』に即した」体操の構築を説いた（体操1-6）。

　小笠原の「日本体操」は「やまとばたらき」ではない。合理的な日本独自の体操を希求している。

　右傾化する時流の中で、極端な日本独自の体操として出現したのが「日本体操」であった。

　日本文化連盟は、1937年2月に「建国体操」を提唱した。その具体化は、この連盟に参加した日本体育保健協会（会長松本学）が、大谷武一と安田文部省体育官に依頼した。建国体操の発表は、日中戦争が始まる直前の1937年5月であった。「常に対手を予想して之を突く、打つ、切る等の動作をする」のが建国体操で、「日本国民の体育保健上又精神作興上」の価値を謳い、「日本武道の術を採り、之に体操の形式を与へて組織」したと説明する。同時に「前奏歌」と「讃歌」からなる建国体操用レコードを発売した。北原白秋作詞、山田耕筰作曲、伊藤久夫吹込、指揮号令は大谷武一吹込である。まず、前奏歌を合唱して「建国精神を心の中に燃やし」てから、数回「調息」して「丹田に十分気を充たし」、建国体操を実施した後、讃歌を歌って終わる（体操7-3、一連の体操、1942）。"体操"というよりも、一連の"行"と言うべきであろう。

　大谷は、建国体操を「日本精神をその精神とし、古来の武術の様式」に則り「国民精神宣揚の波」に乗った「直裁簡明」な「衝く、打つ、切る」で構成された「哲学があり、宗教がある」体操と自賛する（体操7-10）。

　日中戦争が本格化すると、建国体操は、国民精神総動員の波に乗って集団体操としての地位を不動のものとする。

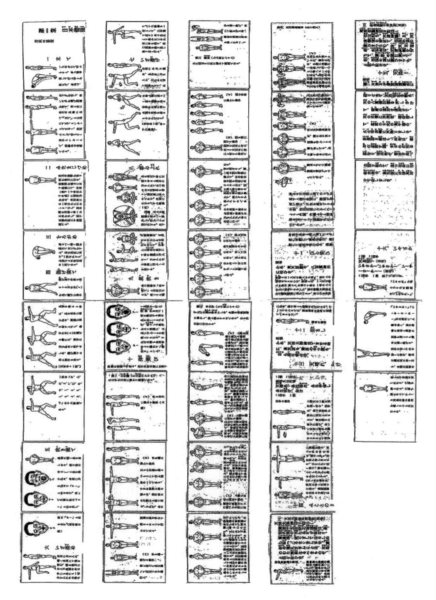

図88「第一章：日本体操の動作」の上段「形式の要領」－省略した下段「其の詳説」は、すべて文言だけの「一、精神」「二、所作」からなる（日本体操、1929）

徳島県体育指導者連盟は、1938年2月11日の紀元節に2万人を集めて、国旗掲揚、宣誓文、君が代、皇居遙拝、紀元節唱歌、愛国行進曲合唱、建国体操、万歳三唱、国旗降下の後、4コースに分かれて市中を「愛国行進」し、「軍国の春」「銃後健康日本」を謳歌した。また、翌12日には「非常時局」下での「身心の鍛錬」「堅忍持久挙国一致」を掲げて、国旗掲揚、君が代合唱、東方遙拝に続いて、皇軍の武運長久と英霊の冥福を祈り、訓示、愛国行進曲合唱、準備体操としての建国体操、ラヂオ体操の後、「愛国マラソン」を3コース別に実施している（体操 8-4）。

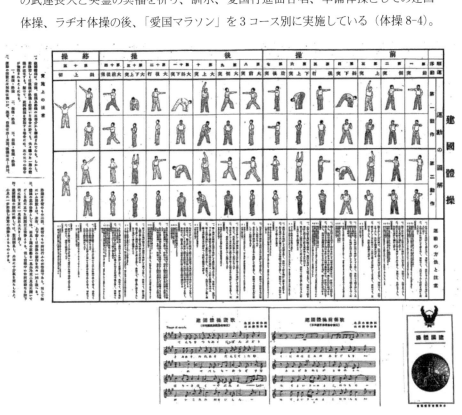

図 89．建国体操（前奏歌と同讃歌は歌詞を省略、折りたたみ 1 枚）
　右下：表紙上には、雉？の八咫の鏡を背にした足下に「2600」とある。紀元 2600 年を強調した意匠である。表：松本「建国体操の意義」、大谷「建国体操とその特徴」、「建国体操の会会則」「『建国体操ノ会』創立主旨」「文部大臣認定：建国体操用レコード」広告。裏：讃歌と体操図（建国体操、1940.12.10）

建国体操の指導者講習も開催された。

1938年7月、日本体育保健協会と全日本体操連盟は、体育研究所を会場に4日間の「第一回建国体操指導者養成講習会」を会費1円で開催した。その趣旨は「建国の由来を想起せしめ、旺盛なる精神力の発揚と頑健なる体力の向上に勉め以て国策に副ふ」事で、講習は、建国体操だけでなく、体操公演式典、団体行進、合唱に及んだ（体操 8-7）。

1940年7月には5日間の「建国体操指導者養成夏期夜間講習会」を体育研究所で開催し、地方からの参加者には「旅館斡旋」とある。講師には、協会の松本学、体育研究所大谷、文部省栗本、厚生省森、東京市連合青年団中園等が名を連ねた。建国体操の奨励普及は、官民挙げての体操関係者の関心事だったのである（体育と競技 19-7）。

皇紀2600年である1940年には、松本学が「建国体操は『行』」であって「従来の体操とは違ふ」「5分間だけでも邪念を去り精神を統一」できる体操であると、再度強調している（体操 10-1）。

4．大楠公600年祭記念体操大会

1932年2月26日の読売は、既に知られていたチェコの「大規模のマスゲーム」であるソコールを、改めて紹介した。6月末にスラブ系国家であるユーゴ、ポーランドからも参加して10万人以上がプラハに集まり、9日間にわたって「第九回」大会を開くという。「ソコールムーブメント」の意義を「体操に改良を加へ団体的訓練によってチェコ国民の体育と徳育に貢献」する事と説明する。また、同年7月の「ラジオ体操第二」放送開始に際しては、紹介に「非常重大な難局」「一大国難を打開すべく」の文言が用いられた（体育と競技 11-8）。

体操は、個人の保健よりも、国家存立に関わる重大事と認識されたのである。

その画期的事業が、1935年4月に甲子園野球場で開催された「大楠公六百年祭記念体操大会」である。企画した大阪朝日新聞社が大々的に報じただけでなく、雑

誌『体操』も特集を組んだ。

　企画では1回限りの記念大会であった。ところが、終了後、毎年継続する事となって、翌1936年を「第二回日本体操大会」と命名した。以後、年々規模を拡大し、1943年の第9回まで続けられた。

　企画の趣旨は、「現下のわが体育界の喫緊事」である体操の民衆化・社会化であった。

　企画段階では、集団体操だけでなく「ブラスバンドの演奏行進」を「最初から考えていた」。もっとも、出演を「諒解され協力を得」るには苦労したようである。民間の集団体操は「色んな事情からやっとラヂオ体操の参加をみたのみ」とある（体操5-6）。

　しかし、大会では、11演目が3時間半にわたって展開した。全日本選手権出場者20名による器械体操、僅か30名のリズム体操から3000名の合同体操7種と演奏行進などである。

　1936年の第2回は、大阪大会のほか東京大会も開催された（体操6-12）。1937年の第3回は、5月16日の関西大会に続いて、23日に関東大会、6月6日に東海大会と開催日をずらした（体操7-5）。巡回出場する参加者もいた。体操連盟の1938年度事業には、日本体操大会の「後援並出場」に、東京、大阪、名古屋が予定されている。

　1939年の第5回は、関東、東海、関西、九州の4地方大会と22府県の会場での同日開催となった。

上：工場体操　　下：入場式（体育と競技17-6）
図90. 第4回朝日体操大会関東会場（神宮陸上競技場）

67万人が参加した。関東大会は15団体1万7000名、九州大会は15団体8800余であった（アサヒスポーツ特別号）。

皇紀2600年に当たる1940年の第6回は、橿原神宮外苑運動場を中央会場とし、4地方大会と29府県会場に200万人を集めた（第六回日本体操大会写真画報）。大谷武一は、「体操大会の意義」として「洗練された体操の演技を彼等の眼前に展開」することによって、「昔から体操と云へば、一概につまらぬもの、面白くないものであるとの印象」を「是正」できた事を挙げる（体操8-6）。確かに明治神宮外苑競技場は白のユニフォームで統一され、「正面スタンドも芝生も」出番を待つ児童生徒らで満員になった。芝生とは、正面以外の土手状の観客席を指す。

しかし、東京市小学校男児連合1800名の集団体操は、「児童らしからぬ体操を採用した為めに児童の天分が少しも発揮されなかった」「暗記したり、考へたり、心配したりする体操」であると、演出者と演技者の乖離も指摘された。プログラムには500名とある音楽団の演奏行進の実動人員は、半数にも満たない「少数」にとどまった（体育と競技16-7）。

時事コラムの「スポーツ談義」が、「主催者や後援者の独善に堕せしむることなく国民自から主催者たる観を呈せしむるやう、発展することが望ましい」と暗に苦言を呈している裡での2600年大会であった（アサヒスポーツ17-12、1939）。

体操大会の隆盛は、単なる規模の拡張であって、体操の社会化・民衆化の実を挙げるには程遠かったのではなかろうか。

1937年の第3回関東大会は、まだ日中戦争は始まっていないのに、東京青年学校連合の「教練」を加え、「散開突撃」を繰り広げている（体育と競技16-7）。

5．学校体操教授要目の再改正と体操

1936年6月、学校体操教授要目が再改正された。

永井道明は、1913（大正2）年制定、1926年改正と今回の再改正要目を通観し、この改正要目を「大本に於ては左までの変化も無く」「内容は余程の進歩」を遂げた

が、依然として「技術本位の域を脱せざるを遺憾」と評した（体育と競技17-5）。

しかし、運動形式にこだわって「『手を左右に挙げエ』『宜しい』なんていふものだから大抵嫌になる」ような従来の弊害については、教師の裁量の余地を広げる「弾力性」ある操法名の採用によって、是正が図られた（体操7-3、体育と競技15-7）。

また、要目の文言にはないが、改正の要点として「運動技術の修得のみならず」「合理的なる身体修練と、精神の錬磨とを重視」して「我国独特の運動も充分に採択」した事が挙げられ、「指導の実際に於ては我が民族精神の発揮」が期待されている（体操6-7）。

「体操科の教材」中のスウェーデン体操を基本とする「体操」で注目すべき点は、外国模倣ではなく、わが国独自の合理的身体修練として考案された正常歩と低鉄棒の採用である。

正常歩も低鉄棒も、大谷武一が1933年に始めた研究の成果である。その前年、大谷は、体操総監督としてロスオリンピックに参加し、第1回世界レクリエーション会議にも出席した。大谷は、1921年欧米留学後も、競技スポーツの簡易化などで学校体操教材に新基軸を打ち出し、1926年の学校体操教授要目改正時には、ハンドボールとプレイグラウンドボールの採用を主導した人物である（体育の科学 16-3, 1966）。1932年の外遊からもヒントを得て、正常歩と低鉄棒に取り組んだのであろう。

「正常歩」は、大谷考案の「自然歩」の改称である。明治以来、学校で教えられた歩法は、軍隊の儀式ないし示威の場合のフランス式挙股歩法であった。これは、悪路や草むらでの跨ぐように膝を曲げる歩き方を誇張した非日常的な歩法であった。ところが、日常的な歩法は農作業などの歩き方で、秩序的な集団行進向きではなかった。自然に覚える歩き方は普通膝を曲げない。この「自然歩」に集団行進用の歩幅と歩度を設定したのが「正常歩」であった（体育研究1-6）。

「低鉄棒」は、発育段階の年少者を前提とした懸垂運動の器械である。鉄棒は、枝を利用して大木に登る練習のために生まれた器械であるから、脚力に頼らない高鉄棒しかなかった。この高鉄棒を年少者に課す事は、筋肉強化には役立っても、骨の発育を妨げる事になるから、望ましくない。しかし、鉄棒技術の修得という観点では、年少時から課すことが望ましい。そこで、脚力を利用して、腕の負担を減らす鉄棒と

して考案されたのが低鉄棒である（低鉄棒運動、1935）。

なお、わが国独特の運動には、小学校の「遊戯及競技」に加えられた相撲、中等学校で採用できるようになった男子の弓道、女子の弓道・薙刀がみられる。

ともかく、要目改正によって「俄然体操界は活気を呈」した（体操 6-12）。

例えば、翌 7 月開催の大日本体育学会「第二十九回夏期体育講習会」は、「改正学校体操教授要目伝達講習会」と称した。受講料は、一般 5 円、一般学生 4 円、会員 3 円、学生会員 2 円である。地方からの一部の参加者には、学生並みに鉄道運賃 5 割引の特典が与えられた。文理科大学を会場とし、講師には、文部省の岩原拓、栗本義彦、森秀をはじめ、高師 9 名、女高師 2 名、東京女子体操音楽学校 1 名、ほか 3 名が名を連ねた（体育と競技 15-6）。

講習内容を記録して無償配布したと考えられる例もある。1938 年 8 月、埼玉県体育協会は、活版印刷の小冊子『学校体操伝達講習会要項』を作成した。2 日間にわたる文部省の森秀の講話の全文と、実施した体操実技の操法名がすべて記録されている。

かつて、文部省が現職教員を対象に主催してきた伝達講習が、外郭的団体主催に姿を変え、教員志望の学生をも対象に加えて、コネづくりの場ともなったのではあるまいか。

しかし、「近来の体操連盟は殆んど競技的体操にのみ」に目を向けていた。これに対して「体操競技のための準備のみを以て能事終れりと為してはならぬ」と、「我国『体育』の中核たる『体操のための体操連盟たるの真面目』」の自覚が求められている（体操 6-9）。

なお、東京女子高等師範学校は、1937 年 6 月に定員 30 名の「体育科」を新設し、体操のほか音楽あるいは衛生の免許を取得できるようにした（体育と競技 16-6）。

21章　総力戦下の体操

　1937（昭和12）年8月、政府は「国民精神総動員」に踏み切った。7月の蘆溝橋「事件」が、「北支事変」から「支那事変」と称する日中戦争へと急拡大したからである。

　当初は、銃後の精神運動に過ぎなかった。

　しかし、戦線の拡大とともに、銃後では報国精神の具象化へと進み、1938年7月に東京オリンピック大会を返上して、紀元2600年奉祝に沸いた1940年には、翼賛体制が出現する。

　そして、軍需資材のみならず、生活物資の統制が主食である米穀にまで及んだ1941年12月には、米英との全面戦争に突入し、悪戦苦闘の末、1945年8月の敗戦に終わる。

　その渦中での銃後の体操を展望する。

1．国民精神総動員と体育スポーツ

　政府が国民精神総動員に踏み切った1937年8月、文部省体育課長岩原拓は、体育の場における国民精神総動員を「心身鍛錬」と受けとめ、その手段としてラジオ体操、戸外運動、夏季休暇を挙げた（体操7-8）。

　同年10月13日の文部大臣諮問「国民精神総動員に際し体育運動上特に実施すべき事項」に対する11月26日の体育運動審議会答申は、「国民体位向上」と「国民精神振作」とを掲げて、「国民体育運動の真義徹底並に実践励行」「体育行政機関の確立並に体育団体の整備」「学校体育の根本的刷新」「国民体育大会の挙行」を取り上げた。その特別委員長説明中には、「国民精神を総動員」に続いて「国民体力を総動員」するの文言が見える（体操8-1附録）。

これに基づく12月16日「国民精神総動員に際し体育運動の実施に関する件通牒」では、「団体訓練として合同体操、体操大会、団体行進等の如く多人数の参加し得る集団的体育行事の実施を奨励すること」、体育大会等では「開会式、閉会式等を一層厳粛に行ひ、宮城遙拝、国旗掲揚、国歌斉唱等を励行し、国民意識を昂揚振作すること」を指示した（体操8-1）。

11月3日の明治節当日開催の第6回日本体操祭では、「武運長久祈願」を掲げて、ラジオ体操第一と第二だけを演じた。見栄えのする新演技を練習させる余裕はなかったのであろう。また、11月11日には、外務省情報課の小川昇が「チェッコスロヴァキアの青年運動とソコールに就いて」放送した（オリンピック15-12）。

外来語禁止も始まった。12月に大谷武一は「日本精神は用語から」と題して、「我が国の運動競技界も一時から見れば、万事が次第に日本的になり、運動の名称の如きも、漸次日本語に統一されつつある」と指摘し、「古今未曾有の重大時局」のもとでの「日本精神の宣揚、国民精神総動員」のために「用語を出来得る限り、日本語に改めたい」と先走っている（体操7-12）。

翌1938年7月の東京オリンピック返上直後には、文部省が物資節約、特に皮革金属の統制に協力するよう通牒した。文部省の森秀の講話には、跳箱に「ビール箱等の利用」まで出て来る（学校体操伝達講習会要項）。これでは、運動用具器械を必要としない陸上運動と徒手体操だけを奨励しているようなものである。

同年11月には、4日間にわたって大日本体育協会と日本厚生協会共催の「国民精神作興体育大会」が開催された。全日本体操個人選手権大会も第7回日本体操祭も、その一環とされた。体操祭は、式典を靖国神社、実演会を日比谷大音楽堂で実施した。器械体操の実演は従来通りであるが、タンブリングは「団体運動」に位置づけられた。建国体操、杖術体操、空手道演武、薙刀団形、吟詠体操、白木屋の店歌体操と並べると、時局の影響下にあることは明かである。

厚生省は、1939年8月1日から20日まで「国民心身鍛錬運動実施要綱」に基づく「国民心身鍛錬運動」を実施した。その主眼は「団体的訓練、耐久力涵養」であった。その筆頭には「ラジオ体操其の他の体操の普及」、次に「徒歩の奨励」が挙げられた（体育と競技18-8）。広大な大陸での戦闘が、既成の体操や陸上競技で

は期待できない耐久的移動能力を必要としたからであろう。

　ここまでは、精神総動員の範疇であろう。

　しかし、1941年の年明けと同時に、精神にとどまらず、物的総動員が始まる。

　全日本体操連盟の機関誌『体操』は、1940年12月で終刊となり、「国策順応資材の節約」のため、大日本体育学会機関誌『体育と競技』および女子体育振興会機関誌『女子と子供の体育』と統合されて、1941年1月から『学校体錬』となった（体操10-12）。

　『アサヒスポーツ』は、A3判からA4判に縮小され、紙質は写真掲載には不向きな「藁半紙」に落とされた。

　『朝日新聞縮刷版』の記事分類の見出しからは、「運動」が消えて「体力」と改められた。

2．戸山学校体操競技と国防競技

　第一次世界大戦が終わって間もない1924（大正13）年、陸軍戸山学校は、1939年に厚生省が制定する「体力章検定」につながる「運動能力」の試験研究と同時に、年2回の「体操競技」を開始した。

　「満州事変」が始まったばかりの1931年10月開催の第15回体操競技会では、軍楽隊や職員用の運動会的種目には何の変哲もないが、連隊から派遣された将校と下士官の「学生」を対象とする種目に、競走や鉄棒運動だけでなく、運動会用の障碍物競走とは異質の、実戦的障碍物競走と目される武装しての競走、跳躍、障碍通過、野外横断、手榴弾投などを加えた（体育と武道26）。

　この記事の次に掲載された「野外綜合訓練」は、個人でなく武装した団隊で行う事、距離はドイツ陸軍が25km、フランスが16kmを要求している事、最小限1kmは必要である事を指摘し、竹2本を用いた水流通過－障碍場通過－断崖登攀を含むコースを例示した（体育と武道26）。

　1935年4月開催の第21回体操競技会では、運動会的種目は姿を消し、この野外

綜合訓練のほか、装面（ガスマスク）での100m走、断崖攀登が加わった（体育と武道47）。戸山学校では、持久的で総合的な戦場運動を、広義の「体操競技」ととらえたのである。

この戸山学校の体操競技が軍隊の外で注目されるのは、日中戦争勃発を契機とする。

その口火を切ったのは、1937年10月発行『体育と競技』の野口源三郎の巻頭言「国防的競技運動の提唱」である。

これに呼応するかのように、1938年4月発行『体操』が豊橋市立商業学校の「我が校の『国防競技』に就て」を掲載した。特殊な技術を要する運動競技の隆盛が国民体位の低下を招いたと批判し、「事変勃発」を機に、「容易に全校生徒に実施し得る『国防競技』」を考案したと自賛する。専門種目に特化していた平和時の競技スポーツに代わって、時局に即応するのが国防競技という論理である。

東京高師出身の戸山学校教官藤田（浅野）辰三の1941年の記事によれば、「国防競技」は、戸山学校が1938年秋の「第十回神宮国民体育大会の為めに創案」し、関東・京阪青年学校の「国防体育訓練大会」で実施したのが最初である（学校体錬1-11）。

この大会が、1938年5月15日の明治神宮競技場を会場とする「第一回関東地方青年学校国防体育大会」である。主催は、関東地方青年学校国防体育振興協会と東京日々新聞社で、陸海文部厚生の4省と1府4県が後援した。開催

上：団体障碍物競走の屈身匍匐
下：囲壁通過（体育と競技17-6）
図91. 第1回関東地方青年学校国防体育大会（1938）

が決定したのは前年12月30日であるから、野口の国防競技提唱を承けた形の企画である。第1師団管区の青年学校19万人中の8000名が参加し、「国防体育運動要目」に基づいて、団体競技形式の障碍物、担走、自転車が行われた（体育と競技17-4、体操8-6）。

この国防体育運動要目は、「青年学校教練科並に体操科教授及び訓練要目の延長たるべきことを主眼」とし、「団体活動の訓練を行ひ規律、節制、協同及び堅忍不抜の精神」の育成と「機敏持久及び正確の運動能力」の向上を目的とする「採点種目」および「公演種目」からなる集団訓練であった。採点種目は、競技形式の行軍競走、団体障碍物競走、早馳継走、土嚢運搬継走、手榴弾投擲、綱引で、公演種目は、戦闘教練、瓦斯攻防演習、銃剣術試合、自転車訓練、建国体操、分列式である。行軍競走は、執銃帯剣の56名が、4列縦隊の小隊で4000mを「歩走」する。互助とも言うべき「扶助掩護」を認め、落伍者があれば減点する。団体障碍物競走は、執銃帯剣、徒手帯剣、徒手の別があるが、5名が協力して150-200mの間に設置された木製障碍、屈身匍匐障碍、橋梁、水濠、乗越用板塀を通過する。早馳継走は、5名が棒または木管をリレーする。土嚢運搬継走は、砂27.5kg、24kgまたは22.5kgを詰めた南京袋を担いで、500mを5名でリレーする。手榴弾投擲は、35m先の人像的を目標に、5名が505gの手榴弾を立ち投げする。綱引は、10名ずつで時間は3分である（体育と競技17-4）。

1941年には、数名の団隊による重量物の牽引も加わった（学校体錬1-11）。

1944年5月には、「綜合戦技」の図解が『学徒体育』の裏表紙内側に示された。「水褌裸体」での水泳後、武装して各種障碍物（生籬・壕飛越・壕跳込進出・囲壁・吊棒・板橋による水流通過）のある「約二千乃至四千米の野走路」を通過後、距離200mの射撃、往復100mの土嚢運搬、30mの手榴弾投擲、仮標刺突等の戦技を「一刻の休憩もなく連続的に実施し、然も最後に武道（剣道・銃剣道・柔道・相撲）の総当試合を行ふ等」の所要時間に各種目の成績を時間換算して合計する複合競技である。

3．厚生省の体操

　国防競技が徴兵前の青年学校に要求されるのとは対照的に、金のかからない保健体操が、低下した体位の向上を担う 1938 年新設の厚生省の体力政策の一つとされた。

　厚生省体力局の 1939 年度予算は、要求額 1300 万円が 186 万 9000 円と閣議決定された。その内訳は、明治神宮大会 25 万、指導者講習 9 万 6000、体力検査 25 万、体力向上審議会 3 万、団体補助 5 万 8000、武道振興委員会 5000、体操制定 3 万、施設補助 50 万、体力管理制度実施準備 20 万、乳幼児体力向上指導費 45 万である。

　体操制定 3 万円の使途は、「丁抹(でんまーく)体操、瑞典(すうぇーでん)体操等の長所を集成して全国民に相応しい我が国独特の『国民体操』を制定それを国家の手で普及する」ことであった（体育と競技 18-1）。

　この体操について、7 月 2 日の読売は「国民体操決る：各国の粋を集めて」の見出しで、この 4 分間の体操を「日本人の生活様式をはじめ業態、感情、服装および健康状態を考慮に入れた上、ドイツ、デンマーク、スウェーデン体操の粋を集めて、編み出された」「特に足部の体操に重点を置いて従来の体操の欠点を補ふなど国民体操の最高の水準を示すものである」と報じた。脚の運動の重視は、大陸戦線を意識していた証しであろう。

　この体操が、1939 年 9 月制定の「大日本国民体操（一般向）」「大日本青年体操（男子青壮年向）」「大日本女子青年体操（女子青壮年向）」の 3 種である。一般向は、「ラジオ体操第三」として、12 月から電波に乗った（体育と競技 18-10）。

　厚生省は、1939 年の体育運動主事事務打合会において、「大日本体操」の 1940 年度計画として、神宮大会等体操大会競技会等における実施、指導者養成、普及宣伝の発表会・コンクール等開催、大日本体操の歌、ポスター、図解印刷、大日本体操指導者章、優良実行団体表彰を指示した（体操 10-7）。仏は作ったものの、魂を入れるのに躍起だったのであろう。

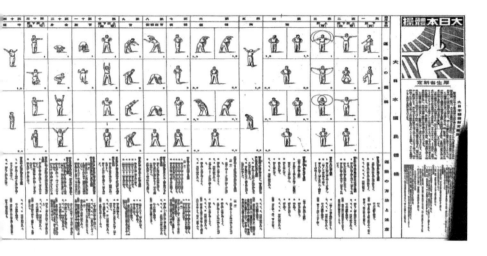

図92. 大日本国民体操（体育と競技 18-10）

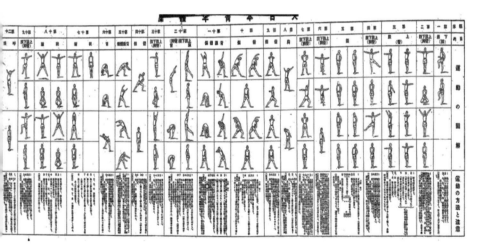

図93. 大日本青年体操（体育と競技 18-10）

1940年に明治神宮大会が採用した大日本体操について、森悌次郎は「国民体操があまりにも多過ぎた」「観衆の鼻につく様なやり方」「厚生省当局の意図が、大いに反映して居る」と露骨に批判している（体育と競技 19-12）。

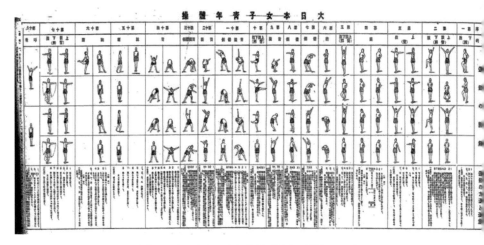

図 94. 大日本女子青年体操（体育と競技 18-10）

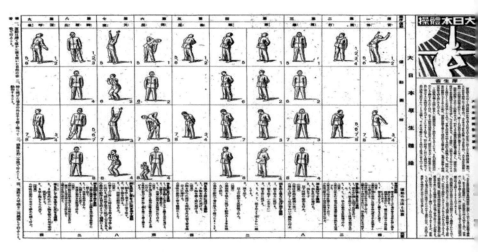

図 95. 大日本厚生体操（「大日本国民体操」1941 再版の裏面に掲載）

　後に、小原直は「従来ラジオ体操等全国的に行なわれておったけれども、国の行事として」と釈明している（厚生省二十年史、1960）。

大日本体操は、保健体操では後発の厚生省が、屋上屋を重ねた二番煎じに過ぎなかったのである。

　しかも、厚生省は、1941年に「大体直立の姿勢で出来るから場所を要さない」「伴奏音楽」を伴う「二分」の体操を制定した（読売 2.16）。「大日本厚生体操」である。疲労回復や気分転換をはかる「簡単な自然の動作」であるにも拘わらず、「会衆の一人残らず総ての者が、一斉に実施して、之を通じて国民の団体訓練の向上を図」ることを目指していた（一連の体操、1942）。一般向の「大日本国民体操」よりも、明らかに軽度の体操である。これを制定しなければならない程、国民体操は機能していなかったのであろう。

4．明治神宮国民体育大会

　隔年開催だった明治神宮体育大会は、1939年第10回から厚生省主催となり、「国民」を加えて「明治神宮国民体育大会」と改称、毎年開催となった。

　体操は「集団体操部」と「体操競技部」に分かれ、体操競技部では、第10回全日本体操選手権を兼ねた「一般男子団体対抗並個人競技」、第9回全日本中等学校体操選手権を兼ねた「男子中等府県対抗並個人競技」、第3回全日本女子体操選手権を兼ねた「一般女子団体対抗並個人競技」と、「団体」を強調する。

　また、体操競技部は、日本重量挙競技連盟主催の第4回全日本重量挙競技選手権を「一般男子重量挙個人競技」として担当した（体操 9-10）。

　1940年第11回大会では、新たに「教員府県対抗」を設けた。種目は、中等学校器械体操の範囲の徒手、鉄棒、跳箱である。神宮大会を体操教員の技術向上刺激の場と位置づけたのである。

　一般女子の個人は平行棒、跳箱、平均台の中の2種目と低鉄棒の合わせて3種目で、団体は6名による行進遊戯と徒手体操であった（体操 10-9）。「動きがリズミカルになって来た事が注目され」ながら、迫力に欠ける、体力が不足、体格が比較的貧弱と見えた（体操 10-12）。

一般男子も低調であった。参加 59 名中で、全 6 種目を演技できたのは 19 名に過ぎなかった。「模倣の時代であるが故に、海外の競技会に接する機会に恵まれ得なくなった今日、新しき芸の進出には一面期待し得ない淋しさ」が漂っていた。その最大の原因は、全日本選手権に代わる競技会であるにも拘わらず、内輪もめで「早、慶の優秀選手」が不参加だったからである（体育と競技 19-12）。

皇紀 2600 年らしかったのは、閉会式前夜、板張りされた神宮プールの上で「4 万燭光の下に咲いた『体操の夕』」が演じられた事である。「大会初の夜間体操」である（読売 11.3）。

翌 1941 年第 12 回大会は「臨戦態勢下に於ける実施方針」で実施され、「産業従業員集団競技」が加わる（大会報告書）。

1942 年第 13 回大会は、「特殊技能者の尊重ではなく国を挙げて"健民錬成"」を目指す主旨で、「国民錬成大会」と名を変えた。その体操種目には、「青少年団集団府県対抗」と「一般女子団体」が加わる（アサヒスポーツ 20-22）。

しかし、翌 1943 年第 14 回大会は、地方別開催となり、全国から明治神宮競技場に集まる事はなかった。これは、体操競技界の完全消滅を意味する。

5．体力章検定と国民体力法[22)23)]

陸軍戸山学校が「運動能力」の試験研究を開始したのは、1924（大正 13）年である。当初から一貫して実施してきたのは、100m 早駈(はやがけ)、1500m 駈歩(かけあし)、走幅跳、懸垂屈肘、手榴弾投の 5 種目で、時々、扛挙(こうきょ)（重量挙げ）を加えた。1935 年には、この 6 種目を一般軍隊の「（基礎）体力標準表」として実施した。ところが、1500m 走は、優秀者が未経験故のオーバーペースで失速する事例が続出した。そこで、急遽変更したのが、2000m 走である。1 里の半分の「半道(はんみち)」と聞けば、最初から飛ばしたりしないからである。また、扛挙だけでは実用性がないので、「重量運搬」に変更した。これが、1939 年に厚生省「体力章検定」の 6 種目となる。

しかし、体力章検定に落ち着くまでには、日本体育連盟制定「競技検査」を継承

した全日本体操連盟の試みも見られた。

1937年7月、全日本体操連盟は、「蘇連邦体育教化運動ГТОの概要」を紹介した（体操7-7附録）。その一方で、「競技検査」を「大改正」して「体力検査」と改称し、3種類の「体力検査標準草案」を決定した。満14歳以下の「少年級」、15歳以上の「青年級」、「年齢其他制限なし」の「一般級」である。少年級と青年級は、走、跳、投、「力」（女子は「平均」）、「綜合」の5種目で、「力」種目は「逆上（脚懸上）又は臂立伏臥臂屈伸」、平均種目は「戴嚢平均台渡」、綜合種目は、少年級が「国民保健（ラヂオ）体操」、青年級が「建国体操（女子は「女子青年体操」）又は国民保健体操」である。競技検査種目の色彩を残してはいるが、体力検査を口実に、保健体操の普及を意図したものに過ぎなかった（体操7-8）。

1938年制定「青年団体力検査」は、体操連盟の二番煎じである（体操8-4）。

1939年実施の最初の体力章検定には、軍隊を除く15-25歳の男子270万人が参加した。合格率は27％、その内訳は、師範60-70％、大学高専40％、中等学校27％、会社工場25％で、農民等地方青年を意味する「町村」は「最低」であった。「屈強な青年」の殆どが徴兵ないし召集されている地方青年は、練習不足にもよるが、体力不足だったのである。また、「都会と田舎の生活環境」を反映して、都会青年は2000m走と俵担ぎが「苦手」であった。手榴弾投げは「平均22m」と「全体的に芳しくなく」「一層の錬磨」を求められた。22-25歳が「比較的よくない」のは、「優秀な体力の者は軍務」で不在のためと言い訳している（体操10-8）。

合格率が不良だったため、翌1940年度体力章検定は「程度の低い甲、乙、丙」を新設して、「不合格者の体力を判定」することにした。実施は、400万人を目標に、7月から5ヶ月を要した。予算は25万円である（体育と競技19-10、体操10-8）。

この1940年度検定の掉尾となる大会が、11月28日の東京日日新聞主催、厚生省、東京市、戸山学校、軍医学校協賛「第一線学生選手体力検定大会」であった。参加31名の成績は、初級16名、中級10名、上級3名（野球、スキー、体操）、級外1名、負傷1名で、種目別成績は、100m走が上級29名、2000m走が「全部が中級8分以内」、懸垂の「大半が中級」であったが、手榴弾投は「苦手」「不振」であった。この投擲不振が理由で、多くの学生選手が「初級に頓落」したのである。

外園中佐講評には、「百米、走幅跳」は「優秀」であるが、「重量運搬、手榴弾投」が「初級にも届かなかったといふのでは甚だ困る」とある（学徒体錬 1-1）。中学校で専門種目に特化してしまう日本の選手制度の弊害が露呈されたのである。なお、懸垂の最高が 9 回どまりだったのは、ゆっくりした号令に合わせるため、屈臂持続時間が長かったからである。

　1940 年の初級合格者で学生時代に陸上 5 種と 10 種の競技歴を有する上野徳太郎は、検定会は半日で、試技回数は走幅跳 2 回、手榴弾投 2 回と試技回数が少なくて実力が出せず、100m 走はスパイクに比して 1－1.2 秒遅く、2000m 走は 200m トラックが不良で走りづらかったし、運搬は「用意」の条件が不徹底であったと、実力を発揮できなかった事の釈明を残した（体育の本 18-4）。

　男子の体力章検定が軌道に乗ると、1941 年 9 月に体力振興会が中心となって、女子の体力章検定の調査研究が無から始まり、1942 年度を準備期間に、1943 年から女子体力章検定が実施された（厚生省二十年史、1960）。15－21 歳に必須とされた「基礎検定種目」は、1000m「速行」、跳躍、短棒投、運搬（16kg100m）、体操（上級が大日本女子青年体操、中級が大日本国民体操、初級が国民保健体操第二）の 5 種目であった。種目選定が文字通り拙速だった事は、「走行」とは限らない 1000m 速行に途中棄権が多かった事、跳躍に、幅跳びではなく、多数を短時間に検査できる「縄跳」を採用した事、手榴弾ではなく、投擲に不向きな短棒（バトン類）投げを採用した事、筋力種目の代わりに、体力測定にはお門違いの保健体操を加えた事で明かである。なお、短棒投げは、男子の手榴弾投げの成績が不良だった事から、ボール状の手榴弾よりも投擲距離が伸びる柄の付いたドイツ式柄つき手榴弾にヒントを得たのであろう。しかし、重心が中心にある短棒では、力学的に無意味であった。

　1940 年、国民体力法が公布された。徴兵検査と学校身体検査の対象にならない全青年男女を対象とした検査である。その準備段階案である 1938 年の「国民体力管理制度準備調査」では、「体力検査」中の「運動機能測定」として、筋力、持久力、協調能力、循環適応能力に関する 5 種目を提示した。経験的な体力章検定とは無関係な、生理学的検査を目指した項目である。

　ところが、1939 年に「運搬」1 種目に置き換えられた。検査に半年以上を要した

体力章検定から考えれば、5種目の実施は到底無理だからであろう。

この「運搬」は、男女年齢別に定めた土俵（つちだわら）を、男子は肩に担ぎ、女子は胸に抱えて、20mトラックを30秒間に周回する回数を記録する「荷重速行」である。

体育研究所の「全員」が、1939年9月から3ヶ月間、13歳から19歳までの男795名、女726名を被験者に、体格6項目、生理的機能5項目、運動能力5項目と、この方式との相関を調査した。結果は、『荷重速行調査報告』に纏められ、一部「中程度」、多くは「軽き」相関が認められるというのが結論であった（体育研究8-5, 6）。先に結論ありきの拙速の観を免れない。

この「運搬」は、実験室的測定であって、実用的な体力章検定の「重量運搬」とは異質である。しかし、運搬能力重視という点では、体力章検定と同根であった。

6. 自校体操

1939年2月の中等学校に対する文部次官通牒「自校体操制定に関する件」は、「式日、運動会朝会其の他」で、学校体操教授要目の教材中から5分以内でできる徒手体操を編成し、「本省体育研究所の審査」を受けて実施することを指示した。多くの学校では、すでにこのような学校独自の合同体操を実施していた。その場合は「作製年度を付記」するとされた（体育と競技18-3）。

同年6月の全国体育運動主事会議の「指示事項」中に、「学校体育の振興を図るには常時体操を実践する風習を養ひ以て体位の向上に資せしむると共に、之に依りて校風の振作を図ること極めて緊要」とある。これが、自校体操制定の意図だったのであろう（体操、9-7）。自校固有の体操という名目で要目という枠に囲い込む統制強化によって、保健にとどまらず、体位向上と国家意識につながる身近な運命共同体意識を醸成する「校風」振作を目指したのである。

自校体操は自校内にどどまらなかった。翌1940年9月29日、第1回自校体操大会が明治神宮陸上競技場で全国から男女中等学校30校8,000名を集めて開催され、優秀校6校には「錬成旗」を授与された（体育日本18-11）。明治時代の連合体操

会の昭和版である。

　ところが、自校体操が指示されてから半年後の1939年秋に「大日本体育学会制定男子中等学校体操」が発表された（体育と競技18-10）。大日本体育学会は、大谷ら東京高師系の団体である。自校体操作成の参考という啓蒙的意味もあろうが、自校体操と矛盾する合同体操の画一化が公然と進められたのである。

　さらに、1944年には、大日本学徒体育振興会が、「男子学徒鍛錬体操」と「女子学徒鍛錬体操」を発表した（学徒体育4-2）。

　自校体操は、時流に取り残されまいとする官僚の、単なる思いつきに過ぎなかったのではなかろうか。

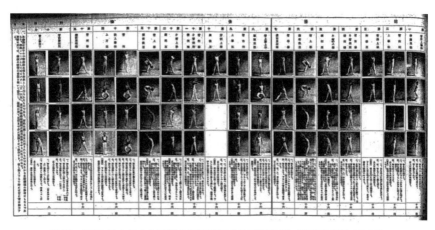

図96．1939年大日本体育学会制定男子中等学校体操（体育と競技18-10）

7．入学試験と体力検査

　1939年2月、自校体操制定の通牒と前後して、大谷武一は「入学試験と体力検査」と題し、「大学の入学試験に体力考査がなかったために、予備校たる高等学校の体操が馬鹿にされ、高等学校の入学試験に体力試験が無いために、中学校の体操がいい加減に取扱はれ、中学校の入学試験の内容がその儘小学校に影響し」と、国民

体力低下の根源として、入学試験のあり方を俎上に乗せた（体操9-2）。

　1939年9月、すでに問題視されていた筆記試験だけで採否を決定する入学試験の弊害を是正するため、中等学校入学試験は、1940年度から小学校長報告書（内申書）、人物考査（面接）、身体検査の綜合判定と改められた（教育学事典、1956）。しかし、まだ体力検査を加えるには至らなかった。

　これに対し、翌1940年3月、大谷が主導する大日本体育学会は、「中等学校入学試験体力検査実施要項」を発表した。身体検査だけでなく、学校体操教授要目の範囲から、疾走、持久走、走幅跳、臂立跳越、距離投、懸垂屈臂、逆上（さかあがり）または脚懸上、投捕球、および「体操の基本運動」の試験を提唱したのである（体育と競技19-2）。

　もっとも、この体力検査らしき実技が採用されたのは1943年度入試からで、東京府立五中の場合、懸垂屈肘と、50人位の隊列でペースメーカーの4年生を先頭に1000m走を実施した。落伍者はいなかったと記憶する。人物考査は、国語と算数の口頭試問であった。

　体力検査に関する指示は、1943年12月9日の国民教育局長通牒「中等学校入学者選抜に関する件」（発国546）中の「身体検査は疾病及異常に重きを置き発育及栄養、運動能力に付きても斟酌を加え中等教育を履修するに堪へ得るや否やを判定」が最初である（学徒体育4-2）。

8．国民学校体錬科と体操

　6大都市では、1940年5月に砂糖が切符制となり、翌1941年4月に1日2合3勺（345g）の米穀配給制が始まる。

　これと並行するかのように、「体錬」が出現する。

　体錬の初出は、1940年2月11日の紀元節を期しての「興亜学徒体錬行会」開催であろう。大谷武一の提唱で、皇紀2600年「記念事業」として、建国体操、行進に続いて、団体競技の学級継走、短棒投、強歩を、年7回実施するという（体操10-3）。

小笠原道生によれば、「体錬」とは「身体的錬磨育成」である。「茲に言ふ身体とは単なる肉体を指すのではない」「身心一如一体」「人間の錬磨育成と言ふのと同一」であって、「動もすれば抽象的知識の詰込に了り、全一具体的人格の錬成に於て欠ける憾があると謂はれてゐた」「従来の教育とは違う」のである（学校体錬 1-1）。

　内閣は、1937年の日中戦争本格化直後に、教育審議会を設置し、総力戦体制に向けた国民教育体制として、青年学校義務化を1939年、小学校に代わる国民学校設置を1941年に実現した。

　青年学校は国防競技を重視した。国民学校が重視したのが「体錬」であった。

　1941年4月発足の国民学校は、「皇国民」教育を目指して、明治以来の「体操科」を「体錬科」に改組した。体操すなわち身体操練という具象的方法を名称とした運動教科が、体錬すなわち身体鍛錬という観念的目標を名称に掲げたのである。しかし、その教授要項調査の第1回総会が開かれたのは、2ヶ月後の6月14日である（学校体錬 1-7）。この「国民学校体錬科教授要項」が制定を見たのは、翌1942年9月である（学徒体育 2-11）。拙速というには時間がかかり過ぎているが、泥縄であった。当然、1913年以来の学校体操教授要目による初等中等学校体育の一貫性という大局観は、念頭になかった。

　体錬科は「体錬科体操」と「体錬科武道」に二分された。

　前者は、「体操及遊戯競技」と「教練」「衛生」の3教材からなる。注目すべき点は、これまで別教材とされてきた体操と遊戯競技を一体化した事と、騎馬戦を含む「運搬」および棒倒と相撲を含む「挌力」を加えた事である。「運搬」は、実用的な肉体労働そのものである。これ迄の体育、体操とは異質の運動観が「体錬」を必要としたのである。

　後者は、西欧近代の運動教科である「体操」に副次的に組み込まれていた「武道」の名称にこだわる在来武術が、総力戦を背景に、明治以来の体操科から独立的地歩を占めた事を意味する。

　体錬科教授要項が制定されると、翌10月に「要目の発表と共に専ら待望の焦点となってゐる」「国民学校体錬科講習会」が、各府県と外地から、それぞれ体操教練遊戯競技6名、剣道2名、柔道2名、音楽遊戯2名を集めて、1週間の開催となっ

た（学徒体育 2-10）。

その後、体錬科教授要目は、師範学校が 1943 年 4 月、中等学校が 1944 年 3 月に制定される。中等学校については 1944 年「3 月 6 日よりその訓練伝達講習会」を開催した（学徒体育 4-3）。

しかし、その実効性は疑わしい。その翌日には、閣議が学徒勤労動員通年実施を決定したからである。

1944 年 11 月刊『学徒体育』は、東京高師数年来の研究結果である「体操を主とせる錬成内容」を掲載した。内容は、片脚跳、1 分間駈歩、持久駈歩、挙股(ももあげ)駈歩、鍛錬体操連続 30 分とある。「体操」の力点は、健脚に移ったのである。

9．全日本体操連盟の活動

総力戦時代に突入したとはいえ、皇紀 2600 年奉祝の 1940 年までは精神総動員にとどまっていたから、体操連盟は競技団体としての活動を維持していた。

しかし、体操連盟機関誌『体操』が 1941 年の年明けと同時に『学校体錬』に統合されたように、総動員が、体制どころか、資材に及ぶと、競技団体としての体操連盟の存在意義は急速に失われる。そして、1942 年 4 月に全競技団体が「大日本体育会」へ組み込まれると、体操競技は、明治神宮大会の一部として実施されたのを最後に、完全に消滅する。

1939 年度までの体操連盟事業予定を通観すると、日中戦争前と比べて、啓蒙普及団体としての事業には、格段の違いは見られない。

その論調も、国民精神総動員運動に沿いながら、競技団体としての旗幟も鮮明であった。日中戦争開始直後に「体操連盟刻下の急務」と指摘されたのは、「対支戦局の進展に対する体操報国」と「東京オリンピック」の二本立てであった（体操 7-11）。また、1938 年には「競技団体としての体育振興策」が論じられている（オリンピック 16-3）。

しかし、1938 年 7 月に第 12 回オリンピック大会東京開催の返上が決まると一変

する。8月には「国民心身鍛錬運動」が20日間にわたって実施された（体操8-7）。11月の第7回日本体操祭は、「全国に亘る国民精神総動員的行事」と位置づけられ、靖国神社を会場に、君が代、国旗掲揚、伊勢神宮遙拝、黙祷、体操（ラヂオ第一，第二）、愛国行進曲、万歳三唱の中継放送となった（体操8-10）。また、これ迄の「体操講習会」を「青壮年体育指導者養成講習会」と改称して、「体操は国民体育の基準」と主張した（体操8-11）。

翌1939年には、これ迄の「体操」からは想像できない「強歩部事業」を加えた（次項参照）。

1940年9月には、明治神宮大会に吸収されていた中等学校大会に参加していた師範学校だけを対象に、東京文理科大学主催、全日本体操連盟後援で「第一回全日本師範学校体操競技選手権大会」を開催した。その種目は、鉄棒、跳箱、徒手であるから、「選手権」とは称するものの、その意図が国民学校教員の体操技量の向上にあったことは明かである（体操10-8）。

1942年、第13回明治神宮大会は「錬成大会」と改称する。「特殊技能者の尊重ではなく国を挙げて"健民錬成"」が趣旨であった（アサヒスポーツ20-22）。体操連盟の総力戦下における役割も、この一語に尽きる。

しかし、これらが十分に機能したとは考えにくい。女高師体育科学生山田光の目に映った1941年の第7回日本体操大会における男子中等学校生の半裸体操は、「勇ましい姿は非常時日本の若人の力強さを表現して居りましたが」に続いて「もっと黒い逞しい筋肉の所有者が多かったなら」と願望に変わる（学校体錬1-6）。これは、当時のニュース映画の上半身裸体の体操からも頷ける。

10. 全日本体操連盟の「強歩」

1938年5月刊『体操』は、特集「遠足号」である。しかし、記事は「剛健遠足」と「強行軍」であった。同年8月実施の「国民心身鍛錬運動」のひとつには「徒歩の奨励」がある（体操8-7）。広大な大陸戦線が行軍力を必要としたからであろう。

全日本体操連盟は、1939年度事業に強歩を取り上げて「強歩部」を新設した（体操9-7）。「『強歩』奨励の趣旨」には「行軍力の強弱が軍の作戦」を左右するとあり、「体力向上は先づ歩くことから」を標語とした。体操連盟が、体操よりも強歩を重視したのである。

　具体的には「団体強歩に関する規定」を設け、「実践的行軍力に必要なる体力標準」として「強歩章検定標準」を設定した。青年後期（21－25歳）男子は、徒手で30km 6時間半、加重10kgで30km 7時間半、女子は、徒手で20km 5時間半である（体操9-4）。ちなみに、歩兵部隊が幕営（キャンプ）しながら連日行軍する場合の標準は、装備30kgで1日24kmであった。

　大々的に強歩を実施した最初は、1939年7月に内務省外郭団体である奨健会が主催した「100キロ強行軍」であろう（アサヒスポーツ19-16）。

　文部省系の体操連盟と内務省系の奨健会とが、強歩を競い合ったのではなかろうか。

　体操連盟主催の最初は、1939年11月18－19日にわたる「百粁強歩章全日本検定大会」で、東京－日光135km、東京－箱根100km、東京－鎌倉－東京100kmを計画した（体操9-10）。しかし、実現したのは、明治神宮－二子玉川－下鶴間－藤沢－横浜－日比谷の100kmで、4,000人が参加した（読売11,19）。制限時間は、少年30km 6時間半、女子青年の20km 5時間または40km 9時間と、男子青年前期の30km 7時間、男子青壮年の70km 13時間半または100km 22時間であった。時間内に100kmを踏破したのは4,362名中356名、1着は日体の浜田靖一の11時間12分であった。早朝、握り飯を持った友人が途中で待っていた（体操、9-12）。第2回は、翌1940年に開催された（体操10-7）。しかし、1941年に第3回が開催されたか否かは分からない。

　なお、主催者は定かでないが、「学童の強歩大会」も1939年から始まった。1940年3月3日の「学童強歩大会」は、団体強歩形式の明治神宮－井の頭公園13kmであった。東京市内100校から、学校単位で男子6年生30名と教員2名が参加し、走行禁止、落伍なしで2時間50分以内に到着すれば「入賞」とした。時間差で出発し、すべて2時間前後で到着している（体育日本18-4）。3回目は、1941年3月6日であった。97小学校から5年以上男女4000名が、校旗を先頭に隊伍を組んで、

板橋第一小学校－大宮公園の20kmを競った。落伍があれば失格である。尋常科男子2時間48分、女子3時間47分、高等科男子2時間45分、女子3時間16分が最高であった（学校体錬1-4）。

1942年3月の「学徒行軍大会」は、大日本学徒体育振興会が大学高専を関東55校と関西45校に分けて開催した。各校とも11名が背嚢なしの武装で隊列を組み、引返点で20分休憩後に折り返す。関東男子校は49kmで、1着4時間48分、終着8時間09分と、学校間格差が甚だしかっただけでなく、8校が落伍者を出して失格した。関東女子校は23kmで、1着女高師は2時間10分であったが、体操の専門学校である二階堂と藤村などは参加しなかった。また、関西女子校は、全校から落伍者を出す不甲斐なさであった（学徒体育2-5）。翌1943年も同様に実施された（学徒体育3-5）。しかし、1944年は、通年学徒勤労動員が始まるなど、大会が開催できる状況ではなかった。

なお、奨健会の場合は、1943年2月の「戦捷祈願100km錬成行軍」が記事となった最後である（アサヒスポーツ21-6）。

11. 大日本体育会と大日本学徒体育振興会

1939年2月、大日本体育協会定時常議員会は「綜合統制の体協の拡充方針」を決定した。「未加盟乃至未組織スポーツをも吸収して体協をわが国における運動競技の名実備はった綜合統制団体とするとともに」、新たに「国民体力部」を設けて「体育行政の外郭機関たる機能を発揮」することを目指したのである（体育と競技18-3）。

また、1941年11月には「学徒体育振興会設立懇談会」が開かれた（読売10.29）。体協の「発展的解消」について、厚生省と文部省の間に対立があり、先手を打って、文部省が学徒体育振興会を提起したとみられる（読売11.23）。

ともかく、翌12月「大日本学徒体育振興会」が発足して、学徒の競技大会を統制した。

統制された中に体操はない。しかし、講習会には「大学高等専門学校学徒体操講

習会」が置かれた（学徒体育 2-5、2-8）。

　後を追うかのように、1942 年 4 月に「大日本体育会」が発足した。これまでの各競技団体に代わる「陸上競技、水泳、体操」などの部会が置かれ、各部会の「学徒委員」には、「学徒体育振興会専門部委員」が当たる形で、学徒体育振興会と調整した（学徒体育 3-4）。

　しかし、1942 年 11 月には、文部省体育局長と内務省防空局長の連名で「学校体育行事其の他の集会実施に際し防空上の措置に関する件」（発体 216 号）が通牒された位であるから、竜頭蛇尾、あるいは絵に描いた餅の類ではなかろうか（学徒体育 3-1）。

　1943 年 3 月の「戦時学徒体育訓練実施要綱」（発体 59）は、「男子学徒に在りては卒業後其の総てが直ちに将兵として戦場に赴く」ことを前提に、「体操及陸上運動は基本運動として努めて全校学徒に実施せしむること」を指示した（学徒体育 3-4）。

　1944 年 3 月の閣議決定「決戦非常措置要綱に基く学徒動員実施要綱」は、国民学校高等科の勤労動員について「身心の発達を考慮し適当なる作業種目」を指示した。「適当なる作業種目」を「運動」に置き換えれば、かつての体操科の文言と同じである（学徒体育 4-4）。

12. 征空体錬（航空体育）

　1942 年 12 月に『海軍体操教範』が制定された。デンマーク体操化し、回転系の運動が加わって、助走を要する跳馬、短跳馬などと共に「回転器」（双輪のフープ：hoop）が採用された。艦船だけでなく、航空を意識したのである。

　翌 1943 年 3 月、陸軍航空総監部から東京陸軍航空学校編纂『体操教育の参考』が配布された。この頃は、時間のかかる正規の手続きを踏む余裕のない場合、「推敲の余地」があると書き加えて『参考』と命名して発行するのが慣行となっていた。陸軍は 1938 年に航空士官学校を独立させているから、体操も地上とは異なる体操を必要としたのであろう。海軍同様、デンマーク体操化して「回転器」を採用した。

　なお、海軍では、「回転器は短円筒形」で「回転方向は規制される」ため、より

「高度の錬成」を意図して、1943年7月に「球状の操転器」が考案された。操転器は、映画『決戦の大空』で初めて人びとの知るところとなり、11月の明治神宮国民錬成大会で実演された。来歴については、「我が国独自のもの」と紹介しながら、「回転器即フープは一九二五年にドイツで考案され欧米諸国の青年男女間に熱狂的な普及」を遂げていた事、これが「昭和八年時の文相鳩山一郎氏などに依って奨励」された事、しかし「一般の認識に至らず」、やがて「航空の発達に伴ひ、これが適性訓練用具としての価値」を認められた事を指摘している。また、「仄聞するところ」では「米国はこの操転器をすでに採用」していたという（学徒体育、5-1）。

このように陸海軍でも採用して間もない航空体操が、戦局の逼迫に迫られて学徒にも及ぶ。サイパン島失陥直後の1944年8月に通牒された「学徒航空適性強化体錬に関する件」（発体158）で、大日本学徒体育振興会からは「学徒征空体錬実施要綱」が示された。

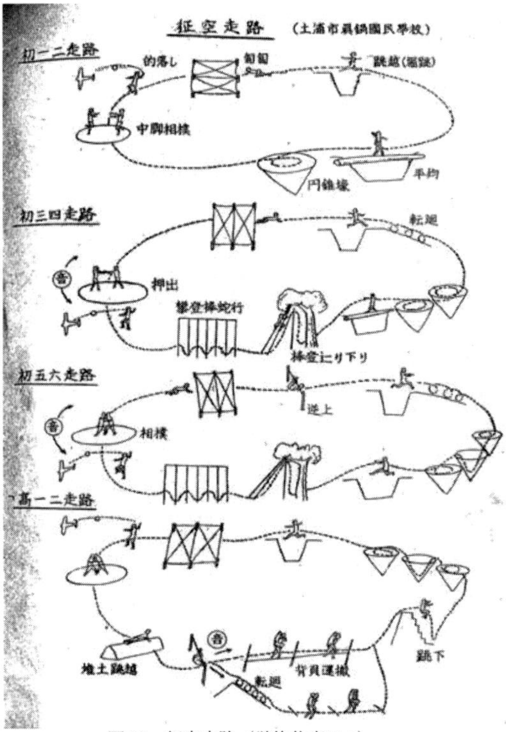

その国民学校と中等学校の「体錬科教授要項に指定補充せる教材」には、「訓練目標」として、柔軟なる身体、強靱にして持久力に富む体力、敏捷性、巧緻性に富む身体、平衡器官の適性、身体の均斉なる発達が挙げられ、「体操」教材24運動として、立位、膝立、長座仰臥等の姿勢で「男子をして一人残らず」臂の前側振、臂の異方向挙振、脚の側開、脚の側挙、体の側倒、体の回旋が求められた。また、附録には、「操転器」「回転器」「変転器」、直径4－5mの「円錐

図97．征空走路（学徒体育 5-1）

壕」が示された（学徒体育5-1）。

　これに準拠して、土浦市真鍋国民学校は、堀跳、匍匐（ほふく）、的落し、片脚相撲、斜面走用の円錐壕、蛇行、丸太渡り、棒登（のぼ）り下り、連続前転、堆土跳越、背負運搬、および跳下（とびおり）を配した「征空走路」を施設した（学徒体育5-1）。霞浦の予科練近くだったから、モデルケースとされたのであろう。

　この円錐壕での斜面走は、航空体育指導者講習の映像として「日本ニュース」225号に収録された（昭和館蔵）。

　この映像は、航空適性強化体育中央講習会東日本一般の部（8月29日～9月2日、千葉県誉田の明治大学修練道場、参加75名）を、日映が誉田国民学校運動場で撮影したものである。円錐壕は遠山喜一郎（土浦海軍航空隊）の考案で、他に本間茂雄（東京高師）考案の人力によるトランポリンの類の直径10m位の「緩衝布」も指導された。しかし、もはや、こんな布が入手できるような状況ではなかった。引き続き学校の部、さらに朝鮮を含む関西での中央講習会（中モズ綜合錬成場）が実施された（体育日本22-9）。

　『学徒体育』が征空体錬を掲載したのは、B-29の夜間飛来が定期便化していた1945年1月である。航空体育は、絵に描いた餅に過ぎなかった。

22章　戦後 GHQ 時代の体操

　戦争は 1945（昭和 20）年 8 月に終わったものの、衣食住とくに食糧事情の逼迫は、代用の雑穀どころか、欠配も頻繁で、極めて深刻だった。

　1945 年 7 月に雑穀込みの 2 合 1 勺（315g）にまで減量されていた主食配給量が、目標の 3 合（450g）を下回る 2 合 7 勺を実現したのは、1948 年 11 月であった。米以外の外食が解禁されたのは、1950 年 4 月である。

　日本経済が息を吹き返したのは、1950 年 6 月に勃発した朝鮮戦争の特需からであろう。以後、1951 年 9 月平和条約調印、1952 年 4 月同条約発効となって、独立を回復する。

　その間、日本は、G. H. Q.（連合国軍総司令部：General Headquarters of the Supreme Commander for the Allied Powers）の間接統治の下で、民主的平和国家の新生日本を標榜する。

　しかし、戦前の復活と見るべきものも少なくはなかった。

　体操の場合は、どうだったのか。

1．軍国主義的体操の払拭

　1945 年 9 月に示された「新日本建設の教育方針」の「体育」の項は、「明朗闊達なる精神を涵養する為大いに運動競技を奨励し純正なスポーツの復活」にとどまらず、「将来国際競技にも参加するの機会に備へ」る事を求めた。文言からは、健康・体力は問題外で、体育がスポーツにだけ目を向けていた事がうかがえる。

　もちろん、体操を否定したわけではない。1945 年 11 月「終戦に伴う体錬科教授要項（目）取扱に関する件」（発体 80）では、軍国主義の払拭という観点から、「歩調をとりて歩く」事を禁じ、徒手体操には「画一的指導は努めて之を避けること」

を指示した。新しい体操を求めたのではなく、消去法的な体操の許容であって、現場の指針となるべき理念にも具体性にも欠けていた。このため、学校現場には、徒手体操の指導に二の足を踏む風潮が生まれる。

この是正のための通達が 1946 年 6 月の「秩序、行進、徒手体操等実施に関する件」（発体 81）である。集団の統制を第一義としなければ、軍事的色彩のない最小限の号令と指示、正常歩による行進、音楽に合わせたラジオ体操等の合同体操は差し支えないとあった。

しかし、一度生じた体操を回避する"自由"の風潮は一人歩きする。

1947 年 5 月、戦争中の体錬科に代わって、新学制の下で、小学校に体育科、中学校以上に保健体育科が置かれた。8 月の「学校体育指導要綱」（発体 77）は、徒手と器械の体操を筆頭に、スポーツ（遊戯）、ダンスを教材とした。この配列は、戦前の体操科への回帰を思わせる。しかし、体育科の一教材としての体操という位置づけであるから、かつての体操科に見られた広義の体操の概念は消滅し、「体操」は狭義の概念だけで語られる。また、スポーツの記述量の増加とは逆に、教材としての体操の記述量は著しく減少した。

こうして「六三制／野球ばかりが／強くなり」と揶揄されたように、スポーツ中心の体育科ができ上がっていく。

2．ラジオ体操の存続と中止[49]

軍国主義的体操の払拭という点では、ラジオ体操も例外ではなかった。

ラジオ体操は、1945 年 8 月 14 日まで、午前 5 時.50 分、6 時 50 分、11 時.50 分の 3 回放送されていたが、戦後の放送は 8 月 23 日が最初であった。

しかし、かつては国民精神総動員に一役買ったラジオ体操である。9 月になると、関係者が GHQ に呼び出され、全国一斉放送の号令が問題とされた。号令による統一的指揮が、命令を絶対視する日本の軍国主義教育として恐れられていたからであろう。折衝の末、伴奏はこれ迄通りでよいが、号令は減らすという条件で、これ迄通りのラ

ジオ体操が認められた。しかし、この放送は1946年4月までしか続かなかった。

その間に、まず作曲して、これに体操を振付け、号令でなく言葉で解説しながら放送する方針で、新しいラジオ体操が第三まで制定された。第一は女高師の戸倉ハルら、第二は舞踊家の石井漠、第三は実質高師系の大日本体育会体操部会の考案であった。廃止すら危ぶまれていたにしては、盛り沢山である。立案を一本に絞りきれない対立の産物であろうか。

その放送は1946年4月からであった。

翌5月の文部省体育局長通達「社会体育運動普及講習会要項」では、職場・職域での「平易な運動種目」の一つに「プレイグランドボール」（ソフトボール）、「排球」（バレーボール）と並べて「新ラジオ体操」を挙げた。新ラジオ体操をレクリエーションと位置づけたのである。

しかし、新しいラジオ体操講習会の参加者には、学校教員が多かったという。

この新ラジオ体操は3種類とも複雑過ぎて、1947年8月末に中止に追い込まれる。そして、1951年5月まで、ラジオ体操の空白が4年近く続く。

この空白を埋めるかのように現れたのが、1931年に体操連盟が「健康体操」シリーズ中に『国民ダンス』として加えた日本民謡を連想させる1948年7月刊 佐藤和兄著『歌謡体操』、翌8月刊 運輸省編『国鉄体操指導教範』であり、家庭編、学校編の他に「職場編」を設けた翌1949年4月刊 松延博著『体操新書』である。

3．国民体育大会のマスゲーム

戦後僅か1年余で、大日本体育会は国民体育大会を開催した。

国民体育大会は、戦前・戦中の明治神宮大会の復活ではなく、新生日本の運動競技の全国総合競技大会と位置づけられた。開催は、全国都道府県の持ち回りである。

その第1回は、1946年11月に関西地区で会場を分散して開催された。各会場ごとに、形だけの開会式が行われた。入場行進はなかった。集団行進が問題視されな

いようにというよりも、経済・交通・食糧事情のため、参集するだけでも信じがたい大変さだったからである。

　国体のマスゲームの最初は、翌 1947 年の第 2 回石川大会である。朝日新聞石川版には、市内小学校 6 年男女 4200 名が、天皇陛下の前で「美しいマスゲームを展開」したとある（大会報告書）。しかし、全国版の写真は、雑多な服装の小学生が行進というよりも、ゾロゾロ歩いて入場する模様を伝えている（朝日 10.31）。

　翌 1948 年の第 3 回福岡大会では、陸上競技場での開会式に先立って「三井染料、三井鉱業、日立戸畑の工場音楽団八十名の演奏行進」が展開された（大会報告書）。

　以後、マスゲームは開会式当日の恒例となる。

4．日本体操協会設立と体操競技の復活[42)43)]

　1946 年 1 月、大日本体育会は、戦時中の部会制度を廃して、加盟団体の連合体に改組した。日本体育協会が発足するのは、1948 年 11 月である。

　体操部会の場合は、3 月 25 日に競技団体「日本体操協会」として大日本体育会に加盟した。

　保健的体操と競技の両方を目指した戦前の「全日本体操連盟」への回帰ではなかった。

　体操協会最初の大会は、1946 年 11 月の第 1 回国民体育大会兼第 1 回全日本選手権であった。1 日目の成績を掲載しながら、2 日目の成績は掲載しないなど、新聞の扱いはマイナー以下であった。

　戦後復活最初の『運動年鑑：1948 年版』によると、1946 年度の全日本体操選手権は、男女とも総合と種目別の個人だけで、団体がない。

　団体総合が始まるのは、翌 1947 年度からである。

　『第二回国民体育大会報告書』によると、1947 年の全日本体操選手権も第 2 回石川国体の一部であった。

　この年の一般男子は、徒手（ゆか）、鉄棒、平行棒、鞍馬、吊環、跳馬の 6 種目

からなる団体総合、個人総合、個人種目別である。戦前のベルリンオリンピックの種目を実施したのであるから、念頭にあったのは国際競技参加であろう。

一般女子は、団体総合が徒手、平均台、平行棒（段違い平行棒）、跳箱（跳馬ではない）の4種目、個人総合が平均台、平行棒、跳箱の3種目、および「団体徒手」である。なお、女子の「平行棒」が「段違い平行棒」と呼ばれるようになるのは、1953年のドイツ男女選手の来日からである。

男子中等学校は、団体総合が徒手、鉄棒、跳箱の3種目、個人総合が徒手・鉄棒・平行棒・跳箱の4種目、個人種目別はこの4種目である。平行棒を団体総合に入れると、棄権せざるを得ない学校が多かったのではなかろうか。

女子中等学校は、団体総合が徒手、平均台、平行棒、跳箱の4種目、個人総合が平均台、平行棒、跳箱の3種目、個人種目別もこの3種目、および「団体徒手」であった。徒手は、団体総合にありながら、個人総合と個人種目別にはない。その代わりが、男子になくて女子にだけある「団体徒手」であろうか。

団体と個人とでは、配点が異なった。

新聞に、体操の記事はもちろん、成績もない。

なお、1947年9月には、第1回全日本学生体操競技選手権が大阪YMCAで開催された。主催者ともども、戦前の復活である。

1948年の第3回国体の「体操競技」は、新制高校男子、新制高校女子、一般男子、一般女子の府県対抗と、一般男子、一般女子、新制高校男子、新制高校女子の「団体徒手競技」と多彩になった（報告書）。選手権は、国体から分離独立したのである。

翌1949年には、全日本体操選手権と国体の他に、復活第1回早慶定期戦、OB対学生体操競技大会、第1回早大対関学対抗試合が行われ（運動年鑑）、第1回全日本学生団体徒手選手権大会（体操協会60年史）、第2回全国学生体操選手権（運動年鑑）、YMCA第3回全日本学生選手権（朝日11.27）と多彩になる。これらも戦後復活の象徴であろう。

新聞が全日本選手権の成績を掲載したのも1949年からで、一般男子は竹本正男、高校男子は小野喬が鞍馬と吊環で優勝とある（朝日10.31、読売10.31）。

また、特殊種目も復活した。

1948年の全日本選手権最終日には、男子のクライミングロープ、マットワーク、棍棒の3種目が行われた（読売10.11）。

しかし、「復活第一回全日本器械体操特殊種目選手権」とあるのは、1949年に横浜で開催された全日本選手権である。その「一般男子特殊種目」3種目は、「転回運動」あるいは「マット」、棍棒（インディアンクラブ）、綱登であった。優勝は、棍棒が米田、マットが上迫、「ツナ登」5mが日本新4秒8の古口、8mが10秒3の二条であった（朝日10.31、読売10.31）。

『スポーツ大百科』（日本体育協会監修、1982）の「記録編」掲載特殊3種目（タンブリング・クライミングロープ・インディアンクラブ）優勝者名一覧は、1952年から1969年までの男子高校選手権だけであって、全日本選手権を記載していない。

しかし、1951年、1953年、1955年、1958年には、全日本選手権開催時に特殊3種目が行われていた（運動年鑑、朝日）。

1947年の全日本体操選手権女子には、グループでのゆか運動である「団体徒手」があった。しかし、『新修体育大辞典』（1976）には、1947年の「団体徒手」は、男子でも実施されたとある。戦中の団体徒手の復活であろう。

5．国際復帰

1949年8月の全米水泳選手権における古橋等の記事には到底及ばないものの、新聞が体操競技を大きく取り上げたのは、1950年5月に朝日新聞社と日本体操協会が、全米選手権勝者3名を招待して東京と大阪で開催した日米対抗である。戦後最初の国際競技であった。

開催前から「米日交歓体操大会に寄せて：日本に有望な鉄棒：世界水準を知るチャンス」を見出しとする記事が現れた（朝日5.14）。初めての事である。結果は、初めての写真つきで「日米体操東京大会：団体は米国：個人総合は竹本優勝」と報じられた（朝日5.16）。翌年発行の『運動年鑑：昭和26年版』には、「国際レベルから

遠ざかっていた日本」にとって、「ロンドン・オリンピックで行われた演技の方法」が分かった事が「ヘルシンキへつながる」とある。

ちなみに、戦前の1936年ベルリンオリンピックで実施された男子6種目、女子4種目が固定化されて今日に至るのは、1948年ロンドンオリンピックからである。

なお、この大会を見た第9回ロスオリンピック監督の高木は、1932年ロス大会でも、米国選手は既に「体操自由にタンブリングを取り入れていた」と「タンブリング（転回運動）を得意とする米」選手の"徒手体操"に言及している（新体育20-7）。

日本の実力を知った米国は、翌1951年4月の全米体操選手権（パサデナ）に、竹本選手の招待を申し入れてきた。日本は、AAU（全米体育協会）が了承すれば派遣と決定したが、米国側の事情で中止となった（朝日3.8、4.5）。

国際復帰への前提となる国際連盟への加盟も、1950年8月にバーゼルで開かれた第29回国際体操連盟（FIG）総会における日本の仮加盟承認、1951年5月フローレンスでの第30回FIG総会における正式加盟と、日本の独立回復と前後して実現する。

ヘルシンキオリンピックへ向けての選手選考も、第1次候補選抜予選は、1950年に始まり（運動年鑑）、1951年11月には第3次予選となる（朝日11.26）。

23章「もはや戦後ではない」時代の体操[17]

　1952（昭和27）年4月に独立を回復した日本は、朝鮮特需で息を吹き返した経済が、1ドル360円の固定レートと「よく働く」日本人によって加速し、数年にして戦後復興を忘れさせる新時代へと足を踏み入れた。1955年には家庭生活の電化が「三種の神器」と称され、翌1956年には日経平均が500円を超えて「戦後10年、もはや戦後ではない」時代を迎えた。

　スポーツでは、1959年5月のIOC総会が、1964年第18回オリンピック大会東京開催を決定する。その背景には、世界が認めざるを得ない新生日本の戦後復興の実績があった。

　また、国内では、1955年11月、体協理事会が衆参両院等へ「スポーツ振興法制定を要望」した（朝日11.16）。競技色濃厚だったスポーツも、国民への普及に目を向け始め、1961年のスポーツ振興法制定につながる。

　では、この時期の体操はどうだったのか。この章の課題である。

1．ラジオ体操の再出発[49]

　1947年8月以来空白だったラジオ体操は、1951年5月に新しいラジオ体操第一の放送開始によって再生した。独立回復へ向けて、講和条約が具体化し出した頃である。

　再生の契機は、1950年6月の朝鮮戦争勃発直後から高まったラジオ体操復活の声であろう。11月に文部省でラジオ体操復活についての第1回協議会が、12月に郵政省で制定懇談会が開催された。そして、翌1951年2月にラジオ体操制定委員会が発足し、3月に3分程度の家庭向けラジオ体操が完成する。これが、5月から電波に乗った新ラジオ体操第一で、13種の一連の運動を2分50秒で実施した（読売5.18）。

この体操の図解は80万部印刷され、レコードも製作されて小中学校へ配布されただけでなく、華やかな芸能人のアトラクション付き発表会が全国14ヶ所で開催された。講習会開催が困難な地域では、映画による講習も行われた。宣伝普及活動は、1928年の最初のラジオ体操開始時と同様、あるいはそれ以上であった。

　翌1952年6月には、女性を含む職場向き3分程度のラジオ体操第二が放送開始となる。

　この独立回復と前後して始まったラジオ体操を軌道に乗せたのは、かつて1930年代にラジオ体操愛好者によって自然発生的に出現した「ラジオ体操の会」のような、日本放送協会外郭団体の組織化である。その最初は、1952年に東京で生まれたラジオ体操会連盟で、1953年に「夏期巡回ラジオ体操会」となった。1956年4月にラジオ体操の歌「新しい朝が来た」(藤山一郎作曲、藤浦洸作詞)が放送され、この年から、府県別にラジオ体操会の表彰が始まる。

　テレビがラジオ体操の放映を開始したのは、1957年10月である。

　そして、1962年3月「全国ラジオ体操連盟」結成となり、12地方連盟と55府県等連盟を擁して、年1回の「一千万人ラジオ体操祭」を最大の行事に位置づけた。また、毎年各都道府県単位で40名程度の指導者養成講習を開催し、「全国表彰」を行うなど、ラジオ体操の啓蒙普及が続いて今日に至る。

　さらに、すでに欧米ではテレビ放映されていた家庭婦人を対象とする美容体操も電波に乗った。

　その最初は、1951年発足の民放ラジオ東京が放映した谷桃子振付のバレエ式「美容体操」である(読売10. 8)。

　NHKが、ラジオ体操同様、簡易保険局の手になる美容体操を不定期ながら放映し始めるのは、1954年4月13日からである。曲線的な女性の演技写真の説明に「家庭婦人の容姿を美しく健康的にするため」「明るいメロディと軽快なテンポの伴奏」とある(読売3. 31)。担当した竹腰美代子は、家庭婦人に「あなたの健康のためのNHK美容体操」と呼びかけた(女性美1955、体育の科学8-10, 1957)。

　ラジオ体操が広場での男性指揮者による集団体操であるのに対し、美容体操は茶の間での家庭婦人を標的にしたのである。

2．日本体操祭と国民体育デー

　1954年11月6日に「第一回体操祭」が開催された。主催者には、朝日新聞社だけでなく、体操協会と東京都教育委員会も名を連ねた。明治神宮外苑競技場に2万人を集め、中学生1100名の体操、日本女子体育短期大学200名のダンスが登場した。この日の朝日夕刊見出しには「外苑に躍動する健康美」とある。

　翌1955年3月には「日本体操祭全国協議委員会」が、文部省、全国教育委員会、小中高体育連盟、体操協会によって結成され、5月15日に日本体操祭がNHKのラジオとテレビを動員して開催される（朝日3.17）。

　そして、1958年5月11日に始まった「国民体育デー」当日、文部省、体操協会、朝日新聞社共催「昭和三十三年度日本体操祭」が、秩父宮ラグビー場に2万人を集める。この日の朝日夕刊は、写真主体の1ページをこれに当て、「花やかに健かに、全国で体操祭」の見出しで大々的に報じた。東京都高校体育連盟女生徒700名のダンス、幼稚園4300名の遊戯、防衛大学校の「徒手体操」（ピラミッド）など、18のマスゲームが繰り広げられたのである。

　しかし、翌1959年は、中央の体操祭以外は「雨と準備不足」で「国民からそっぽ」を向かれてしまった（朝日5.5）。

　1960年の国民体育デーは、前年の反省から、「文部省直接のスポーツ祭典を国立競技場」で開催する他、都道府県が「地方行事」を企画して「国民全部が参加する『スポーツの日』としたいと呼びかけ」た（朝日5.5）。国立競技場の祭典は、依然として朝日と文部省共催の日本体操祭で、2万3000人を集めてのマスゲームであった。朝日は、第1面左上に「150万人の律動美：全国一斉に体操祭」の見出しで、都ラジオ体操会連盟によるラジオ体操の航空写真を6段抜きで掲載する他、第4面に「写真特集」を組んで盛況ぶりを喧伝した（朝日5.18）。

　国民体育デーは、戦前の大規模な朝日主催体操大会や明治神宮大会の壮観なマスゲームの復活を思わせる。

　国民体育デーは、1961年秋から「スポーツの日」となり、1966年から10月10日

の「体育の日」となる。

3．集団行動のはじまり

　1958年5月の第1回国民体育デー開始直前の4月に、道徳教育の授業が始まった。拙速振りは「審議たった7時間：『時間特設』の決まるまで」の見出しで明かである（朝日3.21）。その1ヶ月前の2月22日に「"右へならえ"も復活：小中学校保健体育科の新方針：集合解散など厳格に」の見出しで、教育課程審議会答申が紹介された（朝日2.23）。「バク然としていた」体育科の指導目標を、運動ごとの要求水準を各学年別で示すことで「ハッキリとさせる」と共に、「修学旅行や校外活動でもだらだらしている」のは危険という理由もあるが、「集団での行進も全くできない」という有力者の美意識からの発想で、「集団行動を重視」し、「今後は戦前のように右へならえも復活して集合、解散、整列などを厳格に訓練する」と方向づけたのである。

　最初に集団行動を執筆したのは浅井淺一であった（学習研究85-7）。広い視野から「集団行動の研究と方法」を論じている。

　これとは対照的に、教育委員会を中心とする現場の関心が集中したのは、号令と号令への対応動作であった。たとえば、「休め」の姿勢を、旧軍隊式とするのか自衛隊式とするのかが、集団行動の中味であった。

　この集団行動の形骸化は、東京オリンピックを目前に鮮明となる。1964年5月25日の朝日記事「復活する"気をつけ""休め"文部省で集団行動の統一スタイル」は、1958年以来の集団行動が各府県バラバラで、現場は「集合の時もダラダラしていて規律ある集団行動ができない」状態にあったが、これを「昨年十月に開かれたスポーツの日の東京会場」で目にした灘尾文部大臣が、「『だらしないな…』とつぶやいたという」。その直後の1963年11月に「集団行動指導の手引き指導委員会」が、そのまとめを翌1964年7月と予定して草案に漕ぎ着けたのである。

　当局が必要視した集団行動は、儀式上の集団美の観点からであった。

東京オリンピック開会式と閉会式の選手入場は、ともに集団行進でありながら、極めて対照的であった。

4．体操の国際進出[43)44)]

　戦争で途絶したものの、「追いつけ、追い越せ」は独立回復とともに始まる。

　1952年の戦後初参加となる第15回オリンピックヘルシンキ大会に、体操は団体総合ギリギリの5名で参加した。「結局B級の上位か：期待は跳馬と平行棒」「やや落ちる鉄棒」と、多くは期待されなかった（朝日5.28）。

　ところが、参加23カ国中で団体総合5位を占め、種目別で銀2，銅2の成績を挙げた。「期待以上」である（運動年鑑1953年版）。体操が脚光を浴びたのは当然である。帰国すると、「オリンピック選手歓迎模範体操演技大会」が、体操協会と朝日主催で6都市を巡回した。

　また、朝日は、12月の「全日本体操選手権」を、2日間とも写真入り6段抜きで掲載し、「総評」では「小野五輪選手の貫禄」「収穫は多数新人の進出」と期待を膨らませ、年末に男女の「体操ベスト・テンとランキング」を発表した。

　翌1953年9月には、西独選手男子4名女子2名を招聘した。8月29日の朝日は、「スポーツ欄」のトップに3段抜き演技写真入りで、「各地で妙技公開：西独体操選手団」と大々的に予告した。しかし、学ぶ程の差はなく、延べ9回の記事は、尻つぼみに終わった。女子は初めての国際交流であった。

　1954年6月に第13回世界選手権がローマで開催された。朝日は、代表歓送実演会を3段抜き写真で紹介し、記名解説記事の見出しを、3段抜きで「初参加の世界体操選手権大会：上位入賞も可能か：個人は跳馬、徒手に希望」とした。

　選手団は期待に応え、男子は、団体が2位、竹本が徒手1位と平行棒3位、2名参加した女子では、田中が平均台1位を占めた。朝日が報じる4段抜き見出しの9段にわたる記事には、見出しの「世界体操：男子団体で日本二位：竹本徒手で優勝」の横に、「すばらしい殊勲である」と、前代未聞の「注」を添えた。その記事中には、

「団体二位は大手柄」の文字が躍り、3段抜き写真付の「世界体操で女子初の優勝：田中嬢が平均台で」の記事は8段にわたる。

しかし、田中は総合では8位と振るわなかった。親善とは異なる世界の潮流に揉まれる最初の機会だったからであろう。

この世界選手権における実績から、翌1954年のブラジルサンパウロ「国際体操祭」遠征、1955年のスペインバルセロナ「男子国際体操選手権」への招待、ポーランドワルソースポーツ大会（第2回世界青年友好スポーツ祭）からの「指名」参加が生まれる。

日本の体操が海外で活躍すると、国内競技会についての新聞の取り上げ方にも熱が入る。1955年9月の第9回全日本選手権に関する朝日記事は9回を数え、審判長野坂浩の「総評」は5段抜きで扱われた（朝日9.6）。

なお、海外での活躍は、代表選手だけではなかった。朝日は、日本体育大学からケルン体育大学へ留学中の太田正己が、1956年4月のパリ国際大会で2位、西独選手権では総合3位に徒手優勝と活躍した事を報じた。

そして、1956年の第16回メルボルンオリンピックを迎えると、「体操日本の五輪代表決る：金メダルをめざす12選手」の見出しで、選手を大々的に紹介する（読売9.24）。

メルボルンでは、小野が鉄棒で日本体操史上最初の金を獲得し、「小野に鉄棒」と讃えられた。その他にも、男子団体総合で初めての銀、小野が個人総合で銀、チームも種目別で銀2、銅3と稼ぎまくった。オリンピック初参加の女子も、団体6位、田中徒手4位入賞と将来を期待させる結果を残した。

12月7日の朝日記事「日本体操六十年の実り：器用さと絶えぬ練習」は、1932年初参加のロスオリンピックで世界からの遅れを認識し、1935年ブダペスト学生2位に光を見出し、1951年米チーム来日で世界の動向を知り、1952年ヘルシンキオリンピックにギリギリの5人で参加して団体2位と種目別メダル3を獲得したことが自信となり、翌1953年にヘルシンキ1位のドイツを招いた事、また国際大会に無理して選手を派遣したことがメルボルンにつながったと、努力の跡を評価している。

「追いつき、追い越せ」の前段を達成したのである。

その後も海外からの招待などで、世界に日本の実力を示す遠征が続き、体操日本の国際的地位は高まる。そして、1958年6月のモスクワ総会に1962年世界体操選手権の東京開催を目指して立候補する。しかし、決定はチェコであった。

　この1958年にモスクワで開催された第14回世界選手権で、日本の男子は、団体総合と個人総合で2位の他、全員が種目別出場権を得て日の丸7本を挙げ、女子は、団体総合4位の他、田中が総合5位、徒手と平均台で3位を占めた。

　ちなみに、1958年の第12回全日本学生選手権参加校は、男子1部14校、2部19校、女子1部6校、2部9校であった（朝日9.1）。

　なお、1957年10月4日の朝日は「東体協会長IOC総会帰国談」として、オリンピックの規模縮小の対象に「個人競技をつみ重ねて出来上るような団体競技」である「体操団体は廃止」すべきというIOCの空気を報じている。しかし、これがIOCの議題になった形跡はない。

　体操が日本のメダル獲得の有望種目と期待される中で、1959年5月に1964年第18回オリンピック大会東京開催が決定する。

5．特殊種目の行方[45]

　日本が参加した国際競技に特殊種目はなかった。しかし、国際的にはmodern gymnasticsの競技会が始まっていた。これに参加するには、日本体操協会による認知が必要であった。その論議の過程で、1967年に暫定的用語として邦訳されたのが「新体操」である。

　そして、翌1968年に全日本新体操選手権が開かれる（読売11.17, 18）。ところが、その男子種目には、団体徒手体操、タンブリング（マット）、トランポリンがあり、1970年には、徒手、縄、棍棒の3特殊種目があった。発足当時の新体操競技は、今日では信じがたいが、既存の特殊種目をも新体操に含めていたのである。1948年以来国際的に定着していた体操競技種目以外は、すべて「新体操」扱いであった。

　1952年に特殊種目だけの「全日本高校体操選手権」が同志社で開催された。そ

こに「新体操」の文言はない。その「団体徒手」優勝校は、男子が済々黌、女子が藤村であり、既成の特殊種目にはない「団体器械」優勝校は、男子が能代、女子が穂月とある（読売8.24、朝日8.25）。「器械」は、手具をも含む用語である。したがって、「団体器械」は、徒手の団体の他に、手具を使用する団体種目が派生したことを意味する。

1954年の第9回北海道国体は、開催地の収容力を理由に、自転車と団体徒手を「取止め」とした。

自転車はともかく、団体徒手取りやめの理由は、上品に言えば「団体徒手はもともとコンクール（演技）」であって「採点して賞牌をきめる性質のものではない」である（朝日2.10）。しかし、実は審判問題から除外したのであって、1955年からの復活を目指す動きも活発であった（読売4.24）。これに対し、体操協会は、内部組織を「器械部」と「一般体操部」の二本立てとし、6人制「団体徒手体操」を、「体操競技規則」から除外して一般体操部扱いとした（読売2.20）。「一般体操部」の名称は、戦前の体操競技と保健体操とを二本柱とした体操連盟への回帰を想わせるが、その実体は、団体徒手を競技から締め出す受け皿に過ぎなかった。

要するに、競技団体である体操協会の本流とも言うべき国際標準の体操競技派の他に、異質の「団体徒手」を拠り所とする一派があり、これが1954年に顕在化したのである。

以後、団体徒手は、時期や会場が選手権と一緒でも、選手権に位置づけられることはなかった。

「新体操」という名称は、1967年に暫定的に使われたのであるから、1967年以前に「新体操」を名乗る競技が存在したはずはない。

ところが不思議なことに、『スポーツ大百科』は、本文では新体操の始まりを1949年の福岡国体種目の「一般体操」とも呼ばれた「団体徒手体操」であるとしながら、その「記録編」の新体操高校選手権優勝一覧には、「団体徒手」と思われる「団体総合」を、1952年からしか記録していない。

新体操らしき新聞掲載写真の最初は、1958年の日比谷公会堂における体操協会主催、朝日新聞社後援「第二回全日本体操供覧大会」で演じられた女子高生6名

による輪体操である（朝日1.28）。また、翌1959年の「第三回」の写真も、藤村女子高6名の徒手である（朝日1.24）。後者は既成の団体徒手とも言えるが、前者は新しい団体器械（手具）としか考えられない。

　これが、日本における団体徒手の復活に由来する新体操への移行を示す最初の史料ではなかろうか。

　性格の変化はあったにせよ、1947年に復活した「団体徒手」は、1970年の高校総体を最後に新聞から姿を消す（読売8.10）。

　高校選手権では、特殊種目のマット、棍棒、綱登りが、団体徒手より1年遅れの1948年に復活して、団体徒手同様1968年まで続いた。

　1975年の「第二十八回」を冠する「全日本新体操選手権」では、輪、布、こん棒等と一緒に、「マット」と「団体体操」が見える（読売11.9）。

　マットは1979年に廃止されたが、団体体操廃止の時期は分からない。

　特殊種目は、1967年の「新体操」化によって消滅したのであろう。

　その中で、トランポリンは、「新体操」とは別に地歩を確立した。トランポリンは、1968年には全日本体操選手権種目であったが、1969年に日本トランポリン研究会（代表竹本正男）が発足し、1972年の日本トランポリン協会独立へと進む。

6．新しい体操の出現

　日露戦争真っ最中の体操遊戯取調は学校体操統一に失敗したが、これ以外の体操は、明治以来すべて男子を主眼に展開してきた。女子には、その強度を軽減して間に合わせるか、行進遊戯や体育ダンスで代用してきた。

　戦後は、とくに戦時中の悪印象から、体操は概して忌避された。

　しかし、電化などから生まれた家庭女性の余裕が向かった先の一つに、美意識につながる運動の分野があった。

　『美容体操』（邦正美、1954）がその先駆である。邦は、近代舞踊家であって、体操家ではない。保健を売り物にしてきた既存の体操とは異質の、女性に主眼を置

いた体操に、女性の関心事である「美容」を冠したのである。

「美容体操」は、明治時代に「柔軟体操」と同義で散見されるが、美と力を意味するラテン語から生まれたカリセニクス（calisthenics）の訳語である。したがって、古代ギリシャの裸体で訓練する運動に由来する男子の力強い体操（gymnastics）に対し、カリセニクスは女性用運動の総称とみるべきであろうから、「美容体操」は「整容体操」と理解すべきであろう。

ともかく、戦前にはなかった女性主体の体操領域が登場したのである。

やや遅れて、女性が関心を抱きそうな海外の体操の紹介が続く。『子どものための10分間体操』（A. ディックフート、1961）、『美しくなるために：女性の体操教室』（A. クライン、1962）などである。

女性主体の運動の名称には「美容体操」が用いられたが、男子対象の運動には「健康」を前面に打ち出す出版物が続く。男子主体の運動に「体操」の語を用いることへの抵抗があったのであろう。また、既成の体操と異なる保健運動に「体操」を当てることに違和感もあったのであろう。『健康はこうしてつくる』（紅林武男、1954）、『健康への道：各界名士の健康方法』（商工財務研究会、1955）、『私の健康法』（日本経営者団体連盟弘報部、1957）、1969年に社団法人となった「真向法（体操）」などである。

見落とせないのは、1964年の東京オリンピック大会直後に開催されたパラリンピック大会を境に、身障者医療のリハビリテーションが注目されたことである。とくに刺激となったのが、1971年の「意地でケガを克服」した体操選手加藤沢男の「奇跡の復活」であろう（読売6.28）。そして、リハビリにとどまらず、1978年には理学療法士による老人向け「若返り体操」の考案へと広がった（読売9.15）。

また、1970年代には、肥満である「健康すぎ」を対象とする体操教室がみられた（読売1973.9.7、1974.8.3）。かつてはとても思い寄らなかった飽食時代の健康問題が始まったのである。

7．ヨガ"行"から健康法へ

　インド発祥の「ヨガ」の日本における普及は、1919（大正8）年に中村天風が組織した「統一哲医学会」に始まる。これが1940年「天風会」となり、1962年「財団法人天風会」となる。

　この頃から、ヨガは、修行としてではなく、健康法として広がり始める。ヨガの修行法に見られる多様な姿勢が注目されたのである。

　1960年の『人間を改造するヨガ：行法と哲学』（沖正弘）と『ヨガとはなにか』（日本ヨガ協会）を最初に、ヨガの出版が始まる。その挿図写真のモデルは、行者を連想させる高齢男性であった。

　しかし、1970年代に入ると、『ヨガのすすめ：健康と美の追究』（沖正弘、1971）の図解写真は、レオタード姿の妙齢の女性が占める。

　今日のヨガは、女性中心のフィットネスと化している。実体はヨガがフィットネス化したのではなく、21世紀に入って、ある種のフィットネスを敢えて「ヨガ」と命名した「パワーヨーガ」が、アメリカから紹介されてからの現象であろう。

8．カタカナの身体づくり

　戦後に始まるカタカナ英語の流行は、新しい運動の紹介でも顕著であった。その多くは、対応する的確な日本語を持たない。

　現在のボディビル連盟が設立された1955年、重量挙ライト級日本選手権5連覇の窪田登が『ボディビルディング入門』を著した。明治時代のサンドウの体力（筋力）養成法は鉄唖鈴だけを使用したが、本書は各種器械によるボディビルの手引きにとどまらず、その競技化に及んでいる。すでに重量挙大会ではボデーコンテストが行われていたのである（ボディビル連盟HP）。

　ちなみに、日本重量挙協会が国際ウエイトリフティング連盟ルールによる「第一回

フィジカル・コンテスト」開催を決定したのは、1966年である（読売 1.30）。

しかし、当時は 1958 年竣工時の国立競技場見学会の土産に、鉄唖鈴を 1 個だけ用意するような、身体づくりについての知識が貧困な時代であった。当然、海外の新しい体力づくりに目が向けられる。

1964 年の東京オリンピックを目前に、『サーキット・トレーニング』（モーガン他、1961）、『フィットネス：新しいからだつくり』（スタインハウス、1963）、『5 分間でできるからだづくり：アイソメトリックス』（ウォリス他、1964）と、競技者向けの各種体力づくりが紹介される。

しかし、東京オリンピック後は、競技に関わりなく、むしろレジャー感覚の人びとを対象とする紹介がマスコミ、特にテレビを媒体に始まる。

1968 年に「リラックス体操」の名で紹介されたストレッチ体操は、1980 年代には一般化した。

「フィットネス」の初出は、1971 年に始まった YMCA「主婦フィットネス（新しい身体づくり）」教室の広告であろう。体操、水泳、スチームバスをセットに、スポーツ感覚で「健康づくりスポーツを楽しみましょう！」と呼びかけた（読売 5.11）。

しかし、女性向きの「フィットネス」教室が広がるのは、内容に変化が見られた 1980 年代のことである。

クーパーが 1968 年に提唱したエアロビクスは、1981 年のクーパー来日を機に女性雑誌が大々的に取り上げ、翌年には深夜の TV コマーシャルにエアロビクスダンスが登場した。そして、集団によるレオタード姿のエアロビックダンスだけがエアロビクスであるかのような状況を出現させたのである。

このエアロビックダンスは、1985 年頃に「フィットネス」と名を変え、商業施設の「教室」や「スタジオ」を、レジャーや社交の場として成立させる。

24章「体操日本」の時代[44]

　1956（昭和31）年、体操チームは、「体操日本」への期待をこめてメルボルンオリンピック大会へ送り出され、期待を裏切らない成績を挙げて、「体操日本」を実現した。そして、オリンピックでは、ローマそして東京と、名実共に不動の「体操日本」を確立する。

　ここでは、その周知の事実を確認するにとどめる。

1．東京オリンピック開催決定の頃

　1959年5月、1964年第18回オリンピック大会東京開催が決定した。

　東京大会を見据えて、メダル獲得の有望種目団体である日本体操協会は強気であった。

　海外では、1960年4月ローマ開催の第39回国際体操連盟（FIG）総会において、近藤天が第1副会長となった。国内では『体操』が復刊する。また、東京教育大学と日本体育大学が独占的だった戦後の関東学生で、「男女とも日大進出」が注目された（朝日6.20）。

　しかし、全日本選抜大会評は、「女子の審判は相変わらず悪い」「審判が良くならなければ演技内容も良くならない」と構造的欠陥を指摘した（朝日5.1）。

　構造的欠陥は採用種目にも見られた。1960年の時点での高校選手権は、国際大会とは無縁で時代後れの男子特殊3種目のほか、男女とも「団体徒手」を採用していた（朝日8.14、8.15）。

　高校選手権が、国際大会並みに男子6種目、女子4種目を採用するのは、東京オリンピックから3年後の1967年からである。

2．団体初優勝のローマオリンピック

　1960年の第17回オリンピックローマ大会を目前に、「日本はどこまでやれるか」の下馬評は、体操について「金メダル五つ」「めざすソ連打倒」と、意気盛んであった（朝日7.19）。

　ローマ大会では、これには応え切れなかったものの、男子が、ソ連を抜いて念願の団体総合初優勝、小野の個人総合2位の他、種目別で金3、銀1、銅3を獲得した。女子も、団体が4位、池田が個人総合6位に入賞した。「日本代表競技団体中第一位の成績」である（日本スポーツ百年，1970）。

　帰国時の近藤監督は、この勝因として、相手の力を海外遠征で熟知、コーチ陣の研究、ベテラン3人と新人3人の協力、ソ連の結果をみてから演技できた籤運を挙げている（朝日10.16）。

　この秋の熊本国体の体操会場へは、天皇皇后が臨まれて「五輪選手の演技をご覧」になり、模範演技の写真が掲載された（朝日10.24）。

　当然ながら、この年の「日本スポーツ賞」には、「ローマ五輪男子体操チーム」が選ばれる。

　男子体操は「追いつき、追い越せ」の最右翼に躍り出たのである。

　しかし、これだけの成績を挙げたものの、体操チームがローマ大会後に「欧州遠征に出発」する時のローマ中央駅での「出発風景」は「さびしいもの」で、「最初に滞在した消防ホールから来た数人とオリンピック村で一行を世話していた女性二三人だけ」であった（朝日9.12）。

3．東京オリンピックを目指して

　1960年末の朝日「アマ・スポーツ回顧：本社記者座談会」は、体操について、「顔ぶれ変わらぬ体操」の見出しで、天才的選手の熱心さがオリンピックの金メダル

につながった事を評価しながら、体操協会関係者があまり努力しない事、「競技人口は限られている」事、体操協会会長不在の理由として「競技体操派と一般体操派とあって競い合っている」事、竹本と小野選手に「老化現象」が見られる事、期待は遠藤である事を指摘したのに続いて、「体操選手はみな個人主義だ。非常に対抗意識に燃えて、新種目を取り入れても競技会かその直前でなければ人に見せない。練習もこっそりとどこかの体育館でやっている」と職人気質の実態に触れ、小野がソ連の組織的選手養成に注目して「技は皆が国際的に仕入れ」る必要性を提起していると紹介した。

これら指摘の当否はともかく、翌1961年2月、平沼亮三死去以来空席だった会長に、三橋喜久雄が就任する。

ともかく、1961年に始まる毎日杯の「全日本選抜体操競技会」のように、新聞は体操に注目した。

海外からの招待等による遠征で練度を高めるだけでなく、1961年10月には、ライバルであるソ連チームを迎えて、第1回日ソ対抗を開催する。その「日ソ体操の見どころ」では、「男子は日本にやや分」、女子は「ソ連の妙技」を指摘した（朝日10.15）。しかし、結果は、男子の徒手、跳馬、鉄棒以外は、すべてソ連に後れを取った。直後評には、「正確さに欠けていた日本」「敗戦を今後の薬に」とある（朝日10.19）。

これに応えるかのように、翌1962年7月プラハ開催の第15回世界選手権大会では、男子が、団体総合で1位を占め、個人総合はチトフに及ばなかったものの、2位は揺るがず、種目別では、1位2、2位3、3位3の成績を挙げた。女子も、団体3位、個人総合6位、平均台3位と健闘している。

1963年3月に全日本実業団体操連盟が発足した。東京オリンピックを目前に、学生と教員に依存してきた体操競技界も、ようやく学生OBが選手生活を継続できる時代を迎えたのである。

4. 頂点に立った体操日本：東京オリンピック[47]

　1964年の第18回オリンピック東京大会では、男子がローマに続いて団体総合1位を占めただけでなく、遠藤が個人総合で初めて1位となった。体操が獲得したメダルは、金5、銀4であった。女子も団体3位と「善戦」した（日本スポーツ百年, 1970）。

　日本の体操は、1932年のロスオリンピックに初参加してから32年で世界の頂点に立ったのである。

　以後1976年の第21回オリンピックモントリオール大会まで、ローマ以来の団体5連勝、世界選手権を合わせれば、1978年まで10連勝の「体操日本」の時代に輝く。

　しかし、その後は、後発国の擡頭もあって、首位の座をめぐる苦闘の時代が始まる。その間にも時代は動く。

　その第1は、体操競技界における実業団の地位の向上である。体操日本を実現し確保してきたのは、体育系大学の学生選手が主体で、その卒業生の進路は体育教員が殆どであった。しかし、進路は実業団へと広がり、1967年の全日本実業団体操競技連盟設立に続いて、翌1968年に第1回全日本社会人体操競技選手権大会を開催するに至る。

　その第2は、1970年の日本体操協会の財団法人化である。体操競技界を維持運営する財政的基盤を有する機関の確立なしには、組織的・計画的な選手の養成強化は進展しないからである。

　その第3は、選手養成強化の実施機関の合理化である。選手の養成強化は、歴史的には、母校の名誉のために競技する学校運動部が単位であった。このため、母校の名誉が優先して、長期にわたる一貫性ある養成強化に目が向けられなかった。これを実績で打破したのが朝日生命クラブで、1984年の第38回全日本体操競技選手権において女子1位を占めた。朝日新聞見出しには「伝統ふっ飛ばした『クラブ』」とある（11.11）。しかし、これで解決したわけではない。1989年12月の朝日は、選手所属クラブと進学問題を連載し、一貫指導体制と学校運動部の葛藤に言及している。

　その第4は、競技運営機材の進化である。機材革新にともなう重大事故はあらゆ

る分野で頻発しているが、1984年の全日本では、1回目試技の記録を消去してしまうという「機械の操作ミスに涙」を呑んだ選手がいた（朝日 11.12）。養成強化は選手だけの問題ではない。

そして第5は、そのいずれに起因するかはともかく、用具と技術の急速な変革である。

鉄棒の場合、明治のはじめに日本に紹介された太い木の棒の「水平桿」は、すぐ鋳物の鉄に変わって「鉄棒」と呼ばれるようになった。左右2本の木の支柱に取り付けられた腕木に、直径3cm（現在は2.8cm）の鋳物の鉄棒が取りつけてあり、支柱の間に渡した板の上から斜め上の鉄棒に飛びついて演技した。着地は砂場であった。鋳物の鉄棒は殆ど撓らないし、折れやすかった。

1932年に体操競技が始まると、よく撓る鋼管の鉄棒と鉄製の移動式支柱とが普及した。これが倒立まがいのゆっくりした車輪を高速化させた。

やがて、車輪の高速化から手のひらを保護する用具であるプロテクターの必要も生じた。プロテクターは、1950年の日米対抗で米国選手が使用していたようである。これに刺激されたのか、あるいは独自の工夫なのかは定かでないが、選手自身が包帯を寄り合わせて手を保護する工夫を始めた。革製のプロテクターの製造も、すぐ始まったようである。また、赤土を乾燥させた滑り止めも、炭酸マグネシウムに替わった。これによって、力技（ちからわざ）だった鉄棒の演技は、車輪系のスピードを増しただけでなく、離れ業も可能となったのである。

器械体操が戸外で行われていた時代は、固定された鉄棒も跳馬も、着地は走幅跳などと同様に砂場（ピット）であった。室内化と同時に、藁布団並みの着地用マットが生まれた（p.17 図2参照）。陸上競技同様、マットの革新は、スポンジの利用で始まり、着地の衝撃を緩和することによって、危険を伴う高難度の演技が可能となったのである。

「徒手」は、体操場のフロアーにラインを引いて行われていたが、1956年頃に、5mmのフェルトの上に綿布を敷いて金具で止める組立式フロアーが登場した。FIGが器械を規格化した最初は1960年で、合板（ベニヤ板）の間にスポンジを挟んだ弾性パネルのゆかを採用した。徒手の演技は、板張りの床から、器械としての「ゆか」の時代へ移ったのである。「徒手」が「ゆか」と改称したのは、この時である。1969年

には、二重弾性パネル60枚を組合せるロイター型が登場し、表面にカーペットを張った。さらに1974年には、この上層部に10mmのスポンジを入れて弾性を増した。1978年改正のFIG規格には「ゴム製台と、ゴム製中間ゆかをもった合板」を重ねて外被で覆った厚さ54mmの「二重弾性ゆか」60個をつなぎ合わせるとある。さらに1987年改正FIG規格では「硬板材」と「弾性材」からなる「弾性パネル」をつなぎ合わせた上に「抑圧性の被覆材（カーペット）」で覆う「発泡性の抑圧層」を敷き詰める構造となり、厚さは12cmに達した。ゆか運動は、ゆかの弾性を利して高く跳躍し、抑圧性の高いゆかが着地の衝撃を吸収することによって、高難度の空中技を実現してきたのである。

女子の段違い平行棒は、1940年以来、男子用平行棒の器械を利用してきた。平行棒は、19世紀初頭に考案された鞍馬の初歩的練習用具である。馬体を省略して、把手の部分を棒状にした器械である。まだ体操器械に鉄を利用できる時代ではなかった。平行棒の棒の高さを変えただけだから、間隔は狭く、低棒を足場に高棒に掴まることができた（p.216 図85 参照）。しかし、高棒を鉄棒のように使い始めたからであろうが、1987年に、これ迄の器械と訣別した。理屈では「段違い平行棒」ではあるものの、機能的には高低2本の鉄棒に変化して、許容範囲はあるものの、両棒の間隔は、同時に使用できない程、広がったのである。

高さも長さも馬体を前提とした裸馬の跳び乗り練習器械である跳馬（vaulting horse）は、滞空時間に限界があった。この時間の壁を破って難度の高い空中技を可能としたのが、2001年世界選手権から採用された跳躍台（vaulting table）である。これは、もはや裸馬ではない。にも拘わらず、日本では、今なお「跳馬」と呼んでいる。19世紀の「木馬」は固定式裸馬であった。20世紀の「跳馬」は、腰のくびれは無いが、移動式裸馬であった。21世紀とともに、「跳馬」は馬ではなくなったのである。

現在の跳馬の演技に占める「跳躍板」の役割は大きい。跳躍板の弾性を如何に活用するかが、跳馬の演技の前半を占めているからである。しかし、かつては、前方に板を打ち付けて10cm位高くしただけの木製傾斜板を「踏切板」としていた時代が長かった（p.27 図3 参照）。踏切板に弾力を与えた最初が、1956年に開発された「ロ

イター板」である。以後、高い跳躍を可能とする弾性踏切板の工夫が続いて、1978年には、材料を合板に限り、下張りについての規制はないが、「弾性のある下張りを入れ」た「跳躍板」の一端をやや反りのある底板と接合した「二重弾性踏切板」と規定した。さらに1987年には、材料を規制せず、滑り止めを施した基台と弾性材を塗って上張りした「弓状」の硬板材の間に弾性材を挟んだ「跳躍板」となった。先端も20㎝と高くなっている。「跳躍板」は、超小型軽量化した「スプリングボード」なのである。

25章　新しい体操競技[44)45)]

　体操競技は、19世紀初頭の軍事的実用に資する器械体操であるドイツのツルネンに由来する。

　ところが、20世紀になると、ツルネンとは異質の新しい人間像に基づく何種類もの身体運動が始まった。

　その中には芸術化するものもあったが、競技化するものも見られた。その代表格が「新体操」である。

　しかし、新体操だけではない。

1．新体操のいろいろ

　「新体操」を書名とする図書は、1913（大正2）年刊『小学校適用新体操教程』（矢守利三郎他）が最初である。この「新体操」は、軽体操に換えて学校体操教授要目が採用したスウェーデン体操を指す。

　これと異なり、昭和初期の「新体操」は、いくつかの新しい体操の総称で、19世紀以降の2大体操であるドイツ体操やスウェーデン体操とは異質である。

　1931（昭和6）年のデンマークのニルス・ブック体操団来日を機に高まった新体操に対する関心に応えたのが、斉藤薫雄の同年12月刊『新体操と学校体育の新使命』である。第一次世界大戦後のヨーロッパでは、従来の体操が形式的、硬直的、他律的であることへの批判から、自然（主義）体育思想が擡頭した。自然的、律動的、曲線的、自律的な新しい体操の追究である。斉藤は、スラマーのボーデンツルネン、シェルブレの環境利用、ガウルホーヘルの自然的器械体操、ダルクローズの律動体操、ニルス・ブックの基本体操を紹介し、その総称に「新体操」を充てた。

　しかし、現在の「新体操」は、この総称ではなく、1984年のロスオリンピックか

ら正式種目となった"modern rhythmic sports gymnastics"の意訳である。この「新体操」は、動きの異同を検討すれば、第一次世界大戦後の新体操と連続するかも知れない。しかし、難易度の評価を伴う採点競技の「新体操」が、自然主義である筈はない。

現在の（財）日本体操協会傘下には、（社）全日本ジュニア体操クラブ連盟、全日本社会人体操競技連盟、全日本学生体操競技連盟の他に、体操競技種目ではない競技種目の団体が加盟している。

（社）日本新体操連盟、（社）日本トランポリン協会、日本スポーツアクロ体操協会、（社）日本エアロビック連盟の4種目である。

2．「新体操」競技前史

1923年、第6回極東選手権競技大会直前に完成した大阪市陸上競技場開場式では、半輪体操が見られた。これは、大競技場におけるマスゲームであって、ステージ規模の個人または小人数による新体操競技とは異質である。

1947年の第2回石川国体における全日本体操選手権女子種目には、「団体徒手」があった。翌1948年の第1回全日本団体徒手選手権の規定演技では、男子が日本青年体操、女子がラジオ体操第二を課された。ここ迄は、戦中の少人数による団体徒手体操の復活であろう。

しかし、1949年の「一般体操」とも呼ばれた福岡国体の「団体徒手体操」には、手具の演技もあったようで、これが新体操の始まりとされる（スポーツ大百科, 1982）。

その後、朝日新聞には、男女とも「団体徒手」の文字が1958年まで断片的に現れる。

『スポーツ大百科』記録編は、「新体操」の高校選手権種目の優勝一覧を1952年から掲載している。その「団体総合」種目は、優勝校が男子済々黌、女子藤村である。この2校は、次の段落のように、この年の「団体徒手」優勝校である。したがって、優勝一覧の「団体総合」は、一覧作成の必要上、「新体操」が始まってか

らの新体操の種目名を便宜的に当てたのであって、少なくとも1952年については「団体徒手」を意味する。

　1952年の全国高等学校総合体育大会の一部門である「全日本高校体操選手権」は、京都同志社で開催された。その実施種目は、特殊種目と「団体徒手」「団体器械」であったから、この「団体徒手」が新体操でない事は明かである。その優勝校は、男子が済々黌、女子が藤村であった。また、既成の特殊種目にはない「団体器械」優勝校は、男子が能代、女子が穂月とある（読売 8.24、朝日 8.25）。体操の「器械」には手具も含まれる。したがって、この「団体器械」は、団体体操が、徒手にとどまらず、手具使用の新体操へ一歩近づいた事を意味する。

　これには、1950年にバーゼルで開催された第12回世界体操選手権の女子種目に、「携帯器具をもってする音楽伴奏団体演技」が加えられた事が影響したのではなかろうか（スポーツ大百科）。

　団体徒手の規定演技は、「日本体操協会主導で2～3年ごとに作成され、解説書（フィルム映像を含む）と伝達講習会で全国に展開された。自由演技は、女子6名が手具体操を、男子は手具無しで徒手体操と転回運動（組体操、組立運動）などで構成したダイナミックな体操を実施した」とされる。

　この団体徒手に関する朝日掲載最初の写真は、1958年1月に日比谷公会堂で開催された日本体操協会主催、朝日新聞社後援「第二回全日本体操供覧大会」の女子高生6名による輪体操であり、翌1959年1月の「第三回」の写真も藤村女子高6名の徒手であった。

　これが、団体徒手の復活にとどまらない実証可能な新体操の最初であろう。

　したがって、復活した戦中の「団体徒手」が、1950年の世界選手権における新体操競技の出現に刺激されて、1952年に新体操への変質を始めたと考えてよいであろう。

　そして、1950年代を通して、新体操が形成されて行く。

3．Modern Gymnastics の競技「新体操」[3)4)38)]

「50年程前に、形式的なスウェーデン式体操に反対して生みだされた『純粋体操 (Reine Gymnastik)』」から発展した「『新体操 (Moderne Gymnastik)』という言葉は、日本ではまだあまり知られていないが、ヨーロッパをはじめ、世界各国ではすでに固有名詞」となっている。

これは、1965年に、さまざまな体操の実演会である第4回ジムナストラーダ (Gymnastrad) など、欧州体操界を視察した松延博の「新体操の動向」の書き出しである（体育の科学15-9）。

松延によれば、新体操は女子中心に発達した徒手と手具（ボール、こん棒、紐付きボール）からなる運動で、「最も大きな特徴は"動きのリズム"と"運動の喜び"」にある。

この新体操を競技化した最初が、1963年にブダペストで開催された第1回世界新体操選手権である。

日本人で始めて新体操世界選手権を視察したのは、加茂佳子であった。1967年にコペンハーゲンで開催された第3回に接した加茂は、国際競技会に参加するには、この大会から始まった団体種目のほかに、個人種目が必要である事を知った。

この年、日本体操協会は、器械部と一般体操部に替えて、体操競技委員会と体操委員会の二本立てとした。体操委員会委員長は遠山喜一郎である。この体操委員会から1972年に独立したのが女子競技部で、これが1985年に新体操委員会となる。

したがって、新体操競技は、主流の体操競技とは別に、1967年から団体徒手の系譜で動き出し、翌1968年に「全日本新体操選手権」を水戸で開催した事になる（読売11.17）。

しかし、団体徒手は、戦中に集団の画一的統制美を主眼に始まった体操であるから、「自然運動、自然体操といっても過言ではない」新体操とは異質である。

当然ながら、これまでの「団体体操」から「新体操」への名称変更については、「体操競技関係者から強い反対論もあったので継続審議としたが、当面『新体操』」

を用いる事にしたという。曖昧な形で「団体徒手（体操）」が消えて「新体操」が始まったのである。

　加茂は、「歴史的にも」団体体操、一般体操、団体徒手体操と変わって来た末の改称が、1969年からの「新体操」であるとする（図解コーチ新体操）。

　しかし、1968年には、全日本学生新体操選手権が始まっている。その種目は、男子の団体徒手と女子の団体手具、個人の手具にとどまらず、男子のタンブリング、男女のトランポリンに及んだ。トランポリンの除外は1973年、マットの使用禁止は1979年という。

　新体操は、自ら新しく開拓するのではなく、既存の団体徒手の枠に便乗して競技の場を実現したのである。

　このため、新体操競技は、体操競技と女子体操競技とともに、日本体操協会に管轄されて今日に至る。

　新体操の対外活動は、1969年のブルガリア開催第4回世界選手権への加茂ら7名の参加で始まる。

　朝日が「新天地求める遠征二つ：レスリング、新体操」を取り上げたのは、1969年9月21日であった。「聞きなれない言葉だが、あちらではモダンジムナスチックといわれ、ボール、輪、なわなどを使ってのダンスで、世界選手権は女子だけしかない」と解説し、「体操ニッポンの新分野開拓」と位置づけた。団体で15カ国中5位入賞を果たしたが、記事にはならなかった。

　朝日が成績を報じたのは、1975年のマドリッド開催第7回新体操世界選手権の「団体総合で初の銀：個人も森野が5位入賞」が最初であろう。

　その後も、世界選手権では手が届かないものの、初参加した1980年のリオデジャネイロ開催第2回四大陸選手権大会における団体、個人総合、種目別個人のタイトル独占など、新体操の活躍が続く。

　また、1980年代になると、1980年の日本体操協会創立50周年記念「新体操国際招待競技会」を最初に、1981年のブラザーカップ国際招待大会、1982年のワコールカップと、冠つきの国際大会日本開催が始まる。

　このワコールカップは、「実力一のブルガリア：華麗な舞で観客魅了：新体操対抗

戦幕開き」の見出し記事と、3段抜きの「新体操日本－ブルガリア対抗戦：イグナトバの輪の演技」の写真入りで報じられた（朝日 9.5）。

なお、1985年には、国際交流基金文化交流事業の一つとして、女子全日本選抜チームが韓国に派遣されて模範演技と指導を行うなど、国際交流の一翼を担った。

国内で注目すべきは、若年層育成の重視であろう。1972年の全日本ジュニア競技選手権、1976年の全日本中学生選手権の開始である。

4．オリンピック大会と新体操[40]

女子の新体操は、1984年の第23回ロサンゼルスオリンピック大会から正式種目となった。

日本は、5月に山崎と秋山の出場を決定し、ロスを視野に12カ国18名を集めて、新体操国際招待競技と四大陸選手権大会を開催した。

ロスでは、山崎が8位に食い込んだ。

成績の割りに、新聞は新体操に紙面を割いた。朝日の場合、第1ページに「曲線躍動」と題する6段抜きの写真を掲載し、「ゆかに競う女の美」「新体操に酔う」などを見出しとした（8.10, 11）。芸能欄を思わせる。

朝日は、帰国後の山崎の24歳での引退表明まで報じた。これが記事になる程、ロスオリンピックを機に、新聞は新体操を記事にするようになる。

1984年の全日本新体操選手権は「第37回」を冠した。逆算して第1回となる1948年に、「新体操」は未だ生まれていなかった。

また、1984年の朝日は、新体操の優勝校について、全国高等学校総合体育大会の「鹿児島純心女十一年連続十二回目」と男子「弘前工二年連続五回目」(8.12)、第36回全日本学生新体操選手権の「東女体三十六連覇」(8.27) を伝える。これ等は、新体操がごく一部の学校に支えられて来たことを物語る。

ところが、ロスオリンピック予選当時の新体操の競技人口は1万とある（朝日 5.1）。

競技としての歴史の浅い新体操は、精一杯背伸びしていたのであろう。

もちろん、背伸びだけではなかった。全日本ジュニア選手権と全日本社会人新体操選手権の開始からみて、ロスオリンピック参加の 1984 年を機に、新体操は競技の場の重層化に踏み出したのである。
　以後、新体操クラブの増加が始まり、1992 年の「全日本新体操クラブ連盟設立準備委員会」設置から翌 1993 年の「全日本新体操クラブ連盟」設立となる。
　この連盟は、1992 年に女子 61 チーム参加の「第一回全日本新体操クラブ選手権」、1994 年に 13 チーム参加の冠大会「イオンカップ」である「第一回世界新体操クラブ選手権」、1998 年に女子 132 チーム参加の「第一回全日本チャイルド選手権」、2002 年に 45 チーム参加の「全日本新体操クラブ団体選手権」を発足させた。
　この連盟は、2003 年に「(社) 日本新体操連盟」となり、クラブ選手権、チャイルド選手権開催を事業とする。日本体操協会傘下ではあるが、日本代表権を持たないスポーツ団体が全日本的競技会を主催する例は、稀有ではなかろうか。

5．トランポリンの独立[2)37)46)48)]

　トランポリン（trampoline）は、「踏みつける」（trample）を語源とするネット上の連続跳躍運動である。このネットは、1930 年代に米国でニッセン（G. Nissen）がサーカスの空中曲芸用の安全ネットを手がかりに考案した。
　系譜としては、ニルス・ブックのマット上の転回運動から発展したタンブリングを、ネットの反発力を利用して画期的に発展させた一種の器械体操である。
　「マットワーク」は、1931 年の第 1 回全日本中等学校器械体操選手権選択種目「マット」に始まり、戦後は 1948 年に全日本選手権最終日の男子特殊 3 種目中の一つとして復活した（読売 10.11）。翌 1949 年の「復活第一回全日本器械体操特殊種目選手権」では、「転回運動」あるいは「マット」と報じられた（朝日 10.31、読売 10.31）。
　「タンブリング」は、1950 年の「米日体操競技会」における「徒手体操」（ゆか）を見た 1932 年のロスオリンピック体操監督高木武夫の、ロスオリンピック当時の米

国選手は「タンブリング（転回運動）を得意」としていたという回想に見られる（新体育 20-7）。

『スポーツ大百科』は、新体操の高校選手権種目のタンブリング優勝者名に、1952 年から 1969 年までの男子と 1967 年だけの女子を掲載している。1968 年発足時の「新体操」競技会が、タンブリングなども「新体操」種目としていたからである。

新聞が競技としてのタンブリングを報じた最初は、朝日では 1953 年 8 月 13 日の全国高校体操選手権、読売では 1954 年 7 月の全国高校体操競技選手権である。

最後にタンブリングを実施したのは、1969 年の「全日本学生新体操」である。この時の男子種目は、団体、トランポリン、タンブリング、女子種目は、団体、トランポリン、ナワ、徒手、個人総合であった（読売 7.21）。

タンブリングは、体操競技の特殊種目として終始し、ダンス的な新体操ではお門違いだったのである。

連続跳躍運動であるタンブリングは競技として成立していたから、トランポリンが競技として受け入れられる素地は十分にあった。

トランポリンの導入は、1959 年の男女選手帯同のニッセン来日を契機とする。国体体操競技終了後の東京都体育館における二人の初練習を見た記者は、「スプリングとゴムで張ったベッドのような器具」と書いた（朝日 10.29）。

この年、日本学生体操連盟は、外国からトランポリンを購入して、英文指導書に基づく公開演技を行い、朝日新聞社後援で講習会を開いた。

1962 年には、早くも国産品のトランポリンが遊園地に現れたという。トランポリンは、跳んだり跳ねたりが好きな子供や、力よりも技のスポーツを好む若者向きだったからであろう。

これを追うかのように、日本体操協会が、タンブリングの他にトランポリンを競技化する。

その最初が 1964 年に岡山で開催された第 17 回全日本体操特殊種目選手権のトランポリン、タンブリング、クライミングロープの 3 種目であった。

「トランポリン競技」は、以後 1973 年まで全日本特殊種目選手権で実施される。

しかし、その間にも、トランポリンは、体操競技の特殊種目に満足せず、体操競

技からの分離独立を指向して、1969年に「日本トランポリン研究会」を発足させる。代表者は、体操競技戦後再出発時の第一人者、竹本正男であった。そして、1971年に、日本体育施設協会との共催で、第1回トランポリン指導員資格認定講習会を開催した。

その後、世界選手権出場のため、1972年に新体操から分離独立して日本トランポリン協会（JTA）を設立し、国際トランポリン連盟（FIT）に加盟して第7回世界選手権に初参加する。国際ルール採用は、1974年の「第十一回全日本選手権」からである。

トランポリンは、10年にわたる体操競技特殊種目としての立場に終止符を打ったのである。

なお、トランポリンが独立すると、全日本新体操選手権は、1973年にトランポリンを禁止した。

独立したトランポリンは、1973年に日本ジュニア連絡協議会を組織して「日本ジュニアトランポリン競技会」を発足させた。続いて1976年に全日本高校トランポリン連盟を設立し、その第1回大会を開催した。世界選手権を目指して、ジュニアからの長期育成計画を立てたのであろう。

世界選手権では、1980年に第11回大会のシンクロナイズド競技で初の銅を獲得し、1984年に大阪で開催した18カ国320名参加の第13回大会で、個人5位、シンクロ6位に入賞する。

しかし、トランポリンが競技界で認知されるのは遅かった。1972年にJTAはFITに加盟した。しかし、FITがIOCに加盟するのは1987年である。トランポリンのオリンピック参加が現実味を帯びると、JTAも世界選手権だけでなく、オリンピック参加を目指す。そのため、まず1990年に日本体育協会へ準加盟し、1995年に「社団法人日本トランポリン協会」を認可されて日本体育協会加盟を実現した。加えて、1999年には日本体操協会へも加盟した。2000年のシドニーオリンピックがトランポリンを体操競技の正式種目として採用したからである。

オリンピックの成績は、2000年のシドニー6位入賞、2004年のアテネ7位入賞、2008年の北京4位入賞であるから、近い将来のメダル獲得も夢ではない。

6．アクロ体操の出現[1)41)48)]

　日本で最も新しい体操競技として組織されたのが「アクロ体操」である。

　「アクロ体操」は、「アクロバティック体操」の略称であるから、見て字の如しである。

　アクロ体操の古事に、1923年のYMCA第1回器械体操選手権の「倒立競争」を挙げる向きがある。しかし、単なる力技(ちからわざ)に過ぎない。また、1932年のロスオリンピック大会体操種目の「タンブリング」を、アクロ体操と見なす向きもある。これはマット運動(mat-work)であるから、アクロ体操と結びつけるのは、如何であろうか。1933年第2回全国大学高専器械体操選手権大会種目のマット運動のルールは、倒立転回連続1分以内であった。

　戦後については、1949年の第4回国体の高校種目「団体徒手」が、アクロ体操と関連づけられている。これをアクロ体操と関係づけるなら、むしろ、体操競技の「徒手」（ゆか）を取り上げるのが順序であろう。

　新体操などと同様、欧州では数十年の歴史を有する20世紀の新しい体操の一種であるアクロバット運動（Akrobatische Übungen）に初めて言及したのは、1965年にウイーンで開催された第4回ギムナストラーダを見た松延博である（体育の科学15-9）。

　これがアメリカやソ連などへ広がり、1973年に国際スポーツアクロ体操連盟（IFSA）設立となって、1975年に第1回ワールドカップを開催したのである。

　日本におけるアクロ体操の始まりは、1960年に日本体操協会が模範演技のために招聘した中国のミックスペアとされる。中国の「雑伎」ではなかろうか。

　IFSAは、1985年にIOCから国際的スポーツ団体として承認された。

　これを機に、日本では、1985年の中日カップ国際体操競技会が「エキジビション」としてアクロ体操を紹介した。翌1986年には、日本体操協会のIFSA加盟、フジテレビ国際フェアへの「アクロ体操」登場、日本体操協会監修『第三のスポーツ：アクロ体操』が続く。そして、日本スポーツアクロ体操協会が体操協会傘下で独立して、1989年から全日本スポーツアクロ体操競技選手権を開始し、1991年の第8回ワールドカップを東京代々木体育館で開催した。現在では、幼児、ジュニアの競技もある。

7. エアロビクスの競技化[39]

　1981年のエアロビクスの創始者クーパー来日を契機に人気を集めたのが、エアロビックダンスである。

　その僅か2年後の1983年に「フィトエアロビック・インターナショナル・アソシエーション」（FIA）の「日本本部」が出現した。本部は米国と日本だけである。その目的は、心肺系を基準とした身体づくりであるエアロビクスの競技化である。筋肉づくりを目的としたボディビルが競技化したのと、同じ類である。

　そして、翌1984年には「ドールカップ全日本エアロビック選手権大会」を開始する。現在のスズキ自動車をスポンサーとする「スズキジャパンカップ」である。

　海外に向かっては、翌1985年に米国本部がサンフランシスコで開催した「世界で初めての国際大会」に選手を派遣した。その後、東南アジアへの普及に努力して、1988年に最初の「アジアカップ」開催に漕ぎ着けた。

　ところが、1989年に「FIAはアメリカ本部の事情から日本本部に一本化」された。そこで日本本部は、「国際エアロビック連盟（IAF）」に改組して、1990年に「スズキワールドカップ世界エアロビック選手権大会」を開催した。

　しかし、国際競技団体は各国競技団体の集合体であるから、IAFは日本国内の事業を分離しなければならない。これが、1992年の「社団法人日本エアロビック連盟（JAF）」結成である。

　JAFは、2004年に日本体操協会と日本体育協会に加盟した。前者への加盟は、「国際体操連盟主催のエアロビック国際競技等」への参加に備えてであり、後者への加盟は、生涯体育団体でもあるからである。

　2011年に中国で開催されたユニバーシアード大会では、初めて公開競技となった。国際的に認知された第一歩であろう。

　しかし、スズキワールドカップの但し書きには、出場4カ国未満の種目は不成立とある。今のところ、国際化はこの程度である。

終章　「国民体育デー」から「スポーツの日」へ

　1958（昭和33）年3月、保健体育審議会は「国民体育デーの実施方法について」答申した。

　2ヶ月後に最初の「国民体育デー」が実現する。

　1961年の第4回国民体育デーでは、運動会、フォークダンスのつどい、レクリエーション大会も見られた。しかし、新聞見出しには「体操祭に全国で160万人が参加」とある（読売5.21）。1924（大正13）年に始まる「全国体育デー」や1935年に始まる朝日新聞社主催の体操大会を連想させる。

　1964年の東京オリンピック大会開催準備の真っ最中である1961年6月に「スポーツ振興法」が公布された。1955年の日本体育協会理事会決議に始まって超党派で実現したのである。

　これが、5月の「国民体育デー」を、10月第1土曜日の「スポーツの日」に置き換えた。

　この「スポーツの日」は、1965年から、前年に開催された東京オリンピック大会開会式の10月10日に変更される。東京オリンピックを記念する日が、「スポーツの日」なのである。

　「国民体育デー」から「スポーツの日」へ ── 日本が、近代の体育・体操の時代から現代のスポーツの時代へ転換する節目を代表する象徴であろう。

　このスポーツの時代への転換過程で、1963年8月30日の読売社説「学校体育を考え直せ」は、人づくりの観点で学校体育の再構築を提言した。スポーツはレジャー、バカンスの波に乗って隆盛するものの、遠足がバスハイクになるなど、学校体育は不振を極めている。にも拘わらず、文部省はこれに目をつぶり、体育関係者の顔はオリンピックに向いている。これが論拠であった。

　また、東京オリンピックを境に、日本人の体格体力問題が「体力づくり」として擡頭する。東京オリンピックで来日した外国からの選手や観客を身近に比肩しての反

応であろう。

　1965年3月、政府は「国民の体力増進関係閣僚会議」を設置し、民間では「体力づくり国民会議」を結成した。年末には、総理府と体力づくり国民会議とが共同して「体力づくり標語」を募集し、「健康が心をつくる人つくる」を選んだ。

　そして、翌1966年に「スポーツの日」が「体育の日」と改称して国の祝日となる。「スポーツ」では、まだ「体力づくり」を包括しきれなかったのであろうか。

　しかし、「体育の日」であるにも拘わらず、読売（10.6）の見出しは「参加するスポーツ」であって、「歩け運動や全国テスト」の企画を報じている。そこに「体操」は出て来ない。

　それでも1970年の体育の日を前に、読売教育欄（10.7）は「スポーツか体操か：半年でがっしり体操派：心の交流持続性スポーツ派」を記事とした。

　この頃から、体力づくりは、方法も実施の場も多様化する。それは、青少年を念頭に置いてきた近代体育が、元青少年をも視野に捉えた事でもある。

　「スポーツ・サウナ：中高年の体力作り」は、国立競技場が営業を始めた体操器械による体力づくり施設の紹介記事であるが、附属のサウナ室が目を惹いた（読売1969.6.22）。

　ドゥスポーツプラザなどの複合スポーツ施設では、バーベル、ベンチプレスなど筋力主体の体操器械の他に、トレッドミル、自転車エルゴメーターなど、持久力系の新しいトレーニング機器を設置するのが当然となる。

　また、スタイル改善を看板に、家庭用トレーニング器具の販売も始まる（読売1977.1.16）。

　「ラジオ体操の会」は、健康もさることながら、今日では趣味の域に達したラジオ体操同好者の集まり、一種のスポーツクラブとなっている。

　こうして、日本の近代の幕開けとともに実用と身体づくりに始まった体操は、今日では、「体操」と呼ぶ呼ばないに拘わらず、「体力づくり」の範疇で捉えられて「スポーツ」の一部となったのである。

　体操競技は、すでにスポーツ界に重きを為している。新興の体操団体もスポーツ界への参入に取り組んでいる。

要するに、広義と狭義の二面から始まった近代日本の体操は、現代においては、一つには競技スポーツとしての「体操」種目となり、他のひとつには、「体操」と呼ぶ呼ばないに拘わらず、「体力づくり」となって、スポーツの一部に組み込まれたのである。

参 考 文 献

1）上野陽一、池上正郷、日本体操協会監修（1986）第3のスポーツ：アクロ体操．
2）大林正憲（1998）トランポリン競技．
3）加茂佳子（1975）新体操：エチュード．
4）加茂佳子（1978）図解コーチ新体操．
5）木下秀明（1959）「活力検査」の教訓：体育測定のあり方について．新体育 29-4
6）木下秀明（1959）明治前半期における遊戯に関する図書の研究．体育学研究 3-4
7）木下秀明（1960）明治十年代における体操教員の養成について．（日本大学人文科学研究所）研究紀要2
8）木下秀明（1960）明治時代の運動会．新体育 30-9
9）木下秀明（1961）日本体育会創立者：日高藤吉郎．体育の科学 11-7
10）木下秀明（1965）大日本武徳会：その前近代性と近代性．体育の科学 15-11
11）木下秀明（1966）日本体育史－近代社会（水野忠文他．体育史概説：日本・西洋）
12）木下秀明（1967）体操教科書総目録・解説（海後宗臣編．日本教科書大系近代編 27）
13）木下秀明（1970）スポーツの近代日本史．
14）木下秀明（1971）日本体育史研究序説：明治期における「体育」の概念形成に関する史的研究．
15）木下秀明筆（1973）学校法人日本体育会・日本体育大学八十年史．
16）木下秀明（1979）近代日本における体育館の歴史．（日本大学人文科学研究所）研究紀要 22
17）木下秀明、能勢修一、木村吉次（1981）体育・スポーツ書解題．
18）木下秀明（1982）兵式体操からみた軍と教育．
19）木下秀明（1983）陸軍戸山学校の体育1．オリンピック 21
20）木下秀明（1987）札幌農学校「演武場」とマサチューセッツ農科大学．体育学研究 32-3
21）木下秀明（1988）アマスト大学プラットジムと体操伝習所体育館との関係．（日本大学人文科学研究所）研究紀要 35
22）木下秀明（1995）体力テストの系譜と体力章検定．Japanese Journal of Sports Sciences 14-2
23）木下秀明（1996）いわゆる「運動能力テスト」に関する陸軍戸山学校の系譜と「体力章検定」（日本大学人文科学研究所）研究紀要 51
24）木下秀明（1998）座高の意義に関する歴史的検討．櫻門体育学研究 32

25) 木下秀明（2000）脚長との関係からみた座高の指標価値．体育学研究 45-2
26) 木下秀明（2000）成人の脚長予測の指標としての座高の検証（中間報告）：6 歳の座高と経年後の脚長との関係を中心に．（日本大学人文科学研究所）研究紀要 60
27) 木下秀明（2005）「撃剣」「剣術」から「剣道」への移行過程に関する検討：「文部省第一回撃剣講習録」の分析．体育学研究 50-3
28) 木下秀明（2006）「撃剣」「剣術」から「剣道」への移行に関する史的考察．体育学研究 51-1
29) 木下秀明（2007）体操器械「ブァンダー」の名称の変遷．スポーツ史研究 20
30) 木下秀明（2008）明治期末学校体操混乱期における東京高等師範学校附属中学校の「鉄棒体操」採用に関する史的考察．体育学研究 53-1
31) 木下秀明（2010）20 世紀初頭日本における中等学校体操に対する軍隊体操の影響：明治 38 年「体操遊戯取調報告」から大正 2 年「学校体操教授要目」まで．体育学研究 55-2
32) 河野　毅（1927）剣術の心理学的研究．
33) 佐々木浩雄（2006）「国民体操」の普及とその特質：大正期における修養団運動および協調会第 1 回労務者講習会（1921）での実践を中心に．体育史研究 23
34) 大日本体育協会（1937）大日本体育協会史下巻．
35) 高橋英恵（2006）保健目的の体操中に見られる呼吸運動の推移．桜門体育学研究 40
36) 高橋英恵（2007）明治・大正期の民間健康法，とくに呼吸法の展開．（学位論文稿本）
37) 田野有一（2001）日本におけるトランポリン競技規則の変遷．小樽商大人文研究 102
38) 遠山喜一郎ほか（1978）女子の新体操．
39) 日本エアロビック連盟 HP．
40) 日本新体操連盟 HP．
41) 日本スポーツアクロ体操協会 HP．
42) 日本体育協会編（1963）日本体育協会五十年史．
43) 日本体育協会（1970）日本スポーツ百年．
44) 日本体操協会創立 60 周年記念事業委員会（1995）日本体操協会 60 年史．
45) 日本体操協会 HP．
46) 日本トランポリン協会 HP．
47) 早田卓次（稿本）器械・器具・手具の変遷．
48) 村山鉄次郎（1987）我が国におけるアクロ体操成立の基盤と将来の可能性．明治大学教養論集 200
49) ラジオ体操 50 周年記念史編集委員会（1979）新しい朝が来た：ラジオ体操 50 年の歩み．

あとがき

　体育にとって、体操は絶対に欠かせない。

　体操には、からだづくりの教育分野と競技に集約されるスポーツ分野とがある。

　前者は、教育者というよりも指揮者と被指揮者群の関係で集団教育の場であった。

　本書は、この体操の三つの分野の歴史を一冊に纏めることを意図した。加えて、現代では、個人的趣味の部類の体操の類が、新興スポーツ産業に登場した。

　ともかく、近代日本における一世紀半にわたる体操の歴史を、可もなく不可もない優良の水準での展望を試みた。

　本書刊行は『スポーツの近代日本史』上梓の1970（昭和45）年以来の懸案であった。それから40年、他の課題に取組ながら、余力を体操の資・史料の収集と全体像の把握に当ててきた。

　義務が日本大学と国際武道大学の大学院非常勤講師だけとなった2000（平成12）年からは、数次にわたって停車させられたが、各論の解明は軌道を外れずに加速した。今なお調査不十分の部分も残るが、非常勤最後の2010年度を機に、執筆に入った。一応の脱稿は2012年5月の連休明け。

　売れない内容にも拘わらず、不昧堂出版に引き受けて貰ったのが6月28日。しかし、入稿は来年迄待ってくれとの事。

　そこで、通読しながら手入れした。入稿は2013年1月9日。

　ゲラ待ちの間に手をつけた自分史『顧みん体育史との六十年』は、6月末に脱稿、10月末には早々と完成してしまった。しかし、本書のゲラは未だ出て来ない。出版不況の昨今とはいえ、眼科の定期検査で脅かされている後期高齢者には大変なストレスである。

　待ちに待ったゲラの入手は11月22日。

　ところが、図版の縮尺比が縦と横で異なるなどで組み直して貰ったから、事実上の初稿は、新春は桜の3月29日から。だが、振り仮名は再校時との事。

　ともかく、今、初稿を終えてホッとしながら「あとがき」を書いている。

当初、図版を欠かせないから、B5 判横二段組と考えた。しかし、分厚い雑誌と間違えられる。だが、一段組では文字列が長すぎて読みにくい。で、図版には厳しいが、一般的な A5 判一段組とした。

　必要最小限迄削った本文中の典拠の示し方は、通史としては許されよう。

　PC での執筆は、同音異字に悩まされた。校正しながら、似た字で悩まされた活字時代を懐かしく思い出した。

　本書は、懸案としてから既に 40 年、体育史研究に取組んでからでは、はや 60 年。その間には、多くの方々のお世話になり、御教示を戴き、雑学的なお話も伺ったことを思い出す。執筆中に気になった最近のことは、日本大学で同僚だった門脇春男、早田卓次両氏のご助力を仰いだ。特に早田氏からは稿本まで提供願った。両氏を始め、多くの方々に厚く御礼申し上げる。

　大分手間取ったが、出版不況下にも拘わらず、本書出版にご苦労願った不昧堂出版宮脇陽一郎氏に深く感謝する。

2014 年 4 月 16 日、初稿済みの夜

木下秀明

【著者紹介】

木下秀明（きのした　ひであき）
1930年生
東京大学教育学部体育学科卒、同大学院博士課程単位修得退学、教育学博士
元日本大学教授
【主な著書】
日本体育史研究序説、スポーツの近代日本史、学校法人日本体育会・日本体育大学八十年史、体育・スポーツ書解題、兵式体操から見た軍と教育、顧みん体育史との六十年

本書の無断複写は、著作権法上での例外を除き、禁じられています。
複写される場合は、そのつど事前に（社）出版者著作権管理機構の許諾を得て下さい。
一般社団法人　出版者著作権管理機構　JCOPY
〒162-0828　東京都新宿区袋町6　日本出版会館
電話:03-3513-6969　Fax:03-3513-6979　e-mail:info@jcopy.or.jp
ホームページアドレス：http://www.jcopy.or.jp/

体操の近代日本史　　　　　　　　　　© 2015　H.Kinoshita.

| 平成27年1月15日　初版発行 | 定価（本体3,900円＋税） |

著　者　　木下秀明
発行者　　宮脇　陽一郎
印刷所　　音羽印刷（株）

発行所　（株）不昧堂出版　〒112-0012　東京都文京区大塚2-14-9
　　　　TEL 03-3946-2345　FAX 03-3947-0110　振替 00190-8-68739

ISBN978-4-8293-0505-8　E-mail:fumaido@tkd.att.ne.jp　Printed in Japan